「満洲国」地方誌集成 第3巻

吉林省各県署誌 下巻

[編・解説] ゆまに書房出版部

「満洲国」地方誌集成　刊行にあたって

ゆまに書房出版部

本来、中国東北地区は遼寧、吉林、黒龍江の三省より構成されており、「満洲国」政府もその成立にあたり旧三省の行政区画を踏襲した。しかし、旧軍閥勢力の削減等の必要性から、同政府は三省を細分化し、最大時には十九の省及び、省と同等の権限を持つ二特別市を設置した。

これらの省・市の行政機関の多くは現地の行政に関する情報をまとめた「要覧」、「実勢」、「略誌」等の資料を作成していた。資料の題名は様々であるが、これらは中国の伝統的な地理書である「地方誌」の一種として位置づけられよう。

「地方誌」とは、主に各地域に赴任した官僚の執務参考とするため、現地の地理、経済、歴史等を概説した書物である。その起源は後漢時代にまで遡り、清朝時代には四千六百種以上が存在したとされる。これらの書物は、現在でも中国の地域社会の研究において不可欠の材料となっている。

「満洲国」においては、各省に派遣された日本人官吏は異国であるゆえ、当然現地の事情には疎く、中国語を解さないものもいた。このため、日本語による情報源が必要とされ、多くの省で参考資料が編纂された。傀儡国家であり、また日本人向けという特徴はあるが、これも「地方誌」としての性格を有している。

「満洲国」の「地方誌」の多くは限定的に配布され、中には「秘」扱いのものもある。その内容は歴史、人口、経済、徴税、商慣行、土地制度、教育、衛生から匪賊の出没や日本人開拓民の状況等などがあり、包括的かつ信頼度の高い情報を提供している。また、これらの資料には、日本において法学、経済学、歴史学を専攻した者によって書かれたと思われるものあり、彼らの満洲に対する社会科学的認識を示すものとしても、貴重である。

「満洲国」の地方行政については、国務院総務庁情報処による『省政彙覧』や大同学院による『満洲国地方事情大系』もある。これら資料はあくまで中央政府からの視点でまとめられているのに対し、本シリーズ所収の「地方誌」は現地官吏用のマニュアルとして編集されているため、より実用性に即した内容となっている。

「満洲国」の公文書は、日本の敗戦時に多くが散逸したといわれ、地方行政の実態を把握することは困難である。また、現在の中国東北地区の省、市、県等においても「地方誌」の編纂は盛んに行われているが、資料や言語の制約から「満洲国」時代については記述が薄いのが現状である。こうした状況をふまえ、「満洲国」の「地方誌」を可能な限り収集・復刻することで、史料の不足しがちな「満洲国」史研究への一助となればさいわいである。

「満洲国」地方誌集成　凡　例

一、本シリーズは『「満洲国」地方誌集成』と題し、「満洲国」の地方行政機関の発行した「地方誌」を収集・復刻するものである。同国の各省・市等では執務参考資料として、現地の事情を記した「地方誌」を作成していた。本シリーズでは、これらの資料を横断的に収集することにより、「満洲国」における地方行政の実態を把握する手掛かりとしたい。

二、第一回配本全五巻の収録内容、書誌、寸法、所蔵機関は左記のとおりである。

第一巻

一、『吉林省概説』（吉林省公署総務庁調査科編・発行、一九三三年、並製、二二〇㎜）、一橋大学附属図書館村松文庫所蔵。

二、『吉林省現勢便覧』（吉林省長官房編・発行、一九四〇年、上製、一三二㎜）、一橋大学経済研究所附属社会科学統計情報研究センター資料室所蔵。

第二巻

『吉林省各県署誌』上巻（吉林省公署総務庁調査科編・発行、上製、一九三四年、二三〇㎜）

第三巻

『吉林省各県畧誌』下巻（吉林省公署総務庁調査科編・発行、上製、一九三四年、上製、二三〇㎜）
北海道大学附属図書館所蔵。

※第二、三巻の原本は全一巻。「満文」の部を上巻、「日文」の部を下巻に分割した。

第四巻

一、『新吉林省概説』（吉林省公署総務庁調査科編・発行、一九三五年、並製、二二〇㎜）、架蔵本。

二、『吉林省概説』（吉林省公署総務庁総務科編・発行、一九三六年、並製、二二〇㎜）、東京大学東洋文化研究所所蔵。

第五巻

『吉林省政務年鑑　康徳三年度』（吉林省長官房総務科編・発行、並製、一九三七年、二一五㎜）、北海道大学附属図書館所蔵。

三、復刻にあたっては、原本の無修正を原則としたが、適宜拡大・縮小をほどこした。原本は戦前に刊行されたものであり、紙質の悪さや経年による劣化の進行もある。印刷上のむら、かすれ、不鮮明な文字、活字の潰れ、書き込みも散見される。特に、『吉林省各県畧誌』には活字で印刷されたノンブルの横に、ゴム印で新たにノンブルが加えられた部分があるが、そのままとした。
また、原本を痛めないために、撮影時見開き中央部分を無理に開くことをしなかった。そのため、中央部分が読みづらい箇所もある。隠れている文字については、欄外にそれを示す。予めご了承頂きたい。

〔付記〕原本ご所蔵の一橋大学附属図書館、同大学経済研究所附属社会科学統計情報研究センター資料室、北海道大学附属図書館、東京大学東洋文化研究所には、出版のご許可をいただき、また、製作上種々の便宜を図っていただきました。ここに記して謝意を表します。

第3巻　目　次

吉林省各県畧誌　下巻

日
交

日文目次

日文目次

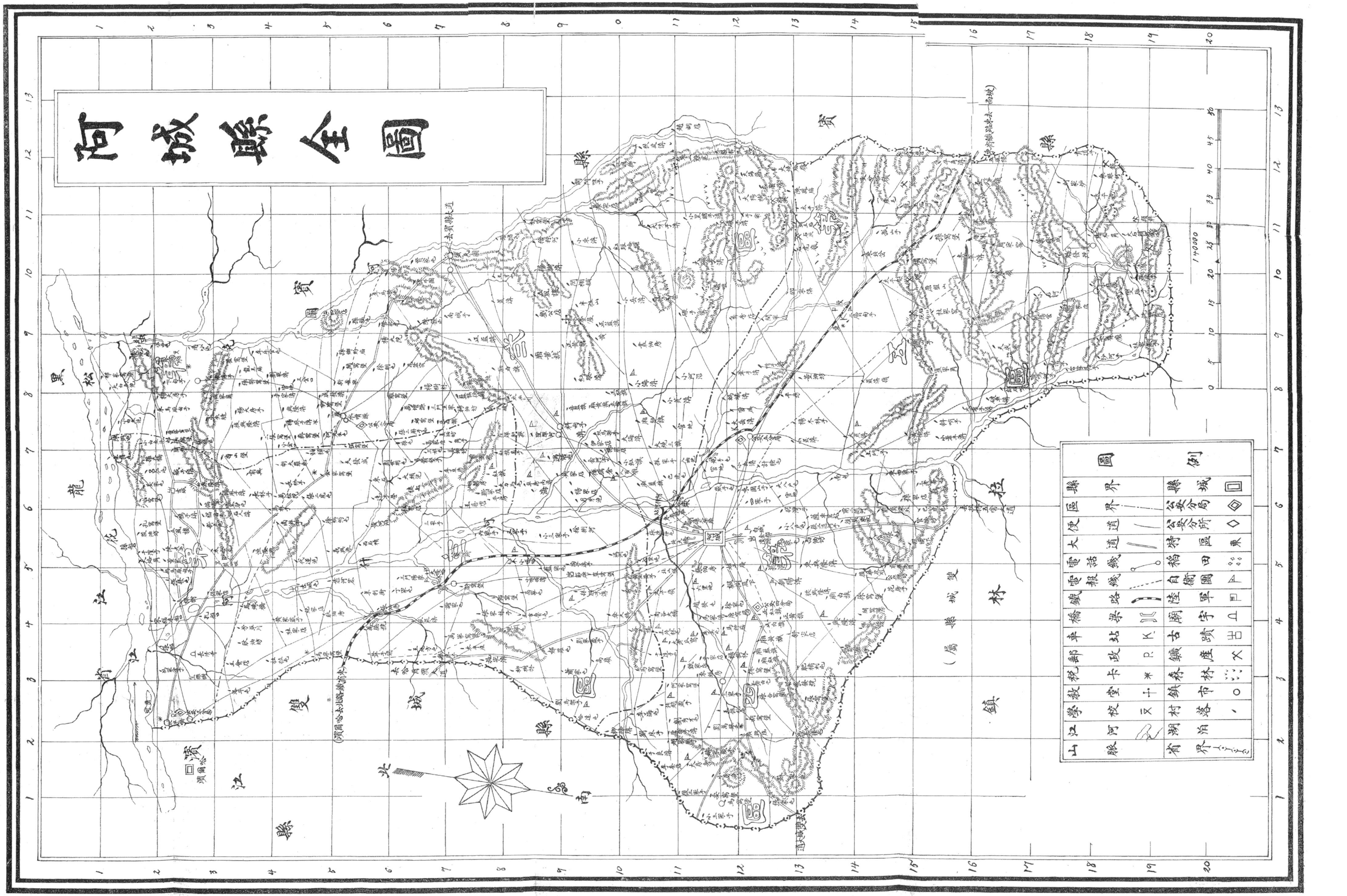
阿城縣全圖

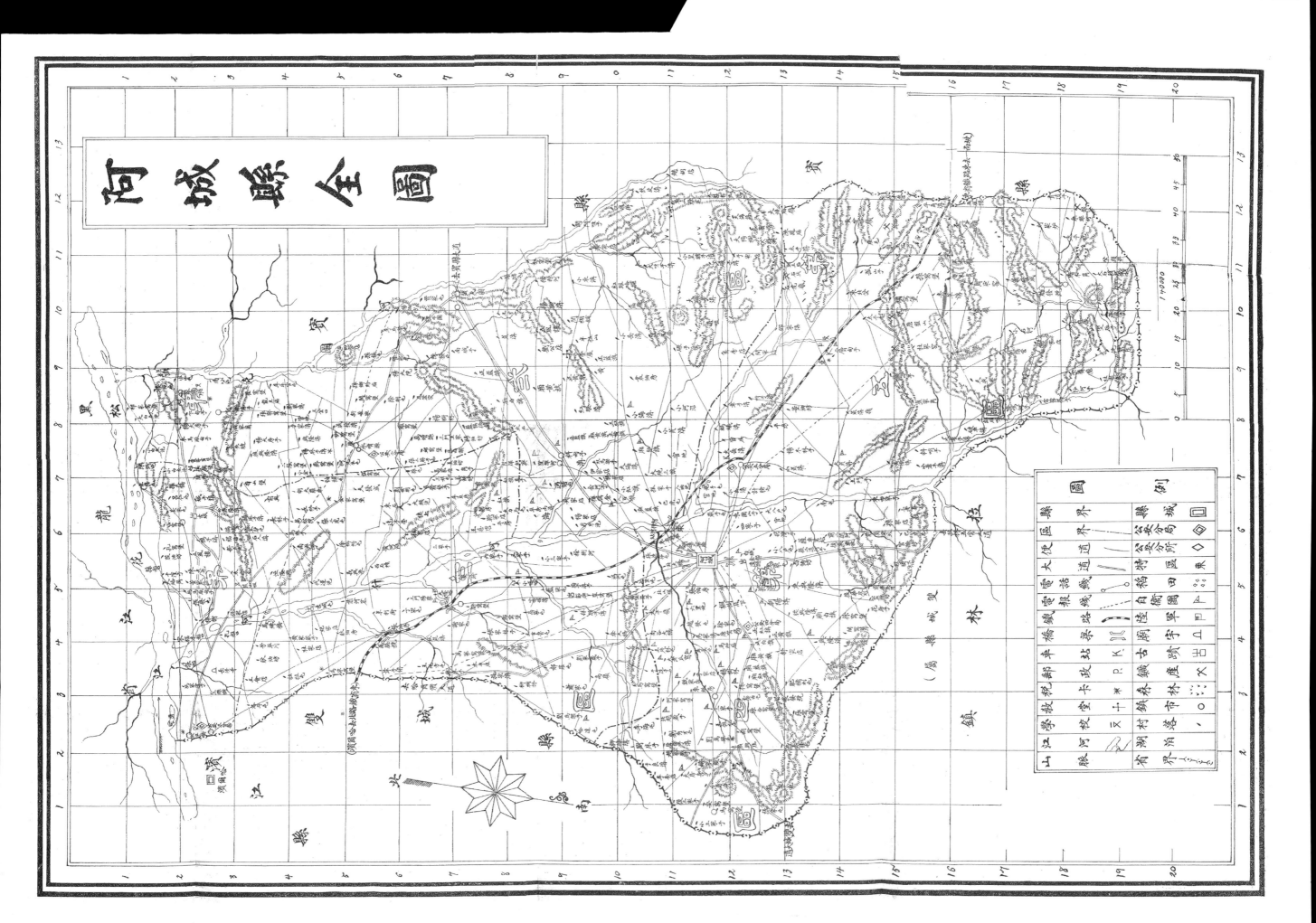

阿城縣

目錄

阿城縣

第一　地史

本縣ハ渤海ノ時代粟末靺鞨種族ノ雜居スル所トナリ海古勒地ト稱シ後ニ完顏氏本部トナレリ金ノ時代ニハ上京會寧府トナリ元朝ニハ其地ハ碩達穎達萬戸府ニ屬セリ而シテ明ノ時代ニハ岳衞阿實衞地トナリ淸ノ雍正四年協領ヲ置キ防兵ヲ駐在セシメ七年ニ舊城ヲ拆毀シ新城ヲ移建(卽チ今ノ縣治)セリ　乾隆九年副都統ヲ設ケ宣統元年阿城縣ト改メラル

第二　地理的位置

一、位置

本縣ハ東經十度三十分北緯四十五度三十四分ノ間ニ介在シ省城ヲ距ルコト東北四百四十里ニシテ一名阿什河トモ謂フ東ハ賓縣、南ハ雙城、西ハ濱江、北ハ松花江ニ臨ム

二、山脈

本縣ニハ山脈少ク東部國境地方ニ二三アルノミナリ

三、河川

縣ノ北境ニハ松花江アリ其支流ナル阿什河ハ南方ヨリ北方ニ向ヒ縣ノ稍々中央部ヲ貫流シ

縣ノ各地ニ支流ヲ分ツ、而シテ賓縣界ニハ松花江ノ支流ナル蜚克圖河アリ
以上ノ如ク本縣ハ水運ノ便ヨク水田耕作ニ適スルヲ以テ今後益々水田ノ經營盛ントナルベシ

第三　面積　人口

一、面積

本縣全面積ハ約一萬方里即チ二十二萬八百五十晌地ニシテ已耕熟地ハ二十一萬五千八百五十晌未開荒地ハ二千晌地而シテ不能耕地ハ三千晌地アリ

二、人口

（大同二年十月調）

項別／區別	戶數	人口 男	人口 女	人口 計
城內（一區）	五、四〇二	一五、四八六	一二、四二八	二七、九一四
二區	八、六九五	二七、四七四	二三、四七〇	五〇、九四四
三區	二、六一六	八、四二四	七、三九九	一五、八二三
四區	六、二八三	二〇、三七三	一八、〇〇六	三八、三七九
五區	三、四〇〇	一〇、四四八	八、五九四	一九、〇四二
計	二六、三九六	八二、二〇五	六九、八九七	一五二、一〇二

在留外人表

項別/國別	戸數	人口 男	人口 女	計
朝鮮	二一九	五八九	四六七	一〇五六
法蘭西		二	四	六
英國		一		一
ロシャ		八	四	一二
計	二一九	六〇〇	四七五	一一七五

第四　產業

一、農業

A.概況

本縣ノ土質ハ大半植質壤土ニシテ最モ農業ニ適ス
農作物ハ大豆、小麥、粟、高粱其他ニシテ良好ナル收穫ヲ得ツツアリ

B.耕地面積

既耕地面積ハ約十九萬垧ナリ自作農地ハ全耕地ノ十分ノ四ニシテ小作農地ハ十分ノ六ニ當リ小作料ハ每垧二石平均ナリ

C.農作物收穫數量

民國十二年總收穫量ハ七十三萬石ニシテ民國二十年度ノ收穫量ヲ見レバ左ノ如シ

總耕地面積　一九〇・〇〇〇垧　總收穫量　九〇一・五五〇石

種別	作付面積	收穫高
大豆	六二・七〇〇垧	二八二・一五〇石
小麥	二八・五〇〇	八五・五〇〇
西米	三八・〇〇〇	一七一・〇〇〇
高粱	四三・七〇〇	二一八・五〇〇
其他	三六・一〇〇	一四四・四〇〇

阿城縣農會調査ニ依ル大同二年度ノ收穫預想次ノ如シ

種類	作付面積	毎垧收穫量	總收穫高
黄豆	四六・〇〇〇垧	二五斗	一一五・〇〇〇
小豆	六〇〇	二〇	一・二〇〇
吉豆	五〇〇	一五	七五〇
高粱	二六・〇〇〇	四〇	一〇四・〇〇〇
谷子	二六・〇〇〇	三〇	七八・〇〇〇

包米	五・〇〇〇	五〇	二六・〇〇〇
小麥	一五・五〇〇	一五	二三・二五〇
大麥	三・六五〇	三〇	一〇・九五〇
糜子	二・〇〇〇	二〇	四・〇〇〇
稗子	三・〇〇〇	五〇	一五・〇〇〇
蕎麥	二・〇〇〇	一五	五・〇〇〇
水稻	三・〇〇〇	一〇〇	三〇・〇〇〇
粳子	七〇〇	四	二・八〇〇
黃菸	二〇〇	一・〇〇〇	二〇〇・〇〇〇
線麻	八〇	五〇〇	四〇・〇〇〇
蕀麻	一〇	五〇〇	五・〇〇〇
糖蘿卜	三・〇〇〇	六〇〇布袋	一・八〇〇・〇〇〇布袋
合計	一三七・二四〇		

卽チ各種粮類ハ四十一萬四千九百五十石　黃菸線麻等二十四萬五千斤　糖蘿卜一百八十萬布袋ガ本年ノ收穫預想高ナリ

D. 民生狀況

人民ノ生活ハ城鄉ニヨリ稍々差アリ縣城内ニ住スルモノハ旗族多シ地理的ニ哈爾濱ニ近キヲ以テ人民ノ生活程度高シ

二、牧畜　見ルベキモノナシ

三、林業

本縣ニハ別ニ山脈ト呼ブベキ山脈ナク僅カニ東南部地方ニ少數ノ山アリヲ楊ト柳トヲ蓄積スルモノアルノミ

四、商業

縣城內商戶別調査表

雜貨舖	四七
鞭舖	二三
估衣商	四
洋鐵商	四
山貨商	一一
靰鞡舖	二
銀匠舖	二
菓品商	六
洋貨商	二

紙張	一
印刷業	一
燒鍋	一
油坊	二
澡塘業	三
蠟燭商	四
洋鐵舖	二
磁鐵	一
鮮貨商	五
成衣舖	二
飯莊	九
鐵器商	一
糧米商	二六
燒鍋油坊	二
香坊	一
面粉紙張	二

麪莊	一
醬商	一
鞋襪商	一
麪粉商	二
軍衣莊	一
酒米行	二
油米行	三
菓品商	四
木商行	三
醋醬肉	三
油酒商	一
麪粉油醬	一
鐵匠行	一
切面商	一
鐵匠爐	二
油面舖	一

理髮處　一
饅舖　一
火柴業　一

今參考ノ爲メ民國二十年度下半期ニ於ケル本縣ノ貿易狀況ヲ示セバ次ノ如シ

（以下擔ヲ以テ單位トナス）

輸入各種貨物表

棉布類	五一一・二七五	木器類	二一・三二六
絲織品	二六・〇六一	身邊用品	九・四四七
機械類	一二，三三四	烟草類	一六五・二八三
繩索類	三一二・一七三	紙類	三八・一七一
麵粉	六一七・三三八	飲食品類	一二・一六〇
粗布類	七二・五六四	皮革	一七・〇三二
電氣用品	一二・四一五	糖類	四二・六九五
蔴袋	一二一・六一五	油脂類	一・二一二
衣服類	一・六七二	洋灰	七二・六二八
煤油	三・一一八・七六三	燃料	一・三九三・一七九

陶器類	一一・〇二六	蔬菜類	一一二・八三〇
細棉布	三八・六六五	茶葉	二一四・二九〇
食鹽	一三五・九八〇	鮮菓品類	一一・八六九
食料類	一三・八四六	綢緞類	二一六・二三六
藥材及藥品	一・三〇〇	乾菓類	三一四・二九〇
石鹼類	三・六五一	銅鐵類	二二三・一三〇
洋火	六七二	大米	九一二・七二五
乾菜類	五一・三八三	蠟燭	七・六七一
生菓	一三・四四七	染料品	一一・二七二
穀物種子油	一二・八八七	皮貨類	二一・〇二六
白酒	一・五四七	汽發油	一三・四二五
棉花	一一・四二六	甘草類	一三・九二三
毛類	一・二七二	魚蝦類	二六・七八二

民國二十年下半期各月ノ輸出量額表

品名(七月)	類量	總値
洋火	一・七二五	四三・一二五・〇

豆油	三・二四〇	一二・九六〇・〇
高粱	一九・七四五	九・八七二・五
小米	二・八四〇	四・二六〇・〇
穀子	五五・一四〇	三八・五九八・〇
菉豆	五七五	六三二・五
小豆	九三七	一・四〇五・五
元豆	六六・二〇一	七二・八二一・一
豆餅	七・三四五	五・一四一・五
芸豆	九九〇	一・四八五・〇
包米	一・五四三	一・五四三・〇
蕎麥	五七	五一・三
小麥	二八・七一五	二五・八四三・五
陸稻	一・九七二	四・九三〇・〇
水稻	三・七一六	九・二九〇・〇
繩索	七七五	五・四二五・〇
線麻	一〇五	六三〇・〇

黄菸	二一四	一・二八四・〇
鐵器	一五〇	二・二五〇・〇
陶器	一二六	五・〇四〇・〇
獸皮	三・七五〇	一一・二五〇・〇
其他雜品	五・七三〇	二八・六五〇・〇
合計	一九五・五九二	二八六・四八七・九

品名（八月份）	數量	總値
小麥	二・〇三〇	一八・二七〇・〇
包米	一・二〇五	一・二〇五・〇
豆油	二・九七三	一一・八九二・〇
豆餅	五・五一七	三・八六一・九
高粱	一一・二一七	五・六〇八・五
元豆	四七・二八〇	五二・〇〇八・〇
小米	一・七五二	二・六二八・〇
蓁豆	三二七	三五九・七
芸豆	一〇五	一五七・五

白芸豆	七八	一七七・〇
蘇類	一三四	八〇四・〇
陸稲	二一五	五三七・五
細索	二〇五	一・四三五・〇
黄蔴	一三五	八一〇・〇
洋火	二・一二〇	五三・〇〇〇・〇
鐵器	一三五	二・〇三五・〇
陶器	九七	三・八八〇・〇
木器	三・七一五	一・一一四・五
穀子	七七・二八〇	五四・〇九六・〇
皮張	二・四一三	七・二三九・〇
水稻	四・二二九	一〇・五七二・〇
其他雜品	七・二一五	三六・〇七五・〇
合計	一七〇・三七七	二六七・六九五・六

品名（九月份）	數量	總値
元豆	六二・七六四	六九・〇四〇・四

豆油	四・〇九五	一六・三八〇・〇
高粱	二三・七一〇	二一・八五五・〇
豆餅	三・三一七	二・三三一・九
小麥	七・八五二	七・〇六六・八
小米	一・八五〇	二・七七五・〇
大麥	四二五	二五五・〇
蕓豆	一三九	一五二・九
小豆	七五九	一・一三八・五
包米	二・〇〇〇	二・〇〇〇・〇
陸稻	九二七	二・三一七・五
黃菸	四五八	二・七四八・〇
水稻	五・六二〇	一四・〇五〇・〇
洋火	四・六一〇	一一五・二五〇・〇
鐵器	一七五	二・六二五・〇
木器	七・七二〇	二・三一九・〇
陶器	一七〇	六・八〇〇・〇

蕎麥	一〇五	九四・五
穀物	六・二五四	四・三七七・八
線麻	三〇五	一・五二五・〇
生皮	二・五一七	七・五五一・〇
熟皮	一・八二〇	六三・七〇〇・〇
合計	一三七・六〇二	三三六・四四三・三

品名(十月份)	數量	總値
小麥	三一・二五〇	二八・七一五・〇
大麥	三二七	一九六・二
元豆	八八・一五六	九六・九七一・〇
高粱	七・八五〇	三・九二五・〇
小米	三・七一五	四・七六二・五
菉豆	二二五	二五八・五
小豆	三五〇	五二五・〇
芸豆	四四五	六六七・五
豆油	五・五一	二三・〇一二・〇

豆餅	三・二七一	二・二八九・七
包米	二・〇五〇	二・〇五〇・〇
苧麻	二九五	一・七七〇・〇
洋火	三・一四二	七八・五五〇・〇
鐵器	二二五	三・三七五・〇
木器	五・八七〇	一・七六一・〇
穀物	九・六四〇	六・七四八・〇
皮張	一六・二四〇	四八・七二〇・〇
生皮	八・二五〇	二四・七五〇・〇
蔬菜	二・五六七	二三・一〇三・〇
陸稻	二・〇五五	五・一三七・五
水稻	一・五二〇	三・八〇〇・〇
其他雜品	二・七九五	一三・九七五・〇
合計	一九五・二一一	三七三・四七一・九

品名(十一月份)	數量	總值
穀類	七九・六一五	五五・七三〇・五

小米	一・三四〇	二・〇一〇・〇
元豆	九・七一五	一〇・六八六・五
小麥	二・一〇五	一八・九四五・〇
黍子	一・二七五	三・八二五・〇
豆餅	三・一四五	二・二〇一・五
豆油	二・一七五	八・七〇〇・〇
高粱	一・七五四	八七七・〇
包米	一・七五五	一・七五五・〇
菉豆	七七〇	八四七・〇
小豆	六五二	九七八・〇
芸豆	五三〇	七九五・〇
白芸豆	八六五	一・二九七・五
黃菸	三二〇	一・九二〇・〇
鐵器	一七七	二・六五五・〇
水稻	七・五八〇	一八・九五〇・〇

陸稻	九三五	二・三三七・五
皮張	九・七五〇	二九・二五〇・〇
線麻	一・八五五	一一・一三〇・〇
木料	七・五〇〇	二・二五〇・〇
其他雜品	六・六〇〇	三三・〇〇〇・〇
合計	九九・五八二	一二三・三一一・一
品名(十二月份)	數量	總値
黃菸	三五九	二・一五四・〇
小麥	二七・五〇〇	二四・七五〇・〇
元豆	五二・一四〇	五七・三五四・〇
高粱	一・三四五	六七二・〇
豆油	二・〇三五	八・一四〇・〇
豆餅	二・八〇五	一・九六三・五
穀類	三・四二七	二・三九八・九
蔴類	一九五	一・一七〇・〇
小米	三・九一五	五・八七二・五

粟豆	一・八七〇	二・〇五七・〇
小麥	九九五	八九五・五
蕎麥	一〇四	九二・七
大麥	七七五	四五三・〇
食品	三三二	二・六五六・〇
水稻	二・〇〇五	五・〇一二・五
陸稻	一七九	四九二・五
鐵器	九七	一・四五五・〇
陶器	一〇五	四・二〇〇・〇
洋火	一・三〇〇	三二・五二〇・〇
獸皮	二・一七八	六・五三四・〇
木材	七・七一九	二・三一五・七
其他雜品	三・三四五	一六・七二五・〇
合計	一一四・七二四	一七九・九五四・三

大同元年度月別物資集散及商取引高狀況

物資移入狀況(單位斗)

阿城縣

月別＼種別	元豆	小麥	小米	稻米	紅粮	麥粉
一月	17735	3537	95	250	1928	600
二月	3115	1532	56	45	2128	540
三月	5289	909	81	21	2213	480
四月	696	53	30		591	460
五月	606	115	51		472	470
六月	250	20	21		234	430
七月	771				1016	520
八月	186		3		352	520
九月	2555	874	86		1617	550
十月	4834	531	48	50	439	600
十一月	29923	754	78	101	1633	960
十二月	46383	2835	29	112	2040	890

大同元年度移出狀況（單位斗）

月別＼種別	元豆	小麥
一月	9569	2461
二月	1192	339
三月	4704	189
四月	212	6
五月	606	113
六月	248	35
七月	391	
八月	176	
九月	2532	850
十月	4828	528
十一月	29393	748
十二月	39888	2491

月別	小米	稻米	紅糧	豆油	豆餅
一月	73	232	1709	90000	1300
二月	16		110	62200	1100
三月	67		114	32700	1400
四月	19		439	12410	2100
五月	40		466	5000	2400
六月	19		215	550	1700
七月			1016		1100
八月	3		352		980
九月	41		1579	1800	680
十月	48	30	439	2[illegible]	400
十一月	78	5[illegible]	1627	18000	700
十二月	28	60	1875	47600	820

大同元年度月別商取引狀況（單位千元）

種別／月別	雜貨商	估衣商	藥商	瓷器商	糧米麵商
一月	45	3	2	4	30
二月	50	3	2	4	27
三月	40	2	1	4	27
四月	40	1	1	3	24
五月	30	1	1	2	27
六月					
七月					
八月					
九月					
十月	30	2	1	2	30
十一月	40	2	2	3	40
十二月	40	3	2	4	60

六月ヨリ九月ニ至ル期間ハ匪賊蹂躪後各商店殆ンド業務ヲ停止セリ

阿城縣商會謹將本城事變後荒閉各商造具一覽表（大同二年九月十五日現在）

號別	營業種類	資本金額	損失金額	開業年月日	經理人
大來當	當商	四萬八千元	二萬六千元	民國三年四月	李德懋
東昇當	仝	四萬八千元	三萬九千元	民國十年七月	陳化民
順源當	仝	二萬一千元	三萬四千元	民國七年三月	趙春鰲
恆源當	仝	一萬二千元	二萬六千元	民國元年四月	王慶祥
同發當	仝	二萬二千元	一萬一千元	民國十九年五月	劉子軒
全豐當	仝	一萬元	一萬六千元	民國十七年六月	范俊五
聚豐當	仝	二萬四千元	二萬二千元	民國六年四月	陳惠林
天裕當	仝	一萬八千元	九千二百元	民國十二年五月	劉子修
會同當	仝	七千元	六千七百元	民國十七年二月	王耕九
公益當	仝	三萬六千元	二萬九千元	民國三年六月	呂金題
永和當	仝	一萬元	一萬三千元	民國十七年三月	陸翰章
會源當	仝	三萬六千元	二萬二千元	民國六年七月	單士元
雲生長	銀匠舖	二萬元	一萬二千元	民國元年四月	王化亭

日增成	仝	七千元	四千二百元	宣統元年七月	王秀峰
興盛達	錢商	二萬元	九千元	民國十五年四月	劉志卿
公和永	雜貨商	一萬元	六千二百元	民國十九年八月	秦繼周
裕興雨	仝	一萬五千元	一萬三千元	民國二年七月	王善廷
永聚興	仝	八千元	七千五百元	民國十七年四月	劉德泰
同聚興	借貸莊	一萬元	七千元	民國四年二月	王兆興
同合慶	仝	一萬元	八千元	民國九年四月	高新民
同昌信	仝	一萬元	六千元	民國十六年三月	甯純遠
總計	二十一名		三十二萬六千八百元		

五、工業

本縣ハ農業盛ンニシテ工業ハ油坊業及燒鍋業以外ニ何等見ルベキモノナシ

（イ）阿什河製糖廠

波蘭人ノ發起ニシテ露國資本家ノ投資ニ依リ宣統元年創立サレタリ資本金百萬留ノ株式會社ニシテ阿什河城外北滿鐵道阿什河驛ヲ距ル數町ノ所ニアリ現在ハ佛人カガン氏ノ所有ニ屬シ民國十七年三井專賣權ヲ獲得セリ

補助汽罐五、蒸氣機械三、ザラメ工廠ニ機械五三、精製工場附帶工場ニ機械五四ヲ有ス

氣候ノ關係上甜菜ヨリノ砂糖製造ハ十月末ヨリ翌年三月迄ノ百四十日間ナルモ三四年以前ヨリ財界不況ノ爲メ目下操業ヲ中止ス

又本縣城ニ滿人經營ニ係ル明遠火柴公司アリテ資本金哈大洋十五萬圓ニシテ商標ハ金鷄ナリ

(ロ)阿什河電燈公司(在阿城縣城)

六、鑛業

前述ノ如ク本縣ハ山脈少ク而シテ鑛産物モ以下列擧スル少量ノ産アルニ過ギズシテ特筆スベキモノナシ而シテ少量ノ産物タルヤ縣ノ東部地方即チ第二第五區ニ産スルノミ

其産物及産地ヲ示セハ次ノ如シ

石灰	第五區ノ石虎嶺及圖山子附近
石英	第二區ノ千家店附近
	第五區ノ小老營附近
銀	第五區ノ泉眼河附近大石頭河子附近
水銀	第五區ノ孤嶺子附近
顔料	第五區ノ大石頭河子附近

第五　行政

一、行政機關

縣行政機關ヲ示セバ次ノ如シ

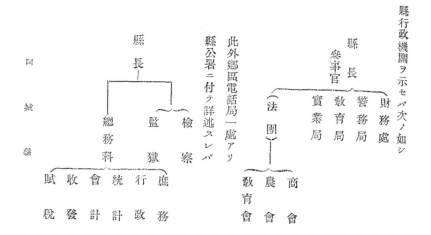

- 縣長
  - 參事官
  - 財務處
  - 警務局
  - 教育局
  - 實業局
  - （法團）
    - 商會
    - 農會
    - 教育會

此外郷區電話局一處アリ

縣公署ニ付テ詳述スレバ

- 縣長
  - 檢察
  - 監獄
  - 總務科
    - 庶務
    - 行政
    - 統計
    - 會計
    - 收發
    - 賦稅

現縣長賈樹椿ハ年齡五十三歳大同二年七月七日ノ着任ニシテ前ノ長嶺縣長ナリ　代理參事官緒方義門二十八歳、屬官田中鈞一、二十六歳共ニ大同元年十一月十一日ノ任命ナリ

其ノ外ニ阿城稅捐局アリテ徵稅ノ任ニ當ル

警務局ニ付テ詳述スレバ

- 警務局
  - 警務科
  - 保安科
  - 司法科
  - 衛生科
  - 督察署
  - 第一區警察署
  - 第二區警察署
  - 第三區警察署
  - 第四區警察署
  - 第五區警察署
  - 警察隊
  - 衛生隊

(二)財政

大同元年度行政費收支狀況

省公署ヨリ支給セラルル縣公署ノ經費毎月一千二百元ノ外地方財務處ノ所管ニ係ル歳出入次ノ如シ

阿城縣地方財務處大同元年度歲入支出決算一覽表

歲入部（國幣單位）

科目	金額
垧捐	一六・四六五・八八八
出口糧捐	一二・三五〇・三七五
特別車捐	七一一・六五〇
房捐	三・四九六・六九五
妓女捐	四四・七〇〇
經紀捐	七・七九一
旅店捐	二七・三九八
屠獸捐	六八五・三〇〇
車牌捐	四・三九四・〇〇〇
各項公捐	五・八一二・五二二
營業捐	九・九八三・一一二
五厘捐	四・八六六・五二〇
補助費	三九・〇〇〇・〇〇〇

合計	九七・八四五・九〇一

支出之部

科目	金額
警務局	三一・七三〇・〇四四
教育局	一七・八八七・二七八
保衛隊	二・七〇五・六一一
財務處	九・五一七・一五〇
電話局	六・九七五・〇〇〇
農會	二・二二二・〇〇〇
縣公署修繕費	一・三三五・六五〇
縣公署購買費	一・〇〇〇・〇〇〇
譒譯費	八三二・〇〇〇
探照燈費	二・八〇〇・〇〇〇
建國週年會費	四九九・〇〇〇
招待日軍房屋修繕費	一六八・三四七
慶祝承認會補助費	六・七三四

電網費	四・八五六・二五〇
探照燈架工料費	一・二九六・三七七
春耕貸款委員會費	七三一・九七三
自衞團辦事處	九九・五〇〇
植樹節費	六二・一二九
地方公用電報費	三五・七六〇
文廟看工費	一〇三・八九五
商會經費	八・一四九・六八一
鄉正津貼費	五・一九八
計	九三・〇二九・〇五七

阿城縣地方支出豫算表

項目	元年七月到二年二月迄 決算額	全年度豫算
公安局經費	四六・七九〇・〇三〇元	七一・〇七六・八四元
教育局經費	二二・一九一・八五〇	三三・八七六・八四
保衞團經費	八・三一七・〇〇〇	一五・二三〇・七六
財務處經費	五・八四一・五〇〇	八・九二〇・四四

	元年七月到二年二月迄決算額	全年度豫算
電話局經費	三・三五三・八四〇	五・〇三〇・七六
教育會經費	八〇〇・〇〇〇	一・〇三八・四八
農會經費	一・一四四・六一五	一・七一八・一六
商會經費	一・二一二・三〇七	一・八一八・四八
縣署修繕費	七六九・〇〇〇	七六九・〇〇
縣署購置費	七六九・〇〇〇	七六九・〇〇
祭文廟費	五三八・四六一	一・〇七六・九二
祭武廟費	一五三・八四一	三〇七・六八
文廟修繕費	七三〇・七六九	七三〇・七七
日文譒譯費	一九二・三〇七	五七六・〇〇
鄉正津貼	一五・三八四	三〇・七七
教育補助費		五・七二五・二〇
合計	九二・八一九・九〇四	一四八・七一六・一〇

阿城縣收入豫算表

項目	元年七月到二年二月迄決算額	全年度豫算
垧捐	七四・三〇七	六五・三八四・五五

糧捐	八・八一四・〇三一	一一・五三八・四五
房捐	一・二八四・二二七	一・九二三・〇八
車捐	三五四・〇〇〇	七六九・二三
棹捐	三・六〇三	三八・四六
旅店捐	一四三・二〇七	三八四・六二
屠獸捐	四二五・六一五	七六九・二三
營業捐	四・九四四・三三三	一一・九二三・一八
五厘捐	二・四五八・六〇一	五・九一一・五三
車牌捐	二・八三九・六一五	五・三八四・六一
公租捐	六〇四・八〇〇	六〇四・八〇
妓女捐		一一五・三八
合計	二一・九四六・三三九	一〇四・七四七・一二

大同元年度前半期月別國稅徵收狀況（哈洋單位）

月別	金額
七月	一・五二九・五一
八月	八五六・五二

九月	二・五三七・六三
十月	三・七三六・四三
十一月	一五・四三〇・八一
十二月	二三・三一九・四七

阿城縣公署租賦處收納表(國幣單位)

科目	十月	十二月
大租	三・〇八	四六・四六
滯納費	一・二二	一八・五八

(七、八、九、十一月份無シ)

阿城縣公署税契處收納表(國幣單位)

科目	九月	十月
買契税	一五七・一〇	九六・六〇
契紙費	五・三八	二一・〇八
典契税	一二・三二	

(六、七、八、十一月份無シ)

次ニ參考ノ爲メ當縣ニ於テ現在施行セル地方税率表ヲ擧グ

阿城縣地方税率表

税種	幣別	徵收	率

垧捐	吉林大洋	畠一天地ニ付キ垧捐トシテ吉林大洋一元積谷費トシテ一角徴收ス
五厘捐	吉林官帖	商店ノ賣上高百吊ニ對シ半吊徴收ス
營業捐	仝	賣上高百吊ニツキ一吊徴收ス
出口糧捐	仝	移出各種穀物ニ對シ時價ニ相當スル價格ノ百分ノ二徴收ス
經紀捐	仝	兩替業一個處ニ對シ月五十吊賣買ノ仲介ハ一人ニ對シ二五吊徴收ス
旅店捐	仝	宿屋モリ旅客一名ニツキ銅元一枚(一吊)馬一頭ニ對シテ銅元一枚徴收ス
車牌捐	吉林大洋	馬車五頭拵以上ノモノハ一台ニ付キ年ニ大洋二元四頭以下ノモノニ對シテハ年ニ大洋一元五角一頭拵ノモノニハ一元徴收ス
房捐	仝	煉瓦建甲種ノモノ一間ニツキ年ニ四元、乙種ノモノ二元六角八分、草ブキノモノ甲種一間ニツキ二元六角八分、乙種ノモノ年收大洋一元三角四分徴收ス
屠獸捐	仝	屠殺ヲ以テ業トスルニ對シ牛一頭九角、豚一頭三角、羊一頭一角五分徴收ス
妓女捐	仝	甲種月ニ大洋五角、乙種四角、丙種三角徴收ス
戲捐	吉林官帖	開演一回ニツキ五十吊徴收ス
磚瓦窰捐	吉林大洋	煉瓦及瓦工場ヨリ窰一ツニ對シ年大洋二元徴收ス
稻田捐	仝	水田一天地ニツキ年大洋二元徴收ス
特別車捐	仝	客馬車一台ニツキ月大洋一元、斗車(小型ノモノ)五角徴收ス

汽車捐　哈大洋　大型ノモノ月哈大洋十元、小型ノモノ哈大洋六元徵收ス

大同元年度本縣內金融狀況

本縣ニハ銀行ノ設立セラレタルモノナク資金流通ハ總ベテ貸莊錢舖ニ賴ル然レドモ昨年五月末馮軍侵入シテ各商店破產スルモノ多ク金融ノ道殆ンド杜絕セリ此處ニ於テ商會ハ今春以來引續キ中央銀行ト貸欵ノ交涉中ニシテ其金額三十萬元(國幣)ニ上ル昨冬省貸欵貸金トシテ省公署ヨリ貸出サレタル金額七萬元ハ商會長ノ不在其他ノ事情ニヨリ六千元ヲ貸出シタルノミニテ遷延セル中二萬元ヲ流通地方官帖ノ回收費用トシ爾餘ハ省公署ニ返還スベキコトトナレリ

本資金ニ依リテ一昨年十二月地方經費枯渴ヲ補ハンガ爲メニ地方財務處ニ於テ發行セラレタル「阿城縣地方財務處經費兌換券」ハ今年六月完全ニ回收セラレタリ　本官帖ハ小額取引ニ主トシテ用ヒラレ地方民ニ與ヘタル苦痛ノ如何ニ甚シカリシカハ其價格ノ變動甚シク發行當時哈洋一元ニツキ三百吊內外ナリシモノガ時ニ三千吊ニ下落シタルコトアルヲ以テモ知リ得ベシ

三、警備關係

警務局

警務局ハ局長以下百二十名及警察隊百一名合計二百二十二名ニシテ縣城ニ警務局ヲ置キ縣內各區ニ警察署分駐所ヲ設ケ行政警察ニ當ル

警察隊ハ警務局長ノ指揮下ニ屬シ縣城並ニ各區ニ駐屯シ縣內行政警察ノ補助游動掃匪ニ當リツツアリ

警務局現狀調査表

名稱	官階	姓名	人員數	駐在地
警務局	局長	邵中椵	十二	菜市門裡
第一區警察署	署長	陸坦逢	十四	大什字街西
第一區警察署第一派出所	巡官	關敬銓	六	正東門
第二派出所	仝	盧廣秀	六	柴市門
第三派出所	仝	邱文祥	六	菜市門
第四派出所	仝	劉德馨	六	正南門
第五派出所	仝	朱光偉	六	西北門
第六派出所	仝	謝廷恩	六	正北門
第七派出所	巡官	邢寶山	六	第一署院內
第二區警察署	署長	張九榮	八	永增源
第一派出所	巡官	郭長永	四	料甸子
第三區警察署	署長	胡啓泰	十二	范家屯
第四區警察署	仝	趙耐寒	十二	紅旗屯

第五區警察署	署長	毛遇順	十二	二層甸子
計			一二二	

警務局長邵中樹ハ年齢三十七歳、モト陸軍參謀長ニシテ本縣ニハ大同二年六月一日附任命セラル

警務指導官三名アリ松本陽、高見元義、千田夏冬春ニシテ大同二年九月ニ着任ス

警察隊現況

A.編成

(1)中隊ハ三小隊　小隊ハ各々三班ニ分ツ一班十名ナリ中隊ニ喇叭手四名炊夫三名ヲ有ス

總員數爲一〇一名

(2)裝備　小銃一五　拳銃一(隊長ノミ)

(3)素質　大部分ハ阿城出身(九十八名中三十七名ハ他縣)ニシテ三五歳以下二十五歳以上ノ壯丁ナリ素質優良ナラズ

(4)給與

職名	人員	薪俸額
中隊長	一	五〇元
小隊長	三	三〇

內務警長	一	一六
外務警長	三	一六
二等警長	六	一四
一等警士	二〇	一〇
二等警士	三〇	九元五〇
三等警士	三〇	九
號兵	四	一二
夫役	三	八
計	一〇一名	

薪餉經費月支一一二五元

外ニ辦公費月一〇元

B.配置及任務

縣城警務局內ニ設置シアリ

阿城縣管內ニ勦匪治安維持ノ任ニアルモ現在武器ヲ有セズ敎練ハ毎日三時間學科三時間ヲ實施シアリ益々向上ノ途上ニアリ武器ヲ貸與又ハ支給シ徹底的訓練ヲ實施セバ一中隊ヲ以テ縣內ノ剿匪ニ盡シ得ベキヲ信ゼラル

阿城縣警務局大同二年度警察經費數目調査表（大同二年九月十五日調）

警務局	薪俸	七・七九〇八（國幣角ヲ以テ單位トス）
〃	公費	四六一五
〃	雜費	四・三九三八
〃	服裝費	一〇・五九六
〃	子彈費	一・九二三一
〃	祭關岳費	九二二
第一區警察署	薪俸	七・八四六一
〃	公費	一三八四
第二區警察署	薪俸	一・五五五四
〃	公費	九二三
第三區警察署	薪俸	一・五五五四
〃	公費	九二三
第四區警察署	薪俸	一・五五五四
〃	公費	九二三
第五區警察署	薪俸	一・五五五四
〃	公費	九二三

警察騎兵第一分隊	薪俸	一・七九〇七
警察騎兵第二分隊	薪俸	一・七九〇七
警察歩兵中隊	薪俸	一〇・二九二三
〃	公費	九二三
衛生隊	薪俸	二・三四四六
〃	公費	二七六九
〃	馬乾	四四三一
〃	開辦衛生隊費	五八四六
合計		六一・一〇三八

自衛團

一、職業的自衛團ノ數

保甲牌ヲ合シ現在ノ所六十七個所アルモ分所ヲ加算スルトキハ約百個所トナルベシ而シテ縣城ノ自衛團ハ完全ナル職業的自衛團ニシテ地方自衛團ニ於テハ農業ヲ營ミツツ團丁トシテ服務シアルモノアリ

阿城縣ハ從來匪賊極メテ多ク匪害ヲ受ケタルコト甚シカリシ關係上職業的ナレルモ亦已ムヲ得ザルベク暫時職業的自衛團トシテ活動セザルベカラザル情況ニアリ此點他縣ト若干情況ヲ異ニス

二、阿城縣自衛團員一覽表

職別	姓名	原籍	年齡	信望	履歷
第一團團總(城內)	張雲登	阿城	三八	良	阿城農會副會長
第一團一保董(城內)	王永齡	,,	四三	信仰優良	阿城保衛總隊長
,二保董(城內)	金蔭棠	,,	四〇	,,	東北堡董
,,三保董	孫鳳池	,,	四〇	,,	阿城自衛團辦事處督察員
,,四保董(城內)	佟衣庫	,,	四七	優良	西南隅保董
第二團總(二區)	劉品璋	,,	三四	,,	北京高等警察學校卒業奉天商埠局長
第二團副團總(二區)	許民生	,,	三九	,,	中學卒業阿城五校長視學
第二團一保董(二區)	張玉衡	,,	三三	,,	哈市高等警察學校卒業
,,二保董(,,)	許壽山	,,	三七	,,	行伍
,,三保董(,,)	張萬寶	,,	三九	,,	高小卒業
,,四保董(,,)	王珍	,,	三四	,,	陸軍步兵中尉
,,五保董(,,)	關慶年	,,	三六	,,	行伍
,,六保董(,,)	張鳳春	,,	三六	,,	保董
第三團團總(三區)	張百深	,,	三四	,,	吉林省立師範及北大卒業

第三團副團總（”）	潘　財	”	四八	”	保衛團第三隊長
”一保董（”）	張永德	”	”	”	甲長
”二保董（”）	沃榮棠	”	三二	”	高小卒業
”三保董（”）	那寶田	”	三六	”	高小卒業
”四保董（”）	張子雲	”	三一	”	阿騎隊長
第四團總（四區）	張　崑	”	五〇	”	阿農會副會長
”一保董（”）	王振琦	”	四〇	”	保衛馬隊正隊長
”二保董（”）	戴錫恩	”	四〇	”	雙城保衛第三隊長
第五團團總（五區）	李允昌	”	四〇	”	吉林自治訓練所卒業第四區長
”副團總（”）	張基昌	”	三三	”	高小卒業
”一保董（”）	孟凌江	”	四二	”	行伍
”二保董（”）	杜雨春	”	三八	”	行伍

職別＼區別	一區	二區	三區	四區	五區	計
團總	一	一	一	一	一	五
副團總		（一）	（一）		（一）	（三）

保董	甲長	牌長	團丁	計
四		八	一〇〇	一一三
六	一五	六	七一〇	七三九
四	九	三	五一五	五三三
二	九	三	三九六	四一一
二	六	九	三〇〇	三一九
一八	三九	二九	二〇一〇	二二一五

三、裝備

1.各人概ネ一挺ノ小銃ヲ所持ス中ニハ洋砲ヲ有スルモノアルモ少數ナリ

2.彈丸ハ極メテ尠ク平均概ネ二〇―五〇粒ナルモノノ如シ

3.保董團總ニシテ拳銃ヲ有スルモノアリ同彈丸ハ極メテ少數ナリ

4.特ニ第一團(城內)ノ裝備ハ劣等ナリ

四、素質

(1)其土地ノ者ヲ主トシ極メテ少數他村ノモノアルガ如シ然レドモ總ベテ阿城縣人ナリ

(2)訓練未ダ充分ナラズ

(3)縣城内自衛團ノ素質又良好ナリト言ヒ難シ

五、經費ノ出所

(1)第一團ハ商務會ヨリ出ズ

(2)縣城以外ハ甲長ヨリ各月一垧地ニ付キ二十錢乃至三十錢ヲ徴收シ之レニ充ツルモノノ如シ

六、給與狀態

(1)團總六〇元　保董三十元　團丁六元—九元

(2)給與ハ比較的潤澤ナルモノノ如シ

阿城縣内銃及彈藥調査表（大同二年十月）

種別 \ 區別	長銃 三八式歩騎銃 銃數	長銃 三八式歩騎銃 彈數	長銃 三〇式歩騎銃 銃數	長銃 三〇式歩騎銃 彈數	長銃 七九料歩騎銃 銃數	長銃 七九料歩騎銃 彈數	長銃 露國式歩騎銃 銃數	長銃 露國式歩騎銃 彈數	長銃 套筒 銃數	長銃 套筒 彈數	長銃 其他 銃數	長銃 其他 彈數	長銃 小計 銃數	長銃 小計 彈數	拳銃 大型（モーゼル） 銃數	拳銃 大型（モーゼル） 彈數	拳銃 其他 銃數	拳銃 其他 彈數	拳銃 小計 銃數	拳銃 小計 彈數	機關銃 銃數	機關銃 彈數	計 銃數	計 彈數
第一區	六八	4.473	三六	2.130	二三	764	一五	1.219	五二	4.426	四八四	1.579	六七八	14.591	—	—	二七五	8.909	二七五	8.909			九五三	23.500
第二區	八二	4.346	五八	2.420	三六	1.907	四〇	2.230	九九	5.940	八九	3.068	四〇四	19.911	二六	982	二九	943	五五	1.925			四五九	21.836
第三區	四七	2.830	三三	1.690	六	270	三七	1.530	三七	1.739	五九二	3.627	七五二	11.686	三四	9.40	一四	169	四八	1.109			八〇〇	12.795

第四區	七一	2.130	三七	1.110	｜	｜	二六	780	六六	1.980	五一	1.020	二五二	7.020	｜	一	一〇六	1.590	一〇六	1.590			三五七	8.610
第五區	五三	2.232	三五	1.455	三	455	二	39	三〇	1.339	七六六	3.918	八九八	9.438	六四	1.893	五	一	六九	1.893			九六七	11.331
合計	三二	16.011	一九九	8.805	六七	3.396	一三〇	3.798	二四	15.424	一・九八二	13.212	二・九七七	62.646	一二四	3.815	四二九	11.611	五五三	15.426			三・五三〇	78.072

匪賊狀況

一、頭目系統

1. 孫朝陽　主トシテ帽兒山北方地區ヨリ東南方地區ニ出沒シ時トシテ賓阿縣界附近ニ出沒スルコトアリ

2. 三省　訪賢　海流　心順　四合　訪友　全好　黑搭　天合　占江龍　天河　雲中飛

平心　山四海　四海　天德　九江　打的好　金五龍　天赦　九勝　魁首　江東　德勝

江北　東邊　海東　德壽　全勝　混江龍　五俠　天和

各々部下二十名以上四、五十名ヲ有スルモノニシテ頭目數人集合スルトキハ其中最モ有力ナルモノ總頭目トナル

二、性質

1. 一般ニ獰猛ト云フニアラズ

2. 糧食ヲ得ンタメニ出沒スルモノ多ク之レガ爲メ常ニ移動シアリ

3. 有力ナルモノニテモ一頭目ニテ百名ヲ指揮スルモノナシ概シテ五十名ヲ最大トシ數團合シテ二百三百トナル

三、匪賊數

賓縣大街以北ニ約二〇〇

但シ松花江ヲ常ニ右岸左岸ニ移動シ兵力一定セズ

賓阿縣界一帶竝ニ阿城縣東南部地區ニ約五〇〇名

阿城縣東南部地區ニハ時トシテ紅槍會匪、大刀會匪ヲ交ヘタルモノ出沒スルコトアリ

四、兵器

1. 小銃ヲ有ス

2. 孫匪ハ一、二ノ輕機關銃ヲ有ス

3. 兵器ハ各種雜多ナリ

五、其他

1. 其他各地ニ數人數十人ヨリナル「コソ泥棒的」ノ匪賊アリ

2. 平心ヲ頭目トスル匪賊ノ如キハ砬子溝、二層甸子西方地區ノ土民ノ匪賊化セルモノ多クタメニ遠ク行動シ得ズ

3. 最近日軍及有力ナル自衛團ノ追擊急ナル爲メ匪賊モ困憊シ歸順セントスル機運ニ向ヒツヽアルモノノ如シ

阿城縣司法公署監獄ノ在監者數年齡犯罪ノ種類次ノ如シ(大同二年九月十四日現在)

既決囚　（總數十四名）

		平均年齡
匪犯	三人	二五
離婚	一人	二三（女）
烟犯	四名（內女二）	四二
殺人	二人	六二・三九
妨害權利	一人	五四
強姦	一人	三九
盜犯	一人	三五
強盜犯	一人	三七

未決囚

匪犯	六人	三一
盜犯	十八人	三二
侵佔	一人	四一
殺人嫌疑	一人	三九
携帶軍犬	一人	二七

殺人	三人	三三
烟犯	一人	二一
竊盗	二人	五一
通匪	二人	四九
人命	三人	二六
隠匿盗犯	二人	四六
擔保	二人	三七
賭博	三人	二八
漏契	一人	二一

第六　宗敎、敎育、

一、宗敎

本縣々民ハ一般ニ他縣民ニ比較シテ信仰心深ソ

本縣ハ佛敎ガ一番盛ンニシテ回敎之レニ次キ基督敎又ソレニ次グ

種別	信者數
佛敎	五・八五八
回敎	三・八〇一

基督敎　　　六〇四
總數　　　一〇・二六三

二、敎育

本縣ハ古來敎育盛ンナル地ニシテ現在ニ於ケル學校狀況ヲ記セバ左ノ如シ

第一小學校(西北門裡)

職員數　十一名
高級生數　一年級男三五・女一〇
　　　　　二年級男三七・女　二
初級生數　一年級男八三・女一二
　　　　　二年級男三四・女一二
　　　　　三年級男三五・女一四
　　　　　四年級男三〇・女　三
　　　　　合計　三〇七名

第三小學校(娘娘廟院)

職員　四名
初級生數　一年級男六六・女一三

二年級男一八・女　七
四年級男一六・女　八
合　計　一二八名

第四小學校（城隍廟院）
職員　四名
初級生數　一年級男六二・女三三
二年級男三六・女一三
三年級男一二・女　二
四年級男一八・女　一
合　計　一七七名

第五小學校（西南門裡）
職員　四名
初級生數　一年級男五五・女三二
二年級男一九・女　三
四年級男　八・女　四
合　計　一二一名

第六小學校(廂黃旗屯)

職員　一名

初級生數　一年級男一八

二年級男　八

合　計　三六名

第十一小學校(白城)

職員　一名

初級生數　一年級男二二・女二

二年級男四

三年級男九

合　計　三七名

第二十小學校(大岳溝)

職員　一名

初級生數　一年級男一八・女四

二年級男　四

三年級男　八・女四

合　計　三八名

第二十五小學校（西崗子）

職員　二名

初級生數　一年級男二九・女四

二年級男三二・女七

四年級男一三・女二

合　計　八七名

第二十九小學校（料甸子）

職員　一名

初級生數　一年級男二四

二年級男　八

三年級男　六

四年級男　三

合　計　三九名

第三十小學校（西紅旗）

職員　一名

初級生數　一年級男二九

二年級男　七

三年級男　四

合　計　四〇名

第三十一小學校(常與屯)

職員　二名

初級生數　一年級男四〇・女一五

二年級男一九・女　六

三年級男一一・女　四

四年級男一三・女　五

合　計　一一三名

第三十四小學校(菜市門裡)

職員　九名

高級生數　一年級男四九　・女五

二年級男一六・女　四

初級生數　一年級男六四・女三〇

二年級男二八・女　五
三年級男二八・女　八
四年級男三二・女　四
合　計　二七三名

吉林省立第三師範學校(阿城縣街柴門裡)
職員　十六人
生徒數
(一)師範部
後期二年一期一班三十七人(內女生六名)
後期一年一期一班三十一人(內女生一名)
三年師範講習科二年一期一班二十五人
初中三年一期一班十六人
初中二年一期一班三十二人
計男生百三十四名女生七名
總　計　百四十一名
(二)附屬小學部

高級男三十五名女七名　計四十二名

初級複式一班

甲組男二十七名女六名　計三十三名

乙組男二十五名女十二名　計三十七名

初級複式二班

甲組男十四名女十一名　計二十五名

乙組男二十八名女十八名　計四十六名

上記高級一班及初級複式兩班合計生徒百八十二名

第七　交通、通信、

一、交通

鐵道ハ本縣ノ中央部ヲ貫通スルモノアリ而シテ水運トシテハ北方縣境ニ松花江及其支流ニシテ南北ニ流ル、阿什河アリ且ツ道路各方面ニ通ジ交通ノ便良シ

(1)道路

阿城――哈爾濱	四四粁
阿城――雙城縣境	二八
阿城――拉林	三七

哈爾濱——賓州　七三
黃山咀子——料甸子　三一
蜚克圖——牛拉城子　三〇
牛拉城子——賓縣縣境　二四
黃山咀子——新立屯　一〇
新立屯——聚源昶　一九
聚源昶——蜚克圖　二七

右各道路修築ヲ終ヘタルモ概シテ其形ノミニシテ尙ホ土質脆弱自動車ヲ通ジ得ザル處多ク先ヅ車馬人ヲ通ジ又ハ「ローラ」ヲ用ヒ堅固ニスル要アリ然レドモ賓州大街ハ天氣良好ナレバ自動車通ズ
ハルピン—阿城—拉林間ハ國際ノ自動車定期運行ヲナシツヽアリ

(2)河川狀況
松花江及阿什河ハ水運ノ便ヨシ

二、通信
(1)電信
阿城—ハルピン
阿城—雙城
}間ニ通ズ

右ハハルビン電政管理局ノ管轄ノ下ニアリ

(2)電話

a.北鐵ノ電話アリ

b.阿城―ハルビン
c.阿城―雙　城　}電話共ニ通ズ

d.阿城―帽兒山、一面坡ノ電話モアリ

之等電話モハルビン電政管理局ノ管轄下ニアレド度々故障發生シテ通ゼザルコトタタヽアリ

(3)郵便

阿城郵局ハ二等局ナリ

分局ハ二層甸子、料甸子

阿城―拉林間ハ毎日一回往復ス

其他ハ數日ニ一回ナリ

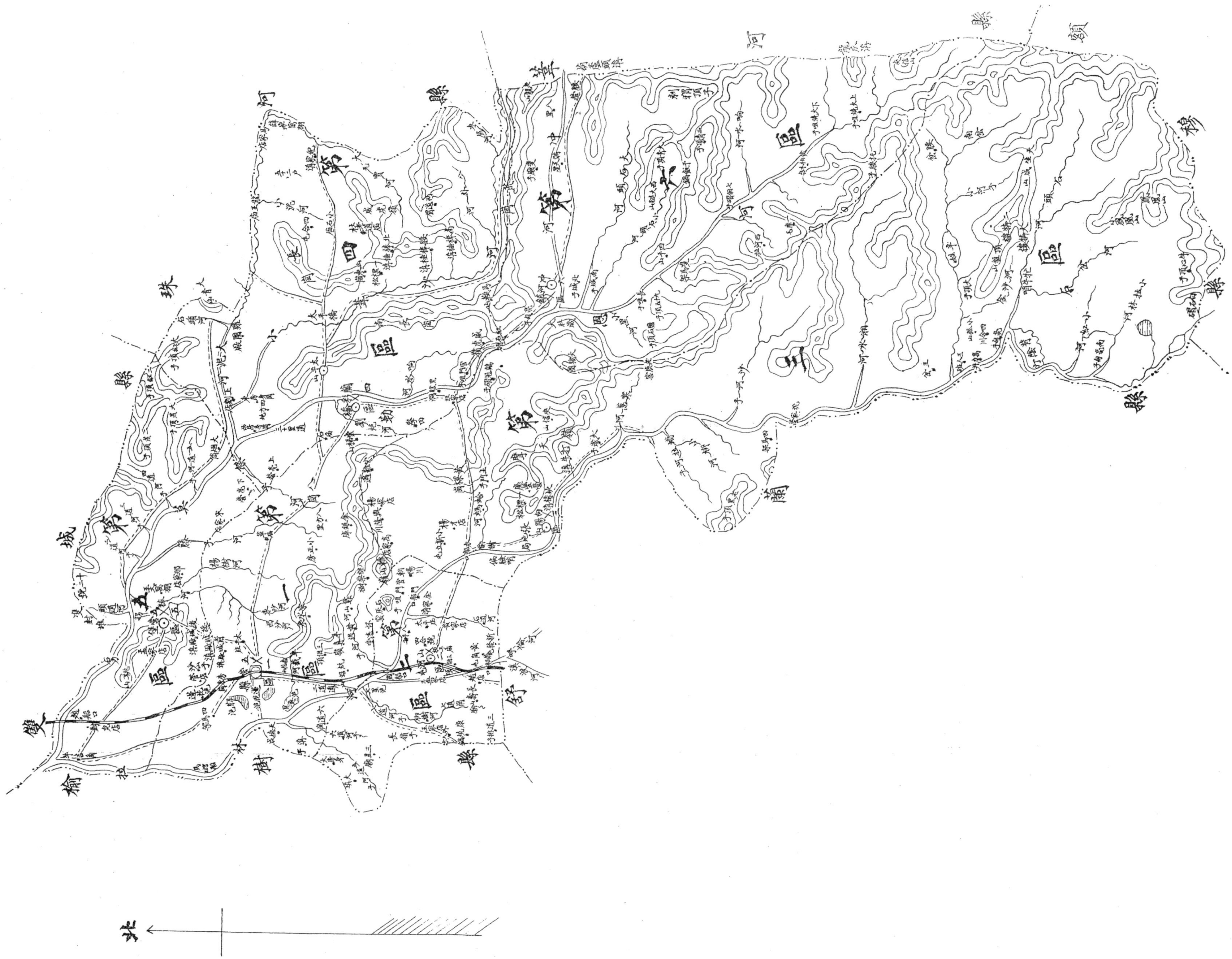

五常縣圖

五常縣

目次

五常縣

第一 地史

五常縣城ハ一名歡喜嶺ト稱ス　古代ノ史實詳カナラズ　遼時代阿延女眞部ニ屬シ、明時代阿憐衛ノ南部ニ屬シ淸朝同治八年五常堡ニ協領ヲ設ケ光緒八年五常廳同知ヲ設置シ宣統元年府ト改稱シ民國二年縣ヲ設ケタリ　其ノ後引續キ今日ニ到ル

第二 位置

五常縣城ハ縣ノ西北部ニ位シ吉林省城ヲ距ル東北三百六十支里ノ地點ニ在リ　東ハ葦河縣南ハ額穆縣、舒蘭縣、西ハ楡樹縣北ハ雙城縣、珠河縣ト境ス

第三 地勢

一、山　脈

莫勒恩河ノ北、雙城縣トノ縣境ニ大荒頂子、二荒頂子等ノ一連ノ山脈東西ニ走リ　又相並流スル拉林河ト、莫勒恩河トノ間ニ挾マレ縣城ノ東部ヨリ摩天嶺山脈東南走ス、南方ニ於テ之ヨリ天生成山ヲ派生ス、莫勒恩河ノ東方ニハ南長崗、荒崗、及ビ長崗、威虎嶺及ビ刺猬頂子ノ三連ノ山脈並走ス、最南方額穆縣境ニ鳳凰山、牛心頂子ノ山脈アリ、本縣山脈ハ概シテ西北方ヨリ東南方ニ走ルヲ以テ特徴トス、

二、河　川

松花江支流拉林河西部楡樹縣境ヲ流レ其ノ支流莫勒恩河之ト相並行シテ摩天嶺山脈ノ東方縣ノ中央ヲ流ル共ニ其流域ニ農耕地開ケタリ

第四　氣候

本縣ノ氣候ニ付キ特記スベキコトナキモ冬季寒風比較的强ク吹ク處ナリ

第五　面積　人口

一、面積

本縣ハ總面積七十三萬八千二百垧ニシテ吉林省內ノ第三等縣タリ　其ノ內譯左ノ如シ

熟地	一九二・二〇〇垧	
山林	一五三・〇〇〇	
荒地	二五〇・〇〇〇	（可墾地　一〇〇・〇〇〇垧、不可墾地　一五〇・〇〇〇垧）
河流湖沼	一四三・〇〇〇	（河原モ含ム）
合計	七三八・二〇〇	

二、戶口

本縣戶口ニ關シテハ民國十九年、大同二年二月、大同二年十二月ト最近三度調査アリ、何レモ數字上大差異アリ、現在再調中ナリ　且ツ之ハ民族的區別ヲスレバ大部分滿洲人ニシテ現在少數ノ日本人及朝鮮人アリ　尙ホ將來拉賓線交通ノ隆昌ト治安ノ恢復ト相俟チテ益々增加スルモノト思惟セラル

戸口ヲ表記スレバ左ノ如シ

五常縣戸口調査　民國十九年（東北年鑑ニヨル）

地域別		戸數	人口 男	人口 女	人口 計
全縣		三四・三九四	一二七・七一五	九九・四九三	二二七・二〇八
細別	縣城	八〇九	二・七一一	二・三九一	五・一〇二
	城外	三三・五八五	一二五・〇〇四	九七・一〇二	二二二・一〇六

五常縣戸口調査　（大同二年二月）

區別	戸數	人口
一區	五・六一〇	六一・〇〇〇
二區	五・二一四	五二・〇〇〇
三區	三・二一七	三三・〇〇〇
四區	五・四六三	五一・〇〇〇
五區	五・五一二	五三・〇〇〇
六區	三・一一六	三〇・〇〇〇
合計	二八・一三二	二五三・〇〇〇

五常縣戶口調査　（大同二年十月一日現在）

區別＼項別	戶數	人口 男	人口 女	人口 合計
第一區	七・四一七	二五・〇一六	一九・七九六	四四・八一二
第二區	五・九一〇	一九・七九八	一六・六三四	三六・四三二
第三區	四・六二三	一五・五四〇	一一・〇五三	二六・五九四
第四區	六・一七四	一八・一六〇	一三・九九五	三一・一五五
第五區	九・三〇〇	二八・八二〇	二三・六八四	五二・五〇四
第六區	二・〇二〇	五・四七〇	三・四八二	八・九五二
合計	三五・四四四	一一二・八〇五	八八・六四四	二〇一・四四九

五常縣重要各鎭城戶口調査表　（城外ヲ含マズ　大同二年十月）

城鎭＼摘要	戶數	人口數 男	人口數 女	人口數 合計
五常縣城	六五〇	二・〇一九	一・五七三	三・五九二
山河屯城	五三七	一・九六三	一・二三九	三・二〇二
向陽山城	四五四	一・一七四	一・〇〇一	二・一七五

太平山城	七六六	二・一二五	一・七三七	三・八六二
五常堡城	五八五	一・八八九	一・七二〇	三・六〇九
沖河鎮	三四一	八七〇	五四八	一・四一八
合計	三・三三二	一〇・〇四〇	七・八一八	一七・八四八

第六　行政

一、縣内各官廳

縣城内ニ左記各機關アリテ其ノ事務ヲ行ヘリ

各機關其ノ所屬左ノ如シ

縣公署	（省公署）	公共團體トシテ
郵政局	（交通部）	商會
電報局	（〃）	縣農會
税捐局	（財政部）	電話局（地方）

二、縣公署

省公署ニ屬シテ縣公署アリ縣内一般ノ行政ヲ行ヒ縣公署内ニ次ノ如キ部門アリテ行政事務ヲ分擔ス　而シテ地方行政區劃ハ之ヲ六區ニ分ツ

縣公署組織ヲ示セバ次ノ如シ

縣公署
- 第一科
- 警務局
- 教育局
- 實業局
- 財務處
- 保安隊

現縣長于謙澍四十八歲北洋巡警學堂畢業前五常縣農會長タリ、本縣ノ名望家ニシテ大同元年十一月三日着任ス

代理參事官横山安起、大同元年十二月十五日着任、ヨク縣長ヲ補佐指導シ縣政ノ暢達ニ努ム、 屬官ハ石原光雄ナリ

第七 財政

一、財務處 五常縣ノ歲出歲入ノ預算ノ編成及諸税ノ徴收等財政ニ關スル一切ノ事項ハ財務處ニテ處理ス 本處ヲ五常縣城ニ置キ左ノ地ニ分處ヲ設ケテ主トシテ諸税ノ取立ヲナサシム

イ、五常縣城
ロ、山河屯
ハ、向陽山
ニ、太平山
ホ、蘭彩橋
ヘ、五常堡

ト、 沖河　　ヌ、 六道崗
チ、 炕沿山　　ル、 對兒店
リ、 三道河子　　オ、 馬家店

概況ヲ述ブレバ本縣ハ事變時及事變後ニ於テ完全ニ匪賊ノ荒ス所ニシテ一時縣城サヘ匪賊ニ占據サレタリ　當時匪賊ノ掠奪放火等ニ依リ一切ノ行政ハ完全ニ停頓シオリシガ大同元年十二月ノ日本軍及滿洲軍ノ剿匪及ソレニ次ク治安工作ニヨリ本年（大同二年）三月頃ヨリ漸次秩序回復シ縣政モ漸次恢復ニ進ミタリ

第八　稅目及徵收稅率

（イ）車捐（年一回徵收　吉洋單位）

一台毎ニ一、二頭立ハ一元　二、三頭立ハ一元半

牛車馬車ヲ分ケズ一律ニ徵收ス

（ロ）糧捐

取引毎ニ取引數量ニ公定相場（一斗建テ）ヲ掛ケタル價額ノ百二十五分ノ一ヲ徵收ス　公定相場ハ十日間ヲ以テ一期トス　過去十日間ノ各穀物ノ實際取引ノ價額ノ平均ヨリ一割見當安ク見積リタル價額ヲ今期ノ公定相場トス　例ヘバ高粱五斗ヲ賣買シタリトセバ公定相場ヲ一斗三百吊トスレバ　徵稅ハ $300 \times \frac{5}{125} = 12$

卽チ十二吊ノ粮捐ヲ納ムレバ可ナリ

但シ徵稅ハ吉洋單位ニテ賣主ノ負擔ナリ

（ハ）屠宰捐　（吉洋單位）
一頭毎ニ牛八角、猪三角、羊二角ヲ徴收ス
屠宰所ノ設備ナク只賣買サレル場合ノミ徴收ス
（ニ）木捐　（吉洋單位）
國税ヲ以テ標準トナシ國税ノ十分ノ二ヲ徴收ス
賣主ノ負擔ナリ
（ホ）自動車捐
大型自動車（向ヒ合ツテ乘レルバス式ノモノ）毎台十元ヲ徴收シ　小型自動車（普通）乘車用毎台六元ヲ徴收ス　年一回徴收ニテ哈洋單位ナリ　貨物自動車ノ規定ナシ
（ヘ）營業附加税　（吉洋單位）
商會ニ委任代收サス　賣上高ノ百分ノ三ヲ徴收ス　ツノ内地方收入ハ百分ノ一ナリ百分ノ二ハ國庫收入トス
（ト）垧捐
縣公署ニテ徴收ス　一年一回吉洋ニテ一垧一元〇五分ヲ徴收ス本縣ニテ地方税トシテ縣費ニ流用シアリ

第九　歳入　歳出

五常縣ハ平時ハ毎年官帖七千萬吊（國幣換算十四萬元）餘ノ歳入アリ地方政費ニ不足スル事ナカリキ今試ニ事變前ノ歳入歳出ヲ示セバ左ノ如シ

五常縣財務處歳入歳出　（民國二十年度）

歳入		歳出	
垧捐	九六・〇〇〇	警察	三六・〇〇〇
附屬垧捐	一二・〇〇〇	保衛	四〇・〇〇〇
車捐	九・〇〇〇	敎育	三六・〇〇〇
屠捐	三〇〇	其ノ他	二八・〇〇〇
營業捐	九・〇〇〇		
木捐	二〇〇		
糧捐	一〇・〇〇〇		
學田税	四〇〇		
電話税	三・〇〇〇		
汽車税	一〇〇		
合計	一四〇・〇〇〇	合計	一四〇・〇〇〇

右ノ單位ハ國幣ニシテ支出欄ニ其ノ他トナリ居ルハ商會農會敎育會等ノ地方機關ノ補助費農事試驗場電話等ノ經費ナリ

大同元年五月即チ滿洲國獨立後ヨリ同年十一月迄ハ五常縣ハ完全ニ匪賊ニ占領セラレ諸機關停止シ一文ノ收入

モナシ　同年十二月ニ入リテ漸次治安維持サレ復歸スルモノ日ニ多ケレド何分十二月初ニ在リテハ五常縣城ハ戸數六十戸ヲ出デズ　人口又二百ニ足ラズト云フ程度迄匪賊ニ蹂躙サレ居タルニ依リ恢復困難ニシテ五常縣全體ニ亘リ殆ド手ノ施シ樣ナク大同二年一月ニ於テハ財源涸渇シ事實上財政的ニ破産シ居タリ

即チ長期間ノ收入モ短期間ノ必要經費ニ及バザルコト迄カナリ(單位國幣元)

五常縣財政情況調査(大同元年末期)

實收入(自大同元年十二月三日至大同二年二月)		實支出(自大同元年十二月三日至大同二年二月)		支出スベキ金額(自大同元年十二月三日至大同二年一月十日)	
糧捐	一,〇八七・七〇四元	警務經費	八〇〇・〇〇〇元	警察局	三,三二六・四〇元
車捐	一,四六〇・三〇五	保衛團經費	八四七・〇〇〇	保衛團	四,一一六・四二
屠宰捐	八・三一六	教育局經費	一七〇・〇〇〇	教育局	三〇一・八四
木植附加捐	五八・五七七	教育會補助費	一五・〇〇〇	電話局	三三〇・〇〇
營業附加捐	一七一・七一五	農事試驗場	七〇・〇〇〇	財務處	七七二・〇〇
		電話局經費	一一〇・〇〇〇	試驗場	一五〇・〇〇
		財務處經費	二七〇・〇〇〇	雜費	四一八・〇八
		牌照費	三八四・〇〇〇		
		交際費	一二〇・〇〇〇		
合計	二,七八六・六一七	合計	二,七八六・六一七	合計	九,三六四・七四

大同元年度歲入歲出豫算書

歲入

糧捐	二・一一七・五〇元
車捐	三・八五〇・〇〇
屠宰捐	一五四・〇〇
木植附加捐	七七・〇〇
垧捐	六・九七二・二五
附圈垧捐	一・九九二・〇〇

歲出

警務經費	一一・一三二・〇〇元
保衛團經費	一一・九〇三・〇〇
敎育局經費	二・四〇二・〇〇
敎育會補助費	一七五・〇〇
農事試驗場	一・〇三〇・〇〇
電話局經費	一・五八六・〇〇
實業局	一・〇〇〇・〇〇
小學校	六・四八八・〇〇
臨時費	
警團服裝雜費	九・五二七・四〇
中學補助費	一・二〇〇・〇〇
購置費	六〇〇・〇〇
牌照費	一・七〇九・〇〇
子彈費	五・〇〇〇・〇〇

交際費	四〇〇・〇〇
電話材料費	三・〇〇〇・〇〇
學校恢復費	一〇・〇〇〇・〇〇
合計	一五・九三二・七五元
不足額	五一・二一九・六五

五常縣大同二年度歲入歲出預算　單位國幣

歲入ノ部

經常收入	一五八・〇一〇元
1.縣稅	一五四・一八六
垧捐	一一八・〇〇〇
營業稅	三・〇〇〇
雜稅	三三・一八六
車捐	二六・七〇〇
屠捐	二〇〇
木捐	五〇〇
糧捐	五・七六〇
汽車捐	二六
2.財産收入	三〇〇元

學田收入	三〇〇
3. 雜收入	三・五二四
電話使用料	六二四
提成金	二・九〇〇
臨時收入	二三・〇六五
1. 結餘金	八・六六五
2. 定期發款	一四・四〇〇
歲入、經常臨時合計	一八一・〇七五
歲出ノ部	
經常歲出	一四五・七〇五元
1. 縣公署費	四四・六四〇
俸給	二四・〇〇〇
各項薪金	九・二九〇
辦公費	八・一五〇
招待費	二・〇〇〇
機密費	一・二〇〇

2.警察費	六四・三三六元
俸給	四三・七七六
工費	六・九一二
辦公費	三・六四八
機密費	五〇〇
服裝費	八・〇〇〇
子彈費	一・五〇〇
3.教育局	二三・四〇〇
中學校經費	六・七〇〇
小學校經費	一六・七〇〇
4.財務費	二・八八〇
5.勸業費	三・五九六
6.電話費	二・七九六
7.牌照費	一・一三九
8.電話用料費	一・八〇〇
9.雜費	九一四

10預備費　三・〇〇〇

臨時歳出　一九・七二〇元

1.電話擴張費　五・〇〇〇

2.營繕費　一四・〇〇〇

3.補助費　七二〇

歳出經常臨時合計　一六五・四二五

而シテ大同二年七月以後ハ財政狀態著シク恢復セリ其狀況次ノ如シ

一、收入（大同二年七月ヨリ九月ニデ）

税目＼月別	七月	八月	九月	十月	十一月	十二月
垧捐	一五・二三一元	九・一五六元	七・五六四元	七・五六四・〇三元	六・三一四・八〇元	
木捐	九	一六	一三〇	一三〇・一九	一六・一九	
屠捐	八	一八	一三	一三・七一	一八・九四	
營業附加税	三三〇	三五六	四三二	四三二・四五	五六六・八五	
合計	一五・五九八	九・五五八	八・一三八	八・一三九・四〇	六・九一六・七八	

一、支出（大同二年七月ヨリ九月マデ）

1.經常支出

費目	七月	八月	九月	合計
警察大隊	三・三三七	三・三三五	三・三四四	一〇・〇一六
警察	一・九五二	一・九三九	一・九三一	五・八二三
教育	二・三四九	二・九五六	二・九八二	八・二八七
財務	七七六	七八五	七五六	二・三一七
農事試驗	二二〇	二一九	二二〇	六五九
電話	三四四	三四六	三五二	一・〇四二
實業	二五〇	一三二	一三二	五一四
派遣警士	六八	六八	六八	二〇四
合計	九・二九六	九・七八〇	九・七八五	二八・八六一

2. 臨時支出（大同二年十月二十日マデ）

交際費	一九一・〇〇元
農事試驗場地代	一五〇・〇〇
全縣運動會	五五七・〇〇
祭孔	七九・〇〇

治安維持會	二三四・〇〇
九・一五紀念費	二九・〇〇
合　計	一・二四〇・〇〇

一、收支狀態（大同二年七月ヨリ九月マデ）

收　入		支　出	
全收入	三三・二九四・〇〇元	經常費	二八・八六一・〇〇元
		臨時費	一・二四〇・〇〇
		殘　高	三・一九三・〇〇
合　計	三三・二九四・〇〇	合　計	三三・二九四・〇〇

一、大同元年、大同二年共給料其ノ他未拂ナシ

第十　租稅徵收方法

租稅ニハ國家稅及地方稅アリ　國稅ハ財政部直屬ノ稅捐局之ヲ取扱ヒ地方稅ハ縣地方財務處ニテ徵收シ縣支出ニ充當ス　稅捐局、地方財務處ハ共ニ縣內各處ニ分卡ヲ設ケ遠隔地ノ徵收ニ從事セシム

今國家稅地方稅ノ稅目並ビニ大同元年十二月以後ニ於ケル大同元年度ノ徵稅成績ヲ示セバ左ノ如シ

（A）國稅

（イ）縣公署徵收

契税	一三五・九一元
田賦（大同二年四月徴收開始）	一〇・四一一・一八
田賦罰金	二・六〇一・六〇
合計	一三・一四八・六九

（ロ）税捐局徴收（大同二年二月二十一日ヨリ徴收開始）

營業税	一・七六五・八三元
攤床税	六六八・四四
木税	八二四・五〇
木植費	六五九・五九
山分費	四九四・七一
木炭	三三・一〇
牲畜税	五・一九七・九〇
買賣米谷税	一・二六七・〇八
斗税	二五四・二五
土產山貨税	二八九・二四
黄菸税	一・五八四・三七

補助費	一・一四二・八二
白酒税	四・一三五・八八
燒酒牌照税	一六二・一六
筒課税	九二三・〇七
雜税	八〇七・一二
合計	二〇・二〇九・〇六
國税總計	三三・二五七・七五

（B）地方税

（イ）縣公署徴收（大同二年四月ヨリ徴收開始）

垧捐	三五・四〇九元・三二

（ロ）縣商務會徴收

營業附加税	一・八八一元・九八

（ハ）地方財務處徴收

車捐（大同元年十二月ヨリ徴收開始）	一・六四三元・五七
屠捐	三三一・二六
木捐	二〇二・三四

糧捐　一・五四八・元七二

合計　三・四二七・八九

（三）警務局

營業許可證　三八三・元一〇

地方稅總計　四一・一〇二・二九

尙地方稅トシテハ汽車捐アリ　地方收入トナルベキモノニ電話收入、學田收入アレド大同元年度ハ全然收入ナシ

第十一　警備

（イ）治安

民國二十年事變以來地方財政極度ニ逼迫シ縣警備ノ充實ヲ圖ルニ由ナク特ニ大同元年十二月ニ日滿軍五常縣內ノ討伐ヲ行フ迄ハ縣城ヲ始メ縣內ハ完全ニ匪賊ノ佔領スル所トナリ無警察ノ狀態ナリキ

然レ共大同二年ニ到リ日滿軍ノ討伐後漸ク治安恢復シ其ノ後代理參事官入縣シ縣長ト協同治安ノ恢復ニ努メシ結果現在（大同二年八月）ニ在リテハ殆ド治安ノ恢復ヲ得タリ

警務局及警察署（大同二年十月二十日）

摘要／局署別	責任者	地址	警正	警佐	巡官	警長	警士	距程
警務局	何興權	縣城	一	二	一〇	七		

第一警察署	隋慶雲	縣城		一	四	二	一二	
第二警察署	韓慶陞	山河屯		一	四	一	一一	五〇
第三警察署	楊致儉	向陽山			五	一	九	一〇〇
第四警察署	周元平	太平山		一	四	一	一一	九〇
第五警察署	于躍江	五常堡		一	四	一	一一	三五
第六警察署	周德麟	沖河		一	四	一	九	一六〇
合計			一	七	三五	一四	六三	

警務局長何興權三十五歲ハ元穆稜縣警務局長ニシテ本縣ニハ大同二年五月就任ス

警務指導官北野日出夫、澤畠伍、山部大藏ノ三氏ニシテ共ニ二年九月以後就任ス

(ロ)今本縣内ノ警備力ヲ示セバ次ノ如シ

(一)日本軍隊　拉賓線守備隊トシテ日本軍隊ハ縣城ニ若干部隊駐屯セリ

(二)滿洲國軍隊　本縣ニハ駐屯シ居ラズ

(三)警察隊

五常縣ニ於テハ警察隊及保衛團及自衛團アリテ縣内ノ治安及警備ニ當リ居タリシガ大同二年七月ニ到リテ保衛團及警察隊ヲ改編シテ以下記スル如クナシタリ

改編前ニ於ケル保衛團及警察隊

（イ）保衛團

保衛團總隊部	一六名
歩兵第一小隊	四六名
歩兵第二小隊	四六名
省警察歩兵第十三分隊	八五名
省警察騎兵第十七分隊	六四名
合計	二五七名

（ロ）警察隊

警察騎兵隊	二一名
警察歩兵一隊	四五名
合計	六六名
以上總計	三二三名

以上ノ總兵力ヲ警務廳指示ノ編成表ニ基キ警察隊本部歩兵二個中隊、騎兵一個中隊ニ改編セリ

歩兵一個中隊ハ三個分隊トシ一個分隊ハ三個班トス一班ノ兵員ハ班長共十一名トス（但シ第一分隊ノ第一班ノミ班長共十三名トス）

歩兵二個中隊總兵力二百八名ナリ

警察騎兵隊ハ三個分隊一個分隊ヲ二班トシ一班ヲ班長共十三名トス

總兵力八十八名ナリ

其後若干名ノ整理アリ大同二年十月二十日現在編成左ノ如シ

1. 職員表

摘要／部隊	隊長	分隊長 第一	分隊長 第二	分隊長 第三	書記	備考
大隊本部	閻長柏	楊繼武			劉景耀	元ノ保衛總團部
第一中隊	孟農三	邵占吉	李蘊山	范樹廷	婁學禮	元ノ歩兵一正隊、歩兵二正隊、警察歩兵隊ノ一部、小山子ニ一個分隊、沖河ニ二個分隊分駐ス
第二中隊	唐國富	辛廣居	李超遠	趙玉林	謝雨田	元ノ省警察歩兵十三分隊及警察歩兵ノ大部分、五常堡一個分隊、縣公署警務局ニ各一個分隊分駐ス
騎兵中隊	秦顯堂	劉爾廷	董春滿	王振海	程文阜	元ノ省騎兵十七分隊及警察騎兵及保衛總團部ノ一部、縣城ニ二個分隊、向陽山一個分隊分駐ス

警察大隊長閻長柏ハ三十五歳元警備騎兵營長タリシコトアリ大同元年十二月保衛團總隊長ニ任命セシ爾後警察隊ノ改編ト共ニ現職ニ就任ス

2. 大隊編成表

區分	警正	警佐	巡官	警長	警士	人員合計	馬匹	銃	彈丸
大隊本部	一	二	一	一	三	八	三		一八〇
第一中隊		一	四	一	一〇五	一一一		六六	三・一八二
第二中隊		一	四	一	一〇五	一一一		九五	七・四四〇
騎兵中隊		一	四	一	八二	八八	八七	五二	三・一一六
大隊合計	一	五	一三	四	二九五	三一八	九〇	二一三	一三・九一八

四、自衛團

大同元年四月袁海龍ニ依リ五常縣ヲ蹂躪セラル、以前ニ於テハ全縣ヲ六區ニ分チ（公安分局區域ト同ジ）全縣下ニ四千名ノ團員ヲ擁シ縣長ノ直轄ノ下ニ在リ、公安隊、保衛團ト共ニ治安維持ニ努メ袁海龍、馮占海、紅槍會等ノ兵匪擾害セシ時公安隊、保衛團ハ叛反四散セシモ自衛團ノミハ逃亡セズ大匪ニ對シテハ出來ル丈ケ之ヲ避ケ小匪ニ對シテハ之ヲ擊退シ現ニ炕沿山、向陽山五常堡等ガ無事ナルヲ得タルハ之自衛團ノ力ニ依ルナリ　兵匪擾亂スル迄ハ毎戸一人宛壯丁ヲ出シ組織シ居タリシガ現在ハ臨時組織法ニ依リテ指導組織中ナリ　本年（大同二年）一月二十日迄組織完了セルハ第一區ヨリ第五區迄ニテ第六區ハ交通通信不便ノ爲詳細判明セズ指導困難ナリ　現在總團長ヲ于縣長トシ副總團長ヲ商務會長朱福三トス

正副團ノ區別ハ判然シ難シ團員總計六千五百餘名アリ　五常縣下ノ現在完全ニ治安維持サレ平穩ナルヲ得ルハ日本軍ノ五常縣城駐屯ト自衛團ノ賜ノト云フモ過言ニ非ズト信ズ　大同二年一月十七日日本軍考鳳林ヲ討伐セシガ自衛團（五常堡、十八里甸子）ヲ動員シ討伐地帶ノ治安維持及ビ敗殘兵ノ蕩掃ヲ行ヘリ現在ノ組織内容ヲ示セバ別紙ノ如シ

吉林五常縣自衛團首領姓名暨兵力駐防地點一覽表（大同二年九月三十日）

事項 隊名	所在地	職別	姓名	保別	駐防地點	駐在人數	槍械數目 快槍	槍械數目 洋炮	槍械數目 抬槍	子彈數目
第一區	炕沿山	團總	陳占鰲		炕沿山					
		保董	王鍾齡	第一保	炕沿山	一三六	九六	三七	二	四・五七二
			姜岫文	二保	柞樹崗	六九	五八	七		七・二三五
		副團總兼保董	于鳳池	三保	縣城	一六四	五六	八五	六	二・四三七
		保董	董忠陽	四保	懷遠堂	一一八	三四	四六	一九	一・二七八
			宋有	五保	積金堂	七三	三八	三四		一・七五三
五										

常										
第二區	山河屯	團總	王春林		山河屯	七三	二一	二八	一	八二六
		保董	朱佐臣	第一保	太平鄉	九六	四〇	四七	三	三・四九三
			姜海山	二保	梨樹園子	八〇	二一	四三	六	九三六
			王雲青	三保	賀家油房	八〇	一六	六〇	一	八〇五
			婁暄明	四保	新發屯	八〇	二〇	四五	六	一・二四〇
			劉廷和	五保	劉光屯	八〇	九	六三	二	三〇〇
			黃紫卿	六保	老房身崗	八〇	一〇	六二	三	五〇〇
	七星泡	團總	田瑞石		七道崗					
		保董	劉春林	第一保	七道崗	四四	三四			一・四四八
			遲永東	二保	五道崗	三〇	二三	七		一・七六〇
			劉萬寛	三保	溪浪河川	二九	一五	一二		六四五
			牟樹堂	四保	太平橋	三〇	一六	一〇		七六〇
第	向陽山	團總	陳璽廷		向陽山					
		保董	高肅蕃	第一保	仝上	九一	六四	二五		三・一一五
		保董	李丕功	二保	楡樹川	六〇	二一	三九		一・一一五

縣

區	地	職	姓名	保	住址					
三區			李健功	三保	鷄冠砬子	二四	六	一五	三	一七一
			黃雲梯	四保	依船口	五九	九	四八	二	四五〇
	團總	團保	沈慶山		沙河子					
	沙河子	保董	程德祿	第一保	仝上	六八	三〇	一七	二二	二・〇〇〇
			張景林	二保	蛤拉河子	五八	四九	八	一	二・三〇〇
			王福全	三保	老黑頂子	四三	二七	一〇	六	一・五七〇
			靖天相	四保	四馬架	四三	二八	一〇	五	一・四九〇
			董殿忠	五保	慶豐營	一四	一三	一		一・二一〇
第四	太平山	團總	周元年		太平山					
		保董	曹喜恒	第一保	仝上	三〇	九	一九		五八七
			張廷相	二保	仝上	二五	九	一六		三四一
			趙希文	三保	仝上	三六	八	二八		三一〇
			石殿元	四保	仝上	三五	二三	一〇		五〇〇
			李樹棠	五保	房身崗	六一	二九	三二		一・〇六六
			杜珍	六保	大楊樹	五六	二三	三二	一	六六二

自　衞

區　第

蘭彩橋	團總	傅萬太		蘭彩橋					
	保董	李枝榮	第一保	仝上	一一七	四一	七五		一・四二一
		王允和	二保	田家街	一〇七	七六	三一		二・三七一
		張維新	三保	亮營	一〇〇	四四	五五		二・三九六
		王景環	四保	王家店	一一一	四四	五七		一・四二七
		邵德俊	五保	上亮營	四一	三四	六		八二四
西河川	團總	何景堂		五常堡					
	保董	李芳久	第一保	仝上	四三	一四			六七〇
		馬仲三	二保	仝上	四〇	二四			一・〇四〇
		張英武	三保	仝上	三五	一七			九〇〇
		李廷貴	四保	仝上	六一	二三	一七	二	一・一二〇
		張翰升	五保	仝上	三一	二一		五	一・〇〇〇
		孫繼述	六保	仝上	二〇	一六	三		七五六
	團總	于耀江		管家店					
	保董	周青	第一保	仝上	八二	六二	二〇		二・二七八

區	甸子	職	姓名	保	屯					
五區			周蔭蓮	二保	育生屯	六〇	三八	二二		二・〇三〇
			趙　慶	三保	牛吉角	六〇	四〇	一五		一・一一七
	十八里甸子	團總	宋書堂		十八里甸子					
		保董	劉輔臣	第一保	仝上	四九	四八			三・五五八
			孫尊三	二保	仝上	四一	四一			二・六四三
			王雲財	三保	吳家泡沿	三三	三三			二・六二四
			盧冠五	四保	五道崗	四八	四八			三・二四六
			紀成山	五保	仝上	二九	二九			二・〇四六
			趙秀章	六保	上亮營	八六	八六			五・一〇九
			李慶雲	七保	蜮場溝	四七	四七			三・〇九二
			孫連擧	八保	三道河子	一三	一三			六九三
			董殿芳	九保	四道河子	二九	二九			一・四五一
			李延廷	十保	二道河子	一四	一四			六二四
			閔子誠	十一保	大石頭河	三〇	三〇			二・二〇〇
團		團總	馬秀峯		沖河					

第六區	保董劉經武	第一保	仝上	四五	二	三〇	四	三三
	任海峯	二保	亮甸子	四三	五	三四	二	六七
	劉兆發	三保	四平山	四三	六	二三	二	八七
	張寶珠	四保		四三		三六	二	
	李雲龍	五保	冲河	五四	一三	三一	五	四七五
說明	查本縣計六區祇以地勢有特殊關係分設十一團總共五十九保惟第二區自衛團團總辦公處設於山河屯本鎮其餘各團總辦公處均附設該各團第一保內 查各團官丁人數共計三千五百三十一名雜色槍械一千八百〇一棵洋砲一千三百九十六棵抬槍一百三十三棵雜色子彈九萬四千一百八十七粒至抬槍洋砲所用鉛丸火藥各數量未經備載合併聲明							

尚此ノ外ニ太平山ニ在リテハ元紅槍會、瞿、張ノ歸順匪賊ニシテ自衛團ニ改編サレタルモノ六十名アリテ各快槍ヲ有ス　自衛團員ハ全部武器ヲ有スレド多クハ舊式ノ洋砲ニシテ快槍ハ前表ノ通リ一八〇一挺ヲ有スルニ過ギズ

五常縣ニ在リテハ大同元年ノ經驗ニ徴シ自衛團ヲ出來ル丈ケ擴大組織スル方針ナルモ武器ナク組織擴大不能ナリ　今武器アラバ八〇〇〇名迄擴大スル事容易ナリ

第十二　産業

五常縣ハ農業ヲ主トシ家畜業ハ僅ナル副業ニ過ギズ　林業ハ大森林アレド交通ノ不便ト匪賊ノ出沒ニ依リ拉林河上流（四合川附近）ノ外特ニ見ル可キモノナシ

（イ）農業

本縣ハ耕地十九萬二千餘垧アリ　大同元年度ニ於テハ耕作時期ヨリ收穫時期ニ到ル間（五月―十一月）兵匪ニ擾害サレタルタメ耕作不能又ハ手入出來ザリシ耕地七萬垧アリ　次デ連雨ノタメ河水氾濫シ水災ニヨリ耕作不能及作物埋沒セル爲收穫出來ザリシ耕地六萬二千垧アリ　故ニ收穫セシ耕地ハ僅ニ四萬餘垧位ニ過ギズ

例年黃豆三十萬石高粱又二十五萬石ヲ越ニ粟十五萬石ヲ下ラズ　其ノ他麥、米、包米、等ノ穀物ヲ合算スル時ハ年產八十萬石ニ及ビタルモ前記ノ如キ理由ニ依リ

大同元年十二月二十五日調ベニ依レバ

種類	大豆	高粱	粟	包米	小麥	稗子	合計
耕種（垧）	一二・八〇〇	七・七六〇	一〇・七〇〇	七・二〇〇	三〇〇	五〇〇	三九・二六〇
收穫（石）	六四・二〇〇	六二・四一〇	三二・〇〇〇	五六・二〇〇	一・五九〇	五・七〇〇	二六七・七一〇

尙大同元年度ハ例年ノ植付ノ五分ノ一ナリ

農產品（大同二年九月末調査）

熟地	十九萬二千二百五十九垧								
植付面積	十六萬五千垧								
種類	大豆	高粱	包米	粟	小麥	大麥	水稻	陸稻	雜穀	計
生產高	二四〇・〇〇〇石	一三四・四〇〇	一五・八〇〇	七六・八〇〇	三一・三六〇	一六〇	一〇・八〇〇	七〇・四〇〇	八五・二〇〇	六六五・〇〇〇
移入				五・〇〇〇						五・〇〇〇
地名				楡樹						
移出	一五〇・〇〇〇	三〇・〇〇〇	三・〇〇〇				六・〇〇〇	二〇・〇〇〇		二〇八・〇〇〇
地名	三岔河九台 雙城樺皮廠	哈爾濱	哈爾濱				哈爾濱	哈爾濱		
作付步合%	三七・五〇〇	三・〇〇〇	二・一二五	三・〇〇〇	七・〇〇〇	〇・一〇〇	〇・三七五	四・〇〇〇	一五・九〇〇	一〇〇・〇〇〇

（ロ）家畜業

家畜モ匪賊ノタメ掠奪セラレ現在ハ大同元年五月以前ノ四割ニ過ギズ　最近ノ調査ニ於ケル概數ヲ示セバ左ノ如シ

家畜（大同二年八月現在）

種類	現在數	移入	地名	移出	地名
馬	一三・五一〇	一・〇〇〇	德惠扶餘		
騾	二・三七一	一〇〇	德惠扶餘		
驢	二一〇				
牛	一二・五二七			二〇〇	阿城哈爾濱
豚	二五・二〇〇			二・〇〇〇	阿城哈爾濱
右合計	五三・八一八	一・一〇〇		二・二〇〇	
雞	二七・三〇〇				
鴨	二・二二〇				
狗	三二・二〇〇				
鵝	一・二七〇				

（ハ）工業

本縣ニ於テハ工業トシテ何等見ルベキモノナシ

（A）燒鍋業ハ左表ノ始シ

燒鍋（大同二年九月現在）

名稱	地址	創立 年	月	日	代表者	資本	一ケ年 生產高	利得
會興東	太平山	民國 三	三	六	王岐山	三〇,〇〇〇元	一三五,〇〇〇斤	七,〇〇〇元
會增東	縣城	″ 一四	三	一	王振鈿	四〇,〇〇〇	一二八,〇〇〇	六,〇〇〇
福泉	沙河子	″ 一九	四	一	趙新齊	二〇,〇〇〇	一二五,〇〇〇	五,〇〇〇
天順福	向陽山	″ 二〇	一〇	一	郭鴻圖	一六,〇〇〇	一二五,〇〇〇	一,〇〇〇
同慶泉	向陽山	″ 一七	三	一五	李雲亭	二〇,〇〇〇	一二五,〇〇〇	二,〇〇〇
天順源	山河屯	″ 七	一	一	史廷輔	四〇,〇〇〇	一三〇,〇〇〇	一〇,〇〇〇
公興和	縣城	″ 一四	九	一	耀軒	四〇,〇〇〇	九〇,〇〇〇	一〇,〇〇〇
天順泉	闞彩橋	大同 二	六	三	趙世昌	六,〇〇〇	一二八,〇〇〇	
興順源	太平山	民國 九	一〇	一	葛松亭	二〇,〇〇〇	一二八,〇〇〇	三,〇〇〇
合計						二三二,〇〇〇	一,二二四,〇〇〇	四四,〇〇〇

全生產額ハ本縣內ニテ消費ス

（B）磚窰　六ケ所アリ

資本金合計一〇、〇〇〇元　年産額三六〇〇萬塊

本縣内ニテ消費ス

二、鑛業

本縣ハ埋藏鑛物ノ種類少シ　現在開掘セルハ硅石（玻璃鑛）ノミナリ

石炭ハ山河屯、小山子ノ二炭田アリ　山河屯ハ埋藏量多ケレドモ品質不良ニシテ小山子（山河屯東北四十里餘ノ地點）ハ埋藏量不明ナレド品質良好ナリ

硅石ハ馬石頂子ニテ採掘スレド年産額二萬元程度ナリ

其ノ他石灰産出處所二ケ所アリ

第十三　商業

本縣ハ大同元年五月ヨリ同年十二月ニ至ル間完全ニ匪賊ノ佔領スル所トナリ縣内各商店及民家ニ至ル迄一物ノ餘ス物無ク掠奪ヲナセリ大同二年一月ヨリ日滿軍隊ノ討伐及治安維持ニ勉メシ結果幾分ノ恢復ヲ見タルモ未ダ完全ニ舊態ニ復スルヲ得ズ目下復興ニ向ヒテ邁進中ナリ　故ニ商業トシテ何等見ルベキモノナシ

大豆、高粱等ハ馬車ニテ多クハ樺皮廠孤店子又ハ九站ニ或ハ三岔口ニ各自ノ荷馬車ニテ運搬スル故現地ニ於テ大量取引ヲナス事ナシ

縣城内ニ於ケル商戸種類數ヲ列擧スレバ左ノ如シ（大同二年八月調）

燒商	二	仕立屋	二	醋店	二	獸醫	一
雜貨	三八	菓子屋	三	入齒屋	一	露天雜貨	一〇
鞋舗	一	染物屋	三	羅圈	一	豆腐屋	六
印刷所	一	紙屋	四	銅舗	一	浴屋	一
金銀店	二	飯屋	一四	木舗	三	合計	一四六
鍛冶屋	五	煎餅屋	二	皮舗	一		
鐵屑商	三	時計屋	二	照像館	一		
理髮所	五	旅館	一四	藥店	一〇		
軍衣莊	四	香油	一	病院	二		

斯ノ如ク其ノ數ヘラル可キモノ百四十六家アリ

然シテ縣城內商店總數五百二十六戸ナリ

資本金トシテ最多ナルモノニシテ尙四千元ナリ

第十四　宗教

（イ）佛敎　滿人（旗人）及漢人等ニ信者多クシテ其ノ中ニモ釋敎道敎等アリ　迷信甚ダ盛ニシテ大神（マジナビ者）評婆等盛ニ横行ス　佛敎信者ハ全縣民ノ八割位ヲ占メ全縣內大廟三四アリ

（ロ）耶蘇教　縣城及小山子（太平山）ニ各々教會アリ　教會ハ各自所屬ノ財産ヲ有ス

（ハ）天主教　縣城、五常堡ニ各教堂アリ

基督教（大同二年八月調）

教會地址	教會數	牧師信者 男	牧師信者 女	戸數	男	女
縣城	二	二		二五	二九	二四
山河屯	一	一		一五	五〇	二〇
太平山	一	一		八	二〇	一六
五常堡	一	一	一	三五	四五	三五
合計	五	五	一	八三	一四四	九五

（ニ）其他回教ヲ極一部ノ者信ズ

（ホ）縣內著名廟宇（大同二年十月調）

區別	名稱	數目	所在地址
一區	關帝廟	四	縣城內、圍山子、草廟、關門嘴子
	城隍廟	一	縣城內

	娘々廟	二	縣城東門外、二道通
	火神廟	一	縣城南門外
二區	關帝廟	五	山河屯西門外、七星泡板子廟 七方牛長壽山
	娘々廟	一	七方牛
三區	關帝廟	四	向陽山、立母山、亮甸子、老龍灣
	火神廟	一	向陽山
四區	關帝廟	三	太平山、蘭彩橋、六梯山
	娘々廟	一	善船口
	龍王廟	一	龍王廟子
五區	關帝廟	三	五常堡、二道河子、横道子
	鬼王廟	一	五常堡西門外
	太陽廟	一	河北
六區	關帝廟	三	沖河街、西山頭四方頂子
	龍王廟	一	沖河街東
	雹神廟	一	沖河街東

第十五　教育

本縣ハ大同元年四月迄ハ教育管轄機關トシテ教育局第一學區教育委員辦公處（太平山）アリ教育補助機關トシテ董事會、民衆教育委員會アリ　教育實施機關トシテ男子中學一　男子小學二十四　女子小學五　民衆教育館一

アリキ

又本縣ノ教育ニ關スル費用ハ全部縣費支出ナリキ　即チ中學小學共全部縣立ナリ　大同元年度教育實施費トシテ經常費ニ計上セル額ハ吉洋五七・四六八元ナリ

今參考ノ爲ニ大同元年四月末ニ於ケル全縣ト學校數ヲ總括的ニ示セバ左ノ如シ

學校			教員	級數	學生數
中學			九	三	一五一
小學	男	高級	六五	八	三三三
		初級		四五	一八七三
	女	高級	六	一	二四
		初級		六	二八九
合計			八〇	六三	二五一九

元年五月以來袁海龍、馮占海、紅槍會等ノ爲教員、學生ニシテ殺サレ或ハ人質ニ取ラレタルモノアリ　兵匪ノ蹂躪ニ堪ヘズ避難セルモノ多カリキ

兵匪ノ無道校舎ニモ及ビ窓、床、天井ニ至ル迄破壞サレ備品ノ外腰掛ケハ勿論參考書類、樂器、黑板モ掠奪サレ縣城、山河屯特ニ甚ダシク授業開始ニハ少クトモ五千元ヲ要スル狀態ナリキ　然ルヲ大同元年十二月日滿軍隊

入縣討匪後治安日々平安トナリ教育方面モ漸次恢復シ縣立中學校及縣城第一小學校五常堡第三小學校等四月中ニ開校セシ數男子校六、女子校一、中學校一ノ狀態ナリ

次イデ其ノ後一意教育ノ復興ヲ計リ大同二年現在ノ教育狀況ハ左ノ如シ

縣立各校學生人數表（九月末現在）

校名	地址	職員 男	職員 女	職員 合	學級 男	學級 女	學級 合	學生 男	學生 女	學生 合	學生 出席人員	學生 出席率	全年經常費
中學校	縣城	九		九	二		二	六八	二	七〇	六九	九八%	六九七二
第一小學校	〃	九		九	六		六	二二五	七	二三二	一九八	八五〃	三七三二
第二小學校	山河屯	七		七	五		五	一七六	一六	一九二	一七九	九三〃	一八九二
第三小學校	五常堡	六	一	七	四	一	五	一八二	一三	一九五	一九一	九五〃	一八九二
第四小學校	沖河	四		四	三		三	一〇八	七	一一五	一四一	九六〃	一六四四
第五小學校	太平山	五		五	四		四	一五一	六	一五七	一五七〇	九五〃	二三六八
第六小學校	向陽山	五		五	四		四	一四七	九	一五六	一五二	九七〃	二三六八
第七小學校	太平山	二		二	二		二	八〇		八〇	七五	九一〃	九〇〇
第八小學校	二道河子	一		一	一		一	三七	一	三八	三五	九二〃	五四〇

第九小學校	三道河子	一		一	一		一	三八		三八	三六	九四〃	五四〇
第十小學校	蛤河鄉	一		一	一		一	三九	一	四〇	四〇	一〇〇〃	五四〇
第十一小學校	蘭彩橋	二		二	二		二	七九	五	八四	八一	九六〃	九〇〇
第十二小學校	沙河子	一		一	一		一	四二	三	四五	四五	一〇〇〃	五四〇
第十三小學校	長發鄉	一		一	一		一	三六	一	三七	三六	九七〃	五四〇
第十四小學校	十八里甸子	一		一	一		一	三七	五	四二	四〇	九五〃	五四〇
第一女子小學校	縣城	一	二	三		二	二	一四	四九	六三	五八	九五〃	一七五二
合計		五六	三	五九	三八	三	四二	一四五七	一二五	一五八二	一四八〇	九三〃	二九四六〇
備考													

民衆敎育館及圖書館ハ未ダ事變後經費ノ都合ニヨリ開館スルニ不到

第十六　交通　通信

(イ)鐵道　吉敦線拉法ヨリ濱江ヲ通過シ呼海線ニ連續スル拉賓線ハ十二月初メニ開通ノ予定ナリ　該線ニ沿フ驛トシテ本縣ニハ南ヨリ山河屯、杜家油房、五常、安家(南孟家)ノ四驛アリ

（ロ）自動車　冬季ハ縣城ヨリ五常堡、山河屯、向陽山、小山子、沖河、蘭彩橋、楡樹、水曲流崗、一面坡、拉林等到ル處ニ通ズ

夏季ハ濕地ト河川ニ橋梁無キ爲縣城ヨリ五常堡、山河屯、水曲流崗、拉林、蘭彩橋ノミ通ズ

營業長距離バスハ現在ニテハ　ハルピン―五常間隔日毎ニ國際運輸之ガ運轉ヲナス

縣內滿國洲人ノ所有スル自動車ナシ

（ハ）道　路　縣內主要道路ヲ示セバ左ノ如シ

（A）　五常――山河屯――小城子

（B）　五常――南孟家――拉林

（C）　小山子――沖河

（D）　山河屯――向陽山――沖河

（E）　五常――五常堡――小山子

（F）　南孟家――五常堡

（G）　小山子――山河屯

（H）　五常――蘭彩橋――小山子

（I）　五常――至楡樹

（ニ）電信　電報ハ電話併用線縣城―楡樹間ヲ通ズルノミ

尚縣城ニハ日本軍及滿鐵ノ無線電信アリ

(ホ)電話　縣内ヨリ縣外ヘハ楡樹及拉林(鐵道用線)間ニ通ズ

縣内ハ縣城──山河屯、向陽山、五常堡、小山子、蘭彩橋ニ通ズ

尚ホ小山子(太平山)馬家店間、小山子沖河間ノ電話開設計劃アリ現在計劃ノ一半ヲ實行セリ

(ヘ)舟運ノ便ナシ

(ト)運搬材料　(大同二年九月調)

荷馬車	三・二五七
牛　車	二・七〇〇
車	九
木頭車	一・五七〇
橇	三・五七〇

尚ホ最近迄ハ一週三回往復スル新京──吉林──五常──ハルピン間ノ軍用航空路アリシガ現在ハ停止セリ

五常縣交通況態圖

附通信機關

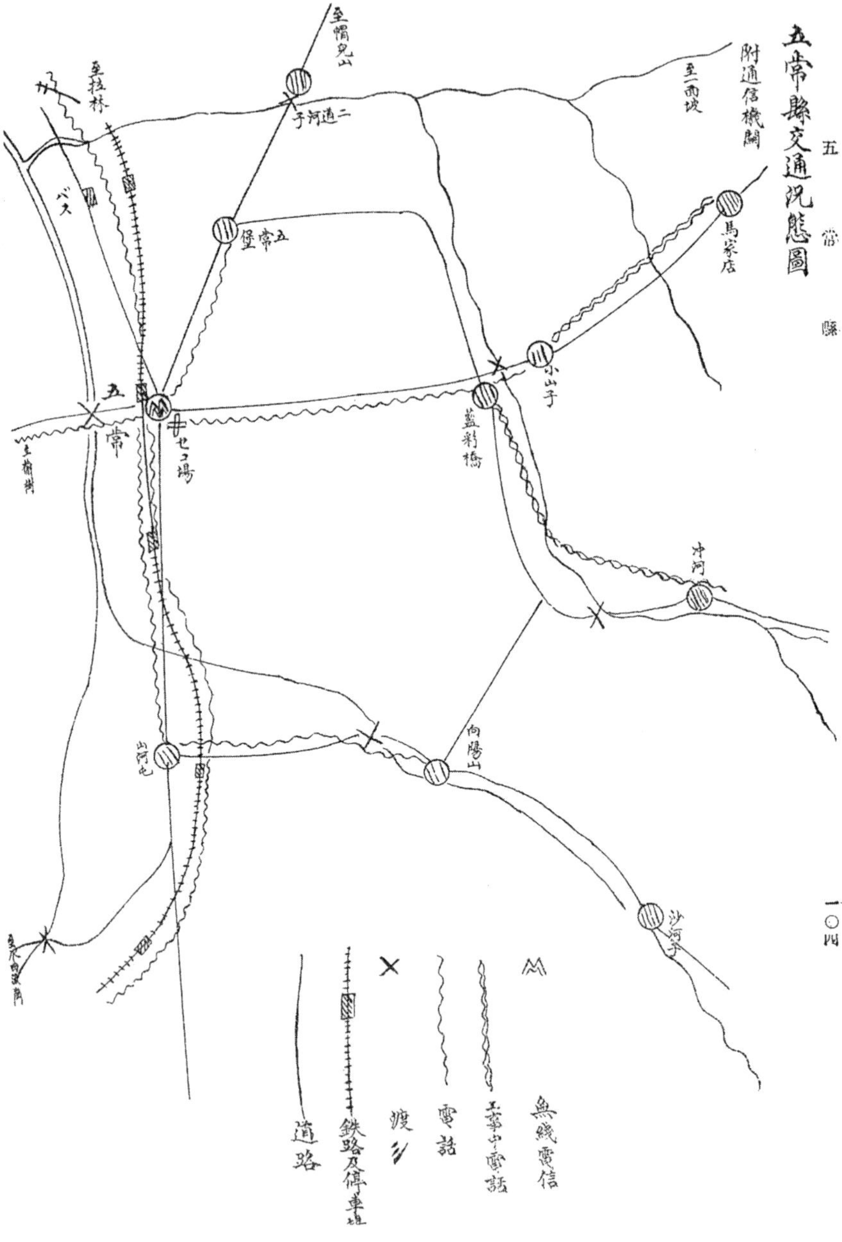

第十七　衛生

現在ニ於テハ縣內經費不足ノ爲衛生ニ對スル施設ノ餘力ナシ　從ッテ衛生狀態ハ自然ノ儘放置シアリ　只縣城ニ在リテハ　淸潔排水等ノ施設アリ　病院ト稱スルモノ縣城ニ二軒山河屯小山子五常堡ニ各一軒アルモ入院治療ノ設備ナシ

其ノ中縣城ノ一軒　山河屯及小山子ノ病院ハ鮮人ノ經營セルモノナリ

特殊病トシテハ小山子一帶ニ靑春期ノ男女ノ關節自然ニ膨レ（主トシテ足部）遂ニ跛脚トナルモノアリ　病因不明ニシテ痛ミヲ感ズル事少シ

第十八　結論

惟フニ五常縣ハ縣治設立セラレシヨリ日尙淺ケレ共土地肥沃ニシテ物產豐富ナレバ縣民安秩ニシテ縣治ヨク行ハレ居タリ　然ルニ民國二十一年中華民國ノ政權ヨリ離脫シ大滿洲國建設セラレシ當初大同元年三月ヨリ仝年十二月ニ到ル間縣下一帶ニ亘リ匪賊充滿シ一時ハ縣政ヲ行フ能ハザルベキ困亂狀態ニ陷リタリ

然レドモ國軍ノ活躍並ビニ友邦日本軍ノ援助討伐ニ依リ匪賊平定セラレ大同元年十二月ヨリ再ビ平和ノ光ヲ仰グ事ヲ得タルハ幸ナリ　以來縣長以下官民ノ努力ニ依リ治安漸次恢復シ日々復興ノ途ヲ辿リツヽアリ

將來拉賓線完通シ其ノ他ノ施設恢復セバ縣下ノ有望ナル資源ノ開發又目覺シキモノアラン

葦河縣圖

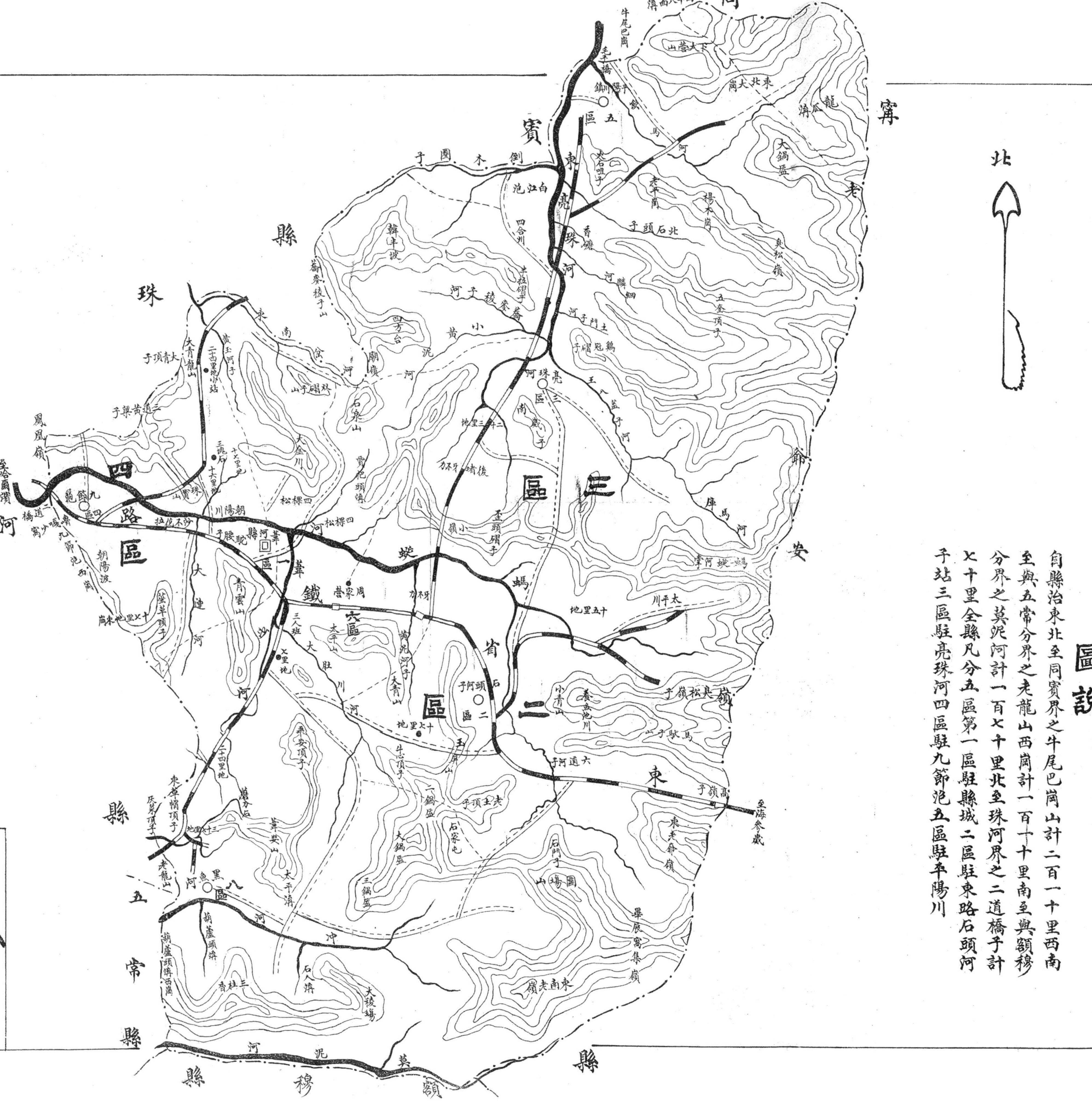

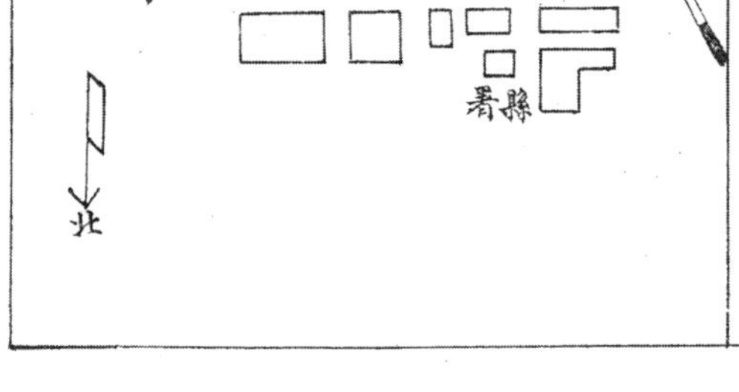

圖說

自縣治東北至同賓界之牛尾巴崗山計二百一十里西南至與五常分界之老龍山西崗計一百十十里南至與額穆分界之莫泥河計一百七十里北至珠河界之二道橋子計七十里全縣凡分五區第一區駐縣城二區駐東路石頭河子站三區駐亮珠河四區駐九節泡五區駐平陽川

葦河縣

目次

葦河縣

第一　位置

葦河縣城ハ東經約百二十八度二十六分北緯約四十四度五十五分ノ地點ニ位シ縣治ハ其ノ南、北、東、ニ亙リ東ハ寧安縣、南ハ額穆縣、西ハ五常縣、珠河縣ニ北ハ延壽縣ニ境ス

第二　地勢

縣ノ東、寧安縣トノ境ハ老爺嶺南北ニ走リ螞蜒河掌ト畢展窩集嶺トハ之ヨリ分レテ縣ノ略々中央ヲ西ニ向ヒ本縣ノ二分水嶺ヲナス、縣内ハ　大青山、太平山、青雲山、平安頂子等起伏ニ富ミ密林ニ蔽ハル

河川ハ二分水嶺ニヨリテ三分セラレ螞蜒河ハ螞蜒河掌ノ南側ニ源ヲ發シ縣ノ中央ヲ西ニ向ヒテ流レ珠河縣ニ入リ、其支流ニシテ延壽縣ニ於テ之ニ合流スル亮珠河ハ源ヲ螞蜒河掌ノ北ニ發シ縣北部ノ水ヲ集メテ北流シ延壽縣ニ入リ拉林河ノ上流ナル沖河、黄泥河ハ源ヲ畢展窩集嶺ニ發シ西ニ流レテ五常縣ニ入ル

其ノ流域ニハ比較的平地開ケ交通路又之ニ沿フテ發達ス

第三　面積

未ダ正確ナル調査ナク全面積、既墾地、未墾地面積等ニ關　種々稱セラレ確固タル數字ヲ示シ難キモ凡ソ次ノ如シ

全面積　二二・一〇〇方支里

既墾地　一二〇・〇〇〇垧

未墾地　三四〇・〇〇〇

山林地帶　五三四・〇〇〇

第四　戸口　人口

本縣ハ北鐵ニ沿フガ爲メ早クヨリ蘇國人多ク住シ其數六五〇名ニ及ブ

且又不逞鮮人ノ盤踞地ニシテ蘇國ト連絡ヲトリ共産運動ニ從事スル鮮人多ク其ノ確數ハ知ルニヨシナシ

本縣居住滿洲國人、鮮人、蘇國人及日本人ノ戸口人口次ノ如シ

葦河縣戸口、人口調査表　調査大同二年六月

區別＼種別	戸口數	人口數 男子數	人口數 女子數	人口合計數
第一區	一・三一九	四・五六二	二・九七五	七・五三七
第二區	九五〇	一・二五二	一・八二二	三・〇七四
第三區	四五四	一・七七五	八九二	二・六六七
第四區	四五一	一・七三八	六七六	二・四一四
第五區	三三九	五五六	三九八	九五四
第六區	四八七	一七九	三七五	五五四
第七區	三一九	八八三	二五七	一・一四〇
合計	四・三一九	一〇・九四五	七・三九五	一八・三四〇

縣內居住外國人戶口人口調査表

調査大同二年九月上旬

國別＼項別	戶口數	人口數 男子數	人口數 女子數	人口合計數
日本內地人	二	五	三	八
朝鮮人	七	二五	二二	四七
露國人	一五二	四〇八	二四一	六四九
ソノ他				
合計	一六一	四三八	二六六	七〇四

職業別人口表

大同二年六月現在

區別＼職別	性別	學	軍	政	農	工	商	船	無業	失業	僧	道	尼	喇嘛	天主	耶穌	回數
第一區	男	一二六	一九八	三五	三〇二七二	三〇二五四	三				五	二				三三	二六
	女	七三			二〇七七三	一〇二										三	二四
第二區	男	七五	三五	二九	二〇九四〇	八五	三七				二	七					三
	女	二六			一〇七六四	一三											九
第三區	男	四二	四六	一七	一〇五九八	二七	二五				三	四					三
	女	八			八七四	五											五
第四區	男	二六	三	四	一〇六二二	二九	二四				一	二					九
	女	五			六六六	三											二
第五區	男	八	二	五	一〇四八三	二三	二六				二	一					七
	女	三			三九二	三											
第六區	男	七	三	三	一〇二二八	二三	二				二	一					三
	女	五			三六八	二											

第七區 男	第七區 女	性別計 男	性別計 女	合計
四	二	三二八	一三二	四六〇
八		四五一		四五一
二		九五		九五
八四九	二五四	一二、八八二	七、〇九一	一九、九七三
七	一	四九八	一二九	六二七
七		五五一		五五一
		一五		一五
二		一七		一七
		三	三	六
五		九五	四〇	一三五

鮮人職業

縣城內	一五(內女五)	職業一定セズ
石頭河子	一〇	農
三不化拉	三	獵
九江泡	五	農
牙不里後堵	一三	農

第五　交通　通信

鐵道

北滿鐵路ノ東部線ハ縣ノ略々中央ヲ東西ニ貫走シ九節泡、葦河縣站、周家營、牙不力、石頭河子、高嶺子ノ諸站有リ　其ノ延長百五十四里ナリ

本縣ニハ木材搬出專用ノ引込線多ク遠ク延壽縣、五常縣ニ入ル北ニ向フモノ四支路、南ニ向フモノ一支路、其ノ經過地次ノ如シ

俄商協結斯支路――縣城――珍珠門――大泥河――小葦沙河――沖河（凡九十一里）

俄商協結斯支路――九節泡――青頂鎮――黃玉河子（七十里）

俄商葛亙斯支路――牙不力――亮珠河鎮――福山屯――大橋屯――平山崗屯――樓山堡――龍爪溝（百二十里）

北滿公司支路――六道河子――寶山鎮――鍋盔（六十三里）

北滿公司支路――石頭河子――太平溝――臭松溝（四十三里）

而シ右ノ中現今運行中ノモノハ牙不力―龍爪溝間ノモノノミナリ

陸路

陸路ノ最モ發達交通便利ナルハ第一、二、三、四等區ノ北滿鐵路沿線諸區ニシテ木材搬出引込線ナル五支路沿線又之ニ次グ

主要道路次ノ如シ

葦河縣城
- 周家營――牙不力――石頭河子――六道河子――高嶺子
- 九節泡――一面坡

牙不力――牙不力後堵――平陽川鎮

石頭河子――亮珠河

葦河縣――七里地――黑魚汀

石頭河子——十七里地——七里地——葦河縣

六道河子——太平溝——黑魚汀

然レドモ何レモ相當ノ補修ヲ加フルニ非ラザレバ自動車ヲ通ズル能ハズ大車スラ通ギシムルニ困難ナル個所少ナカラズ陸路交通機關ハ大車騎馬ニシテ自動車ハ現存セズ大車積載量二千斤乃至三千斤ナリ

本縣治安維持會成立以來別圖(一)ノ如キ陸路補修計劃ヲ立テ九月中旬ヨリ第一期陸路西半ノ補修ニ着手セリ

水路　縣內ノ河川ハ舟行不可能ナリ

通信網　本縣內ノ通信網ハ極メテ不完全ニシテ城內八個ノ電話器アルモ警察電話ノ設備ハナク僅カニ北滿鐵路局ノ電話ヲ利用シ鐵道沿線ト連絡アルノミ可能通話區間ハ葦河縣{沙不花拉／六道橋子}間ノミナリ一面坡トノ連絡ハ鐵道電話又ハ日本守備隊電話ノ借用ニヨル治安維持會成立以來別圖(二)ノ如キ通信網ノ計畫アリ十月初メ一萬四千元ノ支給ヲ受ケタリ　但シ縣城、牙不利及平陽川間ニ電話ヲ架設セヨトノコトナルモ縣トシテハ縣城一面坡間ノ電話線架設ヲ以テ急務ト思惟ス

別圖(一)

華河縣交通路整備計画圖

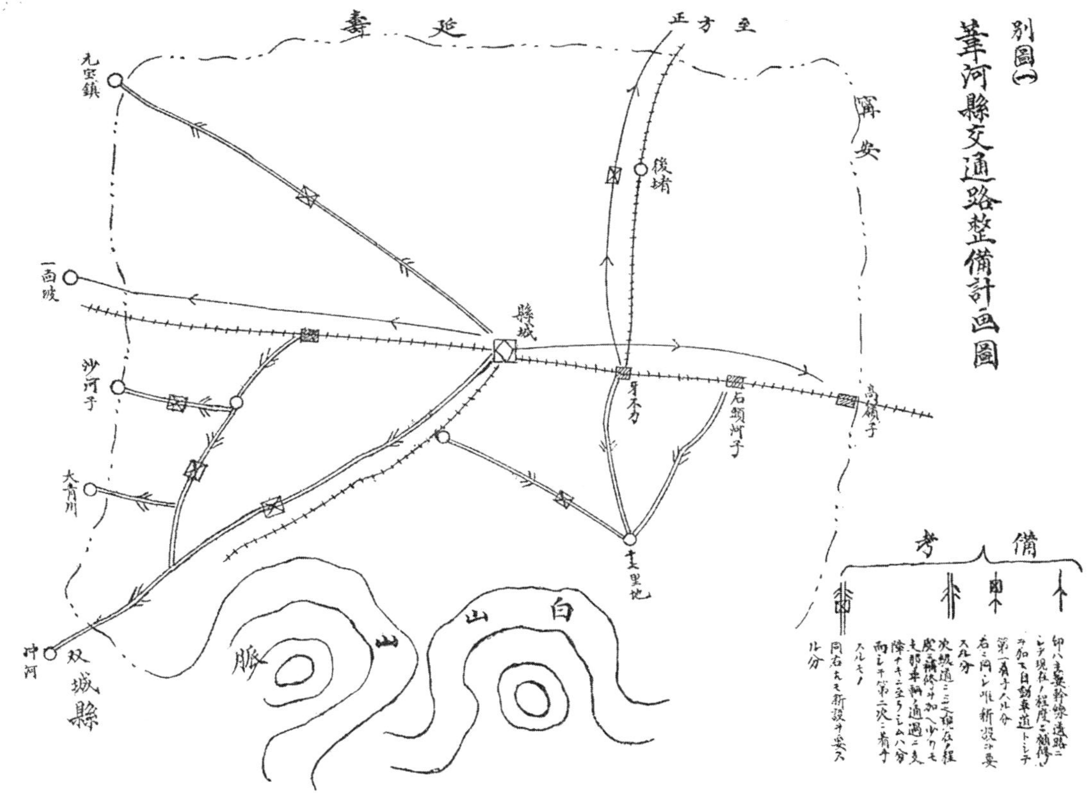

別圖(二)

葦河縣通信網計画表

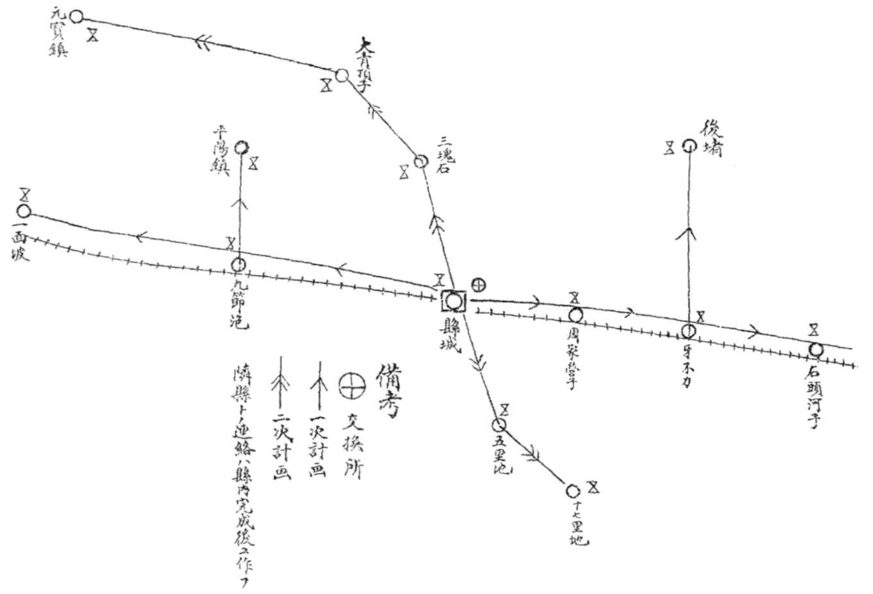

第六　産業

本縣ノ産業ハ未ダ發達セズ早クヨリ露人ニ依リテ開發セラレタル林業ヲ第一位トス、農業ハ之ニ次ギ他ニ見ルベキ産業ナシ

(一) 農業

本縣ノ耕地ハ

既墾地　一二〇・〇〇〇垧
未墾地　三四〇・〇〇〇垧

ト稱セラルルモ本年ニ於ケル作付及收穫高次ノ如シ

	作付面積	收穫高
大豆	一〇二・〇〇〇垧	六〇〇・〇〇〇石
高粱	三・四九五	二三・〇六五
包米	七・三七五	七三・七五〇
粟	一・七六三	一七・六〇〇
小麥	四〇〇	一・六〇〇

水田

事變前鮮人ニ依リ開墾セラレタル水田左記ノ如クナルモ事變後匪賊跳梁ノ爲メ鮮農ハ全部哈市ニ避難中ニシテ

未ダ歸縣ヲ見ズ

可耕水田地約五千垧ノ見込ナリ

石頭河子	約	六〇垧
大連河	,,	三〇
大肚川	,,	三〇
三不化拉河北	,,	二〇
河東	,,	三〇
合計	,,	一七〇垧

縣下ノ地主ノ數

姓名	熟地數	荒地數	房間數	商號數	備考
連錫忱	二方	十方	三十餘間		農會長
楊凱臣			七間	一處	商會長
連耀臣	二方	二方			敎育局長
畢明華	七垧				敎育會長
趙益升			二十餘間	一處	
王永泉	一方	半方	二十餘間	一處	

(一一) 家畜業

史荅茹	四方	五方			
黄伯雷	一方		十五間		
温葵酒	五方	二十方	四十間		
連志賓	二方	五方	三十間		財務處主任
徐壽山	二方	二方	二十間		
崔玉書	二方	十五方	十一間		
劉玉新	一方	二方	七間		
劉宣庭	一方	一方	二十間		
徐暢晏		一方	六十間		
郭書雲		一方	三十間		
閻崇利		半方	六十間		
蹇子明	半方		二十間	一處	
史岐山		一方	十二間		
任斌	二方	三方	街基二號		

牧畜ヲ專業トスルモノナク家畜ハ專ラ耕作運搬ニ使役スルガ爲メニ飼育セラルルモノニシテ豚鷄ハ副業的ニ飼育セラレ多ク地場消費ニ當テラル　概數次ノ如シ

馬	二・〇〇〇頭
騾	二〇〇頭
驢	四〇頭
牛	一五〇頭
豚	一・二〇〇頭
雞	一一・〇〇〇羽

(三)　林業

本縣ハ密林ニ富ミ木材ノ生產ヲ以テ第一產業トス而ルニ事變以來匪災ト北滿鐵路ノ運賃割高ナルトニ依リ稍々不振ノ狀ニアリ

(1) 林區

第一區　渠水河子、黃魚河子、大肚川、大連河、大鍋盔前、

第二區　養魚池、十七里地、六道河子、大鍋盔後、

第三區　亮珠河、龍爪溝、羅山細鱗河、

第四區　大靑頂子、黃魚河下游、套包溝、

右蓄積量ハ不詳ナリ

(2) 林業公司

現今作業中ノモノ次ノ如シ

近藤公司

現今最モ活動中ノモノニシテ林區ハ亮珠河三、五區界內ニ有シ林區境界明カナラズ　同公司ハ元年九月附屬建物及附屬電燈會社ヲ露人カバルスキーナル者ヨリ買收シ十二月ヨリ事業ヲ開始セルモノニシテ日々十車內外ノ元木製材ヲ搬出ス

尙同公司ハ自警團ヲ有スルコト警備ノ項ニ於ケル如クニシテ又市內及附近部落ニ電力ヲ供給ス

啓泰公司　三、五區內林區二〇〇方里

益大公司　黃玉河子七、四區內林區二〇〇方里

德政堂公司　縣城南五十里地點林區二〇〇方滿里

中東鐵路採木場　石頭河子南、寶山鎭、大鍋

(3) 材木運搬用引込線

葦河驛——五常縣八里鎭……………運行停止

牙不力——牙不力後堵——延壽縣中和鎭………運轉中

石頭河子——寶山鎭…………………運行停止

九江泡——元寶鎭……………………運行停止
六道河子——東南老嶺…………………仝

（四）商業

大同二年春ヨリ漸次商業活氣ヲ呈シ來レルモ大商店ニシテ事變以來哈市ニ避難セルモノノ歸縣ヲ見ズ昔日ノ面影ナシ　商民ハ匪災ヲ恐レ日軍ニ依ル治安ノ確保ヲ希望ス

縣內商戸數次ノ如シ

縣城內			
雜貨業	一五	木業	二
藥業	一〇	糧米業	二
飯館	八	鐵器業	一
山貨業	四	木器業	一
屠宰業	四	豆腐業	三
成衣業	三	澡塘	二
剪髮業	三	旅店	二
洗衣業	二		

縣城外	
雜貨業	九
藥業	八
木業	四
山貨業	五
飯館業	二
豆腐業	三
鐵器業	二
木器業	四
屠宰業	三

城内商家資本金高別（大同二年四月）

壹萬圓以上　一戸
百　圓以上　三七戸
百　圓以下　七四戸

城内一日ノ賣上高合計約四五〇圓（哈大洋）

城内主要商店

金茶隆	燒　酒	六千圓	大同二年四月開店
東盛泰	雜貨店	三千圓	〃　五月　〃
公和順	〃	一千二百圓	〃　九月　〃
信益長	〃	一千圓	〃　四月　〃

縣内流通貨幣

國幣、哈大洋、金票

縣城内ニ於ケル日用品物價（大同二年五月）

品目	單位	價格	品目	單位	價格
三號面粉	毎斤	哈洋一角四分	力　　鹽	毎斤	一角七分

粳米	”	一角四分	齊醬	”	一角六分
豆油	”	二角	白糖	”	二角八分
紅糖	”	二角八分	報紙	”	一角七分
燒酒	”	二角六分	黃菸	”	二角五分
火油	”	三角二分	閔薑	”	五角五分
麵鹼	”	一角	山楂片	”	五角五分
陳醋	”	八分	毛八糖	”	三角二分
香油	”	六角四分	花椒	”	一元六角
鮮薑	”	四角五分	古月	”	一元二角
洋釘子	”	三角二分	海菜	”	一角六分
吉豆	”	一角	元豆侮斗		一元六角
茶葉	”	一元六角	包米	”	七角五分
干粉	”	二角四分	包米楂	”	一元四角
冰糖	”	四角	秫米	”	一元八角
小海米	”	四角	小米	”	二元三角

啤酒	每瓶	三角五分	白香皂	每塊	一元四角
白花旗布	每尺	一角一分	黃臘子	,,	七分
藍花旗布	,,	一角三分	藍花胰子	每塊	六分
白市布	,,	一角五分	提壺器	每個	九分
坎布	,,	二角一分	盧工器	,,	一角五分
火柴	每包	一角	盧五寸碟	,,	一角六分
大洋燭	,,	三角六分	磁茶壺	,,	一元二角
小洋燭	,,	二角二分	磁茶器	,,	一角四分
耕種烟	,,	二元四角	普通洋襪子	每雙	二角五分
雙鶴烟	,,	二元八角五分	五四全座燈	每隻	七角五分
粉連紙	每疋	二元六角五分	三四全座燈	,,	六角
呈紋紙	,,	二元一角	二四全座燈	,,	四角五分
九重香皂	每塊	二角五分	吊燈	,,	九角
八四吊燈	每隻	一元一角			
提燈	,,	二元二角			

山東香	每封	三角二分
白線	每斤	一元二角
藍線	,,	一元四角

(五)鑛業

鑛産ニ付キテハ特記スベキモノナシ

金鑛　六道河子(第二區)

煤鑛　牛拉磂子(第三區)……亮珠河ヲ距ル五十四里地、事變前露人ノ手ニ依リ牛拉磂子一帶四百方里ニ亘リ試掘セラレタルモ事變ト共ニ中絶セリ

(六)工業

家內工業程度ノモノヲ除キ特記スベキモノナシ

第七　行政

本縣ハ早クヨリ露人ノ手ニ依リテ開發セラレ、木捐ハ能ク縣ノ財政ヲ潤シ來レルモ教育、警務尙整備ノ域ニ達セズ然モ事變以來匪賊ノ跋扈ハ各機關ノ活動竝ニ產業ヲ完全ニ破壞シ去リ、各地商會保衞團ハ夫々獨自ノ行動ニ出デ徵稅ヲナシ來リ、縣治ハ地ニ落テリ、而シテ二年三月十三日參事官高橋甲二屬官三原寅三郞入縣シテヨリ尙日淺ク縣治漸ク緒ニ就クルノ觀狀ナリ、現縣長盧廉海氏四十三歲吉林陸軍學堂出身、前依蘭縣長ニシテ二年七月

二十七日就任セリ

（一）警備

本縣ハ北鐵ニ沿ヒ且ツ日本人露國人經營ノ林業公司ノ引込線ノ敷設アリテ治安ノ維持ハ極メテ重要ナル事ニ屬ス

先ヅ滿洲事變後ノ本縣匪害其他ノ經過ノ大要ヲ記スレバ左ノ如シ

イ、民國二十年十二月反吉林軍縣城ニ攻入スルヤ山林警備隊モ反亂シ六百八十一團ノ武裝ヲ解除セリ、入城セル匪賊ハ千餘名ニシテ九日間滯在シ縣ノ保衛團及ヒ各機關ノ公有銃器ヲ掠奪シ逃亡ス

ロ、右ノ數日後保衛團又未拂給料ヲ請求セルモ支拂ハレザルヲ以テ再ビ城内ニ侵入シ副公安局長、財務處會計、備員農夫各一名慘殺セラルル外公安局ノ銃器二十餘挺ヲ掠奪セリ、後城内民衆自衛團ノ力ニ依リ反亂匪賊ヲ擊退セリ、斯ノ如キ狀態ナルヲ以テ、縣内各機關各法團ハ完全ニ停頓シ縣長ハ哈爾濱ニ避難シ縣内ハ無政府狀態ニ陷リ唯民團總部ガ微々タル事件ヲ處理スル程度ナリキ

ハ、大同元年四月匪首劉快腿ハ匪賊千餘名ヲ率ヒテ再ビ縣城ヲ陷レ一週間擾亂シ更ニ一面坡ヲ攻擊ニ赴ケリ、此際ハ葦河民團ハ銃器彈藥微少ナル爲メ抵抗ニ堪ヘサルニ依リ山林中ニ逃避シ銃器ヲ保護シテ幸ニ掠奪サレズニ濟シタリ一面坡ニ赴キタル劉匪ハ日軍ニ擊退サレテ侵入スルコトヲ得ズ更ニ北方ニ遁入セリ

ニ、劉匪縣城ヲ去ルヤ其空虛ニ乘ジ他ノ百餘名ノ匪賊縣城ニ侵入シ掠奪ヲ擅ニセリ、山林中ニ逃避セル民團ハ情報ニヨリテ之ヲ知リ直ニ縣城ニ歸リ該匪賊ヲ擊退セリ、此際ハ民家十餘軒ヲ燒キタルモ幸ニ負傷者モ多カラズ

ニ濟ミタリ

ホ、元年五月匪首雙盛四季好等ノ匪賊團ハ縣城ノ東山ニ駐屯シテ縣城ヲ攻擊セルモ民團七晝夜抵抗シ之ヲ擊退セリ、此激戰ニ於テ匪賊十三名殺サレ民團ハ二名ノ負傷者ヲ出セリ、或ル夜匪首ハ匪徒四名ヲ率ヒテ敎育局ニ潛入シ財物ヲ掠奪セントシタルモ民團之ヲ偵察シテ知リ直ニ之ヲ捕ヘ銃殺セリ其勢ニ乘ジ匪賊ノ駐屯地ヲ襲ヒ銃器十挺ヲ奪ヒ匪賊ハ皆逃走セリ

ヘ、元年六月匪首雙盛李白福天元等千餘名ノ紅槍會匪ヲ率ヒテ突然縣城ニ侵入シ來レリ民團ハ銃彈少キヲ以テ僞ツテ不戰條約ヲ協定セルヲ以テ攻殺ヲ免レタリ然ルニ匪賊ハ機ニ乘ジテ商民ノ財物食料ヲ掠奪シ七八日ヲ經テ全部掠奪品ヲ馬車ニ積ミ込ミ他地方ヘ搬出セリ此ガ爲メ人民ノ衣食缺乏シ苦痛ヲ嘗メタルハ言フニ忍ビザルモノアリタリ間モ無ク李白福雙盛ハ匪徒ヲ率ヒテ縣城ヲ出デ城內ハ僅ニ匪首天元及ビ其部下百餘名殘留シ二個月間擾亂ヲ續ケ居レリ

ト、此時民團ノ軍備稍々充實シタルヲ以テ匪營ヲ攻擊シ銃器數十挺ヲ奪ヒ匪首天元等五名ヲ捕ヘ殺セリ匪首雙盛等ハ此情報ヲ受ケ殺サレタル匪首天元ノ仇ヲ報セントニ千餘名ノ匪賊ヲ集メ八月二十一日縣城ノ攻擊ヲ開始セリ一晝夜ノ激戰ヲ經テ匪賊ハ敗退シ又再ビ部隊ヲ整頓シ攻擊シ來レリ此ノ戰ニ於テ南站ノ家屋二十餘軒燒失シ校舍モ二十餘間破毀サレ民團長二名負傷シ團兵十餘名戰死シ農夫モ十餘名慘死セリ

チ、匪首雙盛再ビ匪徒ノ陣容ヲ整頓シテ八月二十八日縣城ヲ攻擊シ來レリ匪賊ノ數ハ五千名ニ達シ民團ハ之ニ對シ死守ノ覺悟ヲ以テ三晝夜血戰シ公私有家屋ヲ八百餘間モ燒カレ已ム無ク戰線ヲ縮少シ死力ヲ盡シテ抵抗セリ

遂ニ副民團長張子明ハ殉職シ王特別區警察署長ハ負傷シ兵士四十餘名ノ死傷者ヲ出シ民衆モ五十餘名慘死セリ、匪賊モ亦六百名モ殺サレタリ、此ノ危急存亡ノ際幸ニ一面坡ヨリ日軍小川隊長ハ兵ヲ率ヒテ救援ノ爲メ來リ西山ヨリ大砲ヲ以テ匪賊ヲ攻擊セル爲メ匪賊ハ始メテ敗退逃走セリ　此ガ爲メ縣城內ニ居ル兵士及民衆ハ蘇生ノ思ヲナセリ

リ、縣民ハ匪害ヲ受クルノミナラズ七月二十九日螞蟻河突然氾濫シ水深四、五尺ニ達シ全縣皆被害ヲ受ケ難民ハ筏ニテ西山高處ニ避難シ公私家屋四五百軒モ倒レ民衆モ三十餘名死シ牙不力ノ校舍モ倒サレタリ

ヌ、大同二年一月二日關縣長着任シ直ニ所屬各機關ヲ恢復シ工作ヲ開始セリ、先ヅ縣城ヲ保護セル民團ヲ縣公署警察隊ニ改編セリ、經費ノ關係上民團ノ兵百餘名ヲ淘汰セリ、淘汰サレタル兵ハ命ニ服セズ、給料請求ニ藉口シ三月十三日晩突然民團總部ヲ襲擊シ溫團長ヲ慘殺シ同時ニ民團ノ銃器二百餘挺ヲ掠奪セリ

其後ハ縣城ヲ攻擊スル程ノ大匪賊ナク、殊ニ日本守備隊及ヒ縣公署主管シ、各家ヨリ夫役一人ヲ出シ八月二十五日ヨリ九月十五日ニ亘リ縣城壁ノ築造ヲ完成シ、牙不力モ之ト同一計劃ニヨリ鐵條網ヲ張リ完成シ、石道河子亦工事中ナレバ目下ハ縣民枕ヲ高クシテ寢ルコトヲ得、匪賊亦四散シ在リ

(1)警務局

現狀左ノ如ク行政警察組織未ダ完備セズ

葦河縣警務局職員數　　大同二年十二月

區別	現在人員	摘要
警務局	一六	
第一區警察署	二五	
第二區警察署	六	
第三區警察署	八	
第四區警察署		十二月四日警察隊十六名ヲ配置シ、行政警察事務及治安維持ニ當ラシム
第五區警察署		三年一月中ニ開署ノ預定
計	五五	

警務局長朱景嵐氏、當年四十四歲吉林警官學校畢業、前琿春警務局長タリ、大同二年八月就任ス

警務指導官竹內義二、村岡米男、大美賀好一ノ三氏ナリ、共ニ二年九月以後就任ス

(2) 警務局並警察隊

大同二年三月十三日保衛團教練官以下八十名給料ヲ要求シテ公安局ヲ襲ヒ局員四十名ノ武装ヲ解除シ、局長溫明山遭難ノ事アリヲヨリ保衛團、自衛團ニシテ不良ナルモノ擡台ノ傾向アリシカバ、該事件直後參事官屬官日軍ト共ニ入縣スルヤ直チニ不良分子ノ馘首ニ伴フ保衛團ノ改編ヲ行ヒ、爾來肅正ノ進ムト共ニ數度ノ警察隊ノ改編實行セラレタリ

第一次改編（大同二年四月一日）

溫明山局長遭難ノ直後省警務廳ノ指令ニ基キ次ノ如ク改編ス

隊別	人員	備考
警務局	二九	縣城
第一警察署	一七	縣城
第二、三、四、五、六等警察署	各一三 計六五	第二區、石頭河子、第三區、亮珠河、第四區、九節泡、第五區、平陽川鎮、第六區、第七區
警察大隊本部	六	大隊長ハ局長兼任
警察第一中隊	一〇〇	縣公署衞隊三〇ヲ含ム
警察第二中隊	七〇	
警察第三中隊	七〇	
合計	三五七名	
小銃	一七四挺	
彈丸	六・〇〇〇發	

第一次改編ニヨル編成部隊ハ反亂後ノ公安局員殘員、保衞團殘員及少數ノ新採用者ヨリ成リ此ノ改編ニ伴フ解放人員次ノ如シ

官　七九人

兵　四七一人
保衛團員　七五人
合計　六二五人

其ノ後常ニ極秘裡ニ隊兵ノ素質ヲ調査シ不良ト認メタル者ハ其都度馘首シ來リ百九十六名ヲ得テ第二次改編ヲ行フ

第二次改編

大隊本部	七名	縣城駐屯
第一中隊	七一	〃
第二中隊 第三中隊ノ一部	八三	〃
第三中隊	三五	周家營子駐屯
合計	一九六	

然ルニ周家營子駐屯ノ第三中隊素質極メテ不良ナルヲ以テ八月四日之ガ武裝解除ヲ行ヒ各自歸農セシメ且第一二等中隊モ淨化ヲ行ヒ七十七名トニシテ日本軍ノ訓練ヲ受ケ討伐並ニ縣城守備ニ當ル、其編成次ノ如シ

第三次改編

大隊本部	七名	縣城駐屯

第一中隊　三五　〃　小銃三五
第二中隊　三五　〃　小銃三五
（彈藥各自三〇乃至五〇發）
合計　七七　〃　七〇

其後モ警察隊ニハ幾多ノ改編ヲナシ且ツ十二月二十日附東泰洋行ノ申請ニヨリ治安維持會ノ承認ヲ經テ該洋行經營林業區域內ノ匪賊討伐並ニ警戒ノ目的ヲ以テ請願警察ノ設置ヲ許可シ之ヲ縣長ノ指揮下ニ置ク

葦河縣警察隊職員數調查（大同二年十二月）

區別	現在人員	派遣部隊 人員	派遣部隊 摘要
大隊部	三		
第一中隊	四四	二一	石頭河子ニ駐在
第二中隊	四七	一六	九江泡ニ派遣
第三中隊	四八	一六	周家營子ニ派遣
第四中隊	七四	四〇	モト牙不力自衛團ナリシモノ
請願警察隊	二七	二七	東泰洋行林場
計	二四三	一二〇	

葦河縣警察武器調查表　二八三挺　（大同二年十二月）

區分／銃名	三八式	三〇式	套筒	七九連珠	別拉旦	匣槍	七星	抬槍	馬撻克式	計
第一中隊	一一	四	一七	一	二		一	二		三八
第二中隊	七	三	二三	三	五					四一
第三中隊	九	二	二三		八			五	一	四八
守衛隊	八	一	七	一	七			二	一	二七
第一區警察署	二		一			一五			一	一九
請願警察隊	一		三		一五	七				二六
在庫	二		六			五七		一〇	九	八四
合計	四〇	一〇	八〇	五	三七	七九	一	一二	一六	三	二八三

葦河縣警察彈藥調查表(大同二年十二月)

區分／種別	三八式	七九式	連珠	別拉旦	匣槍拳銃	七星	計
第一中隊	一・〇三五	一・二九五	一六一		九	一〇	二・五一〇
第二中隊	六九一	一・六一三	二九三				二・五九七
第三中隊	四三九	一・四九二	五〇七				二・四三八
守衛隊	四一〇	八四〇	四二〇				一・六七〇

第一區警察署	一二〇	一二〇		五八〇			八二〇
請願警察隊	六〇	一八一	九〇〇	三五〇			一・四九〇
在庫	六・二七〇	四・三一三	一・五八九	三・八四八			一六・〇二〇
合計	九・〇二五	九・八五三	三・八七〇	四・七七八	九	一〇	二七・五四五

(3) 自衞團

本縣ノ自衞團ハ林業會社ノ職業的自衞團ニシテ多クハ元匪賊タリシモノニシテ縣ノ指令ヲ奉ゼザルモノ多ク警察隊ニ改編セントスルモ素質不良ニシテ困難ナリ

本年春耕期ニ當リ其ノ保護ノ爲メ地方紳士、百家長等ヲ會シ自衞團ヲ組織スルコト、ナリ次ノ如キ編成ヲ見タリ尙自衞團ノ武裝解除壯丁團ヘノ改編ハ目下企畫中ナリ

自衞團丁表

場所	團員	銃器	彈藥	摘要
第一區縣城	三〇	小銃 三〇	各自 三〇	特別區ノ自衞團
第一區三塊石	二八七	〃 一七三	詳細不明	
第二區石頭河子	三〇	〃 三〇	〃	石頭河子商團ノ自衞團ナリ
第三區牙不利	七一	〃 七四	〃	

第四區九節泡	六七	小銃 六七	詳細不明
第四區 三十七露里	三〇	〃 三〇	〃
第五區 牙不利後堵	一三三	〃 一三三	〃
第六區 四十六露里	一四二	〃 八九	〃
計	七九〇	〃 六二六	

(4) 滿洲國軍隊

二年五月二十四日ヨリ吉林警備第二旅第四團第二營第五連六月十七日ヨリ第三營第八連第九連駐屯スルモ其ノ兵ノ亂行甚シク、或ハ無錢遊興、毆打、賭博場、烟館ヲ荒ス等枚擧ニ暇ナシ之ガ爲メ目下休業狀態ニ陷リシ商家十數戸ニ及ベリ

配備狀況次ノ如シ

隊別	配備地	隊員數	裝備
吉林警備第二旅第四團第二營第五連	縣城（六月十五日ヨリ高嶺子）	一三五	小銃 一一一挺 輕機 一一挺 重機 一挺 平射砲 一門
吉林警備第二旅第四團第三營部	縣城 正陽街	一五	小銃 七

同 第八連	縣城特別區 停車場官房	九七	小銃 九三挺 機關銃 一挺
同 第九連	縣城內 正陽門	九七	小銃 九三挺 機關銃 一挺
合計		三四四	小銃三〇四挺 機關銃四挺

(5) 日本軍

縣城……………〇〇〇隊　葦河驛一ヶ分隊分駐

第二區石頭河站…〇〇〇隊

第三區牙不力……〇〇〇隊

(6) 護路警察隊

(7) 特別區警察隊

(8) 縣城防衞狀況

縣城ハ新ニ造ラレタル壕ヲ廻ラシ（壕ノ深サ六、七尺土墻ノ高サ五、六尺）駐屯ノ警備機關次ノ如シ

1. 日本軍守備隊（葦河驛一ヶ分隊分駐）　2. 吉林軍一ヶ連
3. 縣警察大隊　4. 縣第一警察署員
5. 特別區警察隊　6. 特別區自衞團

7. 護路警察隊

其ノ担任區域別圖ノ如シ

(9) 近藤公司(林業)自警團

近藤公司ハ牙不力ヨリ北方林區ニ林材搬出用引込線ヲ有スル大林業公司ニシテ現在滿人七十餘名及露人七十名ヨリナル自警團ヲ有ス

滿人ヨリ成ル自警團ノ武器ハ大同二年五月初旬孫善忠ノ率ユル牙不力自警團日本軍ニ依ッテ武装解除セラレシ際同公司ヲ仲介トシテ日本軍ニ買上タルモノニシテ武装解除ト共ニ孫團長ヲシテ善良ナル者ノミヲ以テ牙不力自警團ヲ組織セシメ牙不力商會保證ノ下ニ近藤公司ヨリ同自警團ニ貸與セラレタルモノナリ露人ノミヨリナル近藤公司ノ手兵ハ小銃九十(露式四一、獨式二九)チエック式輕機一、モーゼル拳銃四ヲ有シ團ノ給料(一三〇元)宿舍被服全部ヲ公司ニテ支給ス尚七月中旬モーゼル拳銃六、實包八〇及獨式露式實包六十發關東軍兵器部ヨリ支給アリタリ

各機關警戒搜索擔任區域要圖

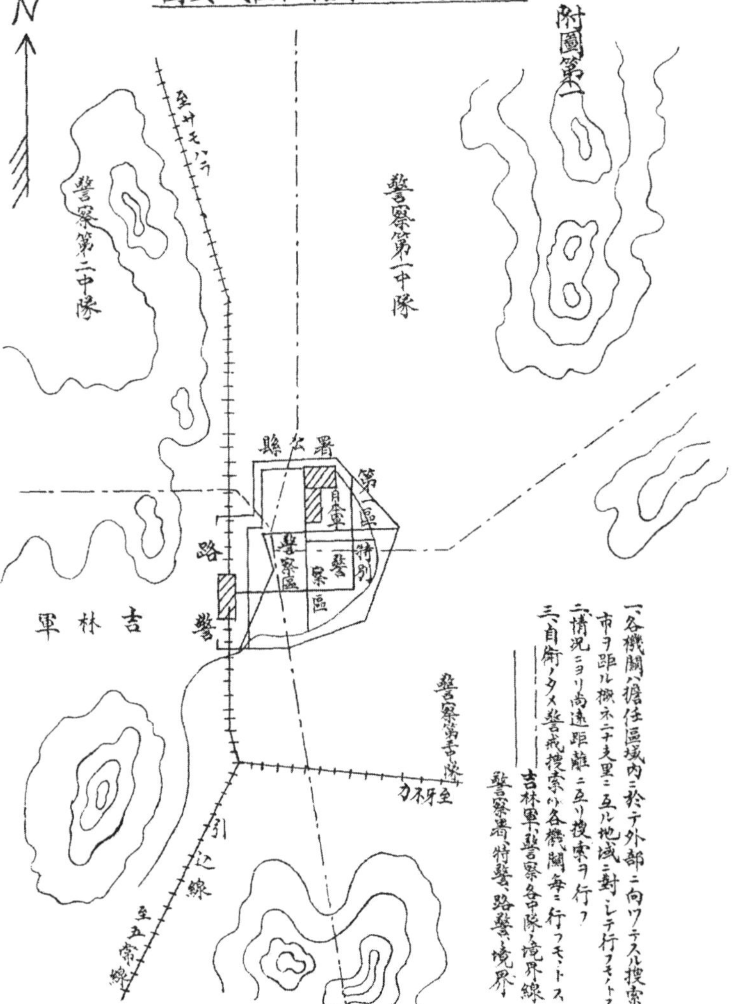
附圖第一
N
至サモハラ
警察第二中隊
警察第一中隊
縣公署
第一區
自衛軍
特別
警察區
警察區
路警
吉林軍
警察第三中隊
至牙不力
引込線
至五常線
一、各機關ハ擔任區域内ニ於テ外部ニ向ワテスル搜索ト市ヲ距ル概ネ二十支里ニ亙ル地域ニ對シテ行フモノトス
二、情況ニヨリ尚遠距離ニ亙リ搜索ヲ行フ
三、自衛ノタメ警戒搜索ハ各機關毎ニ行フモノトス
吉林軍、警察各中隊ノ境界線
警察署、特警、路警ノ境界

(10)縣內匪賊狀況

縣內密林多キガ爲メ相當大部隊ノ匪賊今尙ホ存在ス

匪首	蟠据地	裝備 武器	裝備 馬匹	部下匪數	各自實彈	系統	摘要
雙勝	大靑頂子	二〇		二〇〇	一四〇		縣下ニ命令權アリ
寶勝	南方大鍋盔附近ニアルモノ如シ						
五省	石頭河子西南溝及十七里地附近	輕機七		二六〇	五〇		一天地ニ對シ一個年一〇元ヲ徵税シ居ル風評アリ
,,	西南方大連河附近	四〇	四〇	四〇	五〇		
,,	西北方二十四里地附近	三〇		三〇	五〇		
傻子	三塊石一帶	八〇		八〇	不明		
仁義	東北溝	六〇		六〇	三〇		
天全	南溝十支里	二〇		二〇	三〇		
同好	東北十八里地	四〇		四〇	三〇		
占北	三塊石一帶	四〇		四〇	三〇		

心順	石頭河子	二〇〇		五〇	一七〇		五省ノ部下ニシテ徴稅ヲナシツヽアリ
字府	周家營子南溝	二〇		二〇	五〇		
海龍	周家營子南溝	二〇		二〇	五〇		
太平	大青川ヨリ五常縣沖河鎭北方ニ移動ス						匪數五六百名ト稱スルモ實數ハ不明ナリ延壽縣方面ヨリ移動シ來ル
大黑塔	九江泡東北溝	一五〇		一五〇	五〇		

(二)財政

本縣ニ於テハ從來二十五萬圓ノ歳入アリテ稍々潤澤ナル財政狀態ニアリシモ昨年後縣長ノ公金拐帶逃走ノ事アリ且水災、匪災ノ爲メ何等收稅ノ途ナク僅カニ冬期木材薪炭ニヨル收稅アリシモ微々タルモノニシテ之トテモ從來民團、保衛團ノ獨占スル所ニシテ財政ノ紊亂其ノ極ニ達シタリ

正規地方稅ノ如キモ殆ド徴收ノ法ナク、僅カニ暫定的ナル特殊課稅ニ依リ辨ジ居ル狀ナリ

縣地方財務處徴收稅目表

稅種目	稅率	徴收方法	摘要
垧捐	每垧收洋二元	財務處直接徴收	
粮捐	按價收百分ノ一八	,,	
木植捐	每火車收四圓乃至六圓	,,	

火柴捐	每火車收洋一圓八角	財務處直接徵收	
攤床捐	每月收洋一圓	,,	
屠宰捐	牛每頭收洋一圓猪六角	,,	
窑塗捐	値百ニ付一	,,	
木炭捐	値百ニ付三	,,	
妓捐	每月每人收洋一圓	,,	
旅店捐	每天每人收洋一分	,,	
石捐	每百磅收洋三角	,,	
山海捐	値百ニ付五又ハ六	,,	
車牌捐	二頭收一圓三頭收一圓五角	,,	
	四頭收二圓	,,	
門牌捐	每戶每年三角	,,	
工人執照	每季每人收洋五角	,,	
洋草捐	每甫子收洋一角	,,	
營業捐	値百ニ付一	,,	

縣公署徵收國稅

田賦	每垧收洋八角	縣公署	元年度ハ例年ノ半減
契税	買値質入値ノ百分ノ三	,,	

縣城裡各機關稅金收納比例表

課稅別／徵收率／收納機關	財務處	稅捐局	木石稅局	警務局(暫定的)	摘要
穀物	按價千分ノ六		ナシ	ナシ	
一等柴木	一・八〇	ナシ	一七・七二	五・〇〇	一貨車ニ付
二等柴木	ナシ	ナシ	一五・八七	五・〇〇	,,
一等大方木	七・二〇	ナシ	四八・四八	八・〇〇	,,
二等大方木	五・五〇	ナシ	三〇・五六	八・〇〇	,,
一等雜貨商	ナシ	一・〇〇	ナシ	ナシ	屋內
二等雜貨商	ナシ	五〇	ナシ	ナシ	露店
牛	按價千分ノ一五	按價千分ノ五〇	ナシ	三・〇〇	一頭ニ付キ
馬	,,	,,	ナシ	ナシ	,,
豚	,,	按價千分ノ二五	ナシ	一・〇〇	,,

寶局		八・〇〇	一處一日
會局		四・五〇	〃
色局		八〇	〃
烟館		一・五〇	〃

治安維持委員會徵收目及稅額（自大同二年三月十三至仝年四月三日）

稅目	徵收稅額	
木捐	哈洋	一・三九六・五〇
周站木捐		八七九・〇〇
寶局		二六〇・〇〇
牌九局		六一・〇〇
煙館		一五九・〇〇
骰子局		二八・〇〇
搖骰子局		一四・〇〇
會局		八六・〇〇
屠宰捐		三九五・〇〇

合　計　三・二七八・五〇

大同元年度歳入歳出

歳入之部　四〇・三三九・九二〇圓

歳出之部　四二・九三三・六八〇

差引不足　二・五九三・七六〇

(三)教育

本縣ハ他縣ニ比シ比較的敎育ノ發達遲レタルノ觀アリ、僅ニ縣立小學校十一、縣立民衆學校一、特別區第二小學校アルノミニシテ中學校並ニ社會敎育機關ノ設備ナシ、去ル事變以來學舍、敎授用諸設備ノ匪害ヲ被ルコト甚シク、又縣民匪災水災ヲ避ケテ哈市ニ移住スルモノ多ク縣各機關モ停止ノ狀態ニ陷リ學校ハ已ムヲ得ズ一昨年十二月ヲ以テ特別區小學校ヲ除キ全部閉校ノ已ムナキニ至レリ

然ルニ漸次治安ノ回復シ來ルト共ニ民衆側ヨリ開學提進運動アリ次イデ日語熱漸ク盛ントナリ玆ニ縣城內ニ小學校一、日語專修學校一ノ開校ヲ見タリ

(1)未開校校

縣立初級學校　八

縣立高級學校　一

縣立女學校　一

縣立民衆學校 一

(2) 開校校

縣立第一小學校 大同二年四月二十日開校

日語專修學校 大同二年六月一日新開校

特別區第二小學校

(3) 敎員數

縣立第一小學校 校長以下敎員三名

日語專修學校 敎員一名(警務局通譯官)八月末三名

(4) 生徒數

縣立第一小學校(開校時現在)

班別	人數	級別	男	女	備考
甲班	二九	初級	一五	九	第一學年一五、第三學年四、第四學年五、
		高級	一	四	第一學年五、
乙班	一七	初級	一七	○	第一學年四、第二學年一三、
		高級	○	○	
合計	四六		三三	一三	八月末現在、初級六九、高級二〇、計八九、

日語專修學校　（開校時現在）　二十三名（十二月末現在二十八名）

特別區第二小學校　　　一〇〇名餘

(5)經費並ニ敎授狀況

敎育費ノ財源ナク開校セルモ敎員ノ俸給ヲ支給スル能ハズ其ノ奉仕的敎授ヲ乞フ只僅カニ每日特別稅ヨリ得ル補助費三元ヲ以テ小學校敎員食費、各五角、夫役一人工資四角及辦公費六角ニテ急ヲ凌グ

日語專修學校敎員ハ通譯官ノ純奉仕的敎授ナリ

小學校ニハ次ノ敎授課目ヲ課ス

初級生　算術、自然、修身、國語、孝經、

高級生　算術、自然、修身、歷史、地理、孟子、國語、｝哈市ヨリ新購入ノモノ

日語專修學校ニ於テハ滿洲國協和會編輯日語會話讀本ヲ使用シ每日午後四時ヨリ六時マデ二時間トス、生徒ハ十二歲ヨリ三十五歲ニ至ルモノナリ

(四)思想運動

本縣ハ匪賊ノ跳梁甚シキニ加ヘ、思想運動又盛ニシテ或ハ第三インタノナショナルノ直系團或ハ傍系團等反滿、反日、赤化ノ運動ニ當リツヽアリ、詳細ハ知リ難キモ略々知ラレタルモノ次ノ如シ

(1)葦河縣委員會

大同二年四月十日頃在ニコリスク極東軍事委員決議黨員二〇〇名入リ込ミ北鐵線ト松花江トニ依リ書レタル

本省三角地帶地ノ諸縣ニ縣委員會ヲ置ク其組織ハ

葦河縣委員會
- 黨委員部——内ニ反日會有リ
- 團委員部——内ニ反日會有リ
- 兵事委員部——少年軍ヲ支配ス

各部員ハ正規黨員ニシテ其ノ所在不詳ナリ

少年軍ハ通信、聯絡ノ訓練ヲ受ケ六ケ月ニテ正規黨員ニ編入セラル

決死隊ヲ組織シ宣傳、暗殺等ニ活動ス

尚寧安縣委員會ハ本縣南嶺子屯ニ所在スルガ如シ

(2)東北鐵血團

滿人張連科、鮮人李亨哲ヲ幹部トシ正黨員、及預備黨員約三百名ヨリ成リ蘇聯極東委員會ノ支持ヲ受ク、其ノ本據ヲ珠河縣大高力、東烏吉密ニ置キ活動中

(3)中國共產黨

共產黨員鮮人崔宗烈ハ黨員二百名ヲ率ヒ中國共產黨ノ名稱ノ下ニ本據ヲ一面坡ニ置キ活動中、鮮人黨員十五六名

(4)第三インターナショナル駐滿工作部

鮮滿人ニヨリ組織セラレ東部沿線ニテ宣傳、暗殺等ニ當ル

(五)衛生

特記スベキモノ無シ

(六)宗教

本縣ニハ佛、道、耶蘇、回、在理ノ諸教信奉セラル各教ノ狀況次ノ如シ

イ、道士廟

名稱	興隆觀
目的	修身爲本興辦公益之事
事務所所在地	薘河縣東街螞蜒河子
規約	十條戒歷
創立年月日	光緒三十年正月建立
主義綱領	善事ヲ廣ク行ヒ路橋ヲ補修シ貧民ノ救濟ニ當ル
經費ノ出所及用途	廟所有土地荒地四方外ニ少數ノ熟地ヲ有ス該地ヨリ得ル穀物賣却ニヨリ經費貧民救濟ニアツ
主任者姓名	本廟主任關圓照七十歲
年齡籍貫	原籍河北省
僧侶數	九名

ロ、在理教公所

名稱　存善堂公所
目的　修身爲本
事務所在地　葦河縣城一面街
規約　善勸
創立年月日　民國十八年三月
主義綱領　勸戒烟酒
經費ノ出所及用途　一般信者ノ寄附ニヨル
主任者ノ姓名　馬忠五六十二歲
籍貫年齡　原籍奉天
信者數　現在公所二八、信徒三十名

八、基督教

名稱　基督敎會
事務所在地　葦河縣城東大街小什字街北路東
創立年月日　民國十八年一月
主義綱領　基督ノ信義ヲ以テ綱領トス
經費ノ出所及用途　哈埠總會ヨリ送付シ來ル經費ヲ雜費ニ當テ基金ナシ

主任者ノ姓名　顧宗昌山東平度人
年齡籍貫　年四十二歲
信者數　六名
參考事項　每日曜日十數名ノ兒童集合禮拜シ居レリ

（七）各機關組織

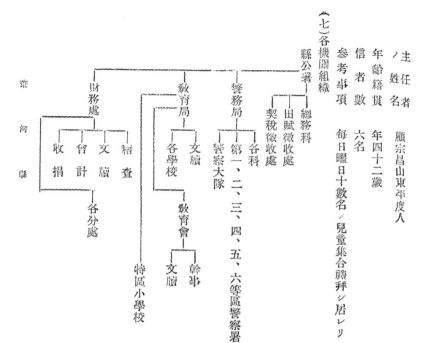

- 縣公署
  - 總務科
  - 田賦徵收處
  - 契稅徵收處
  - 警務局
    - 各科
    - 第一、二、三、四、五、六等區警察署
    - 警察大隊
  - 教育局
    - 文牘
    - 各學校
    - 教育會
      - 幹事
      - 文牘
    - 特區小學校
  - 財務處
    - 稽查
    - 文牘
    - 會計
    - 收捐
    - 各分處

商務會
- 文牘
- 會計
- 庶務

農會
- 評議員
- 文牘
- 庶務
- 會計

日本軍守備隊

滿洲國軍隊

治安維持會

稅捐局

木石稅局

特區警察所

郵政局

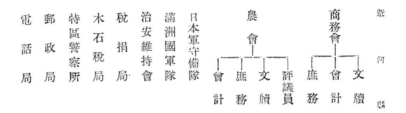

電話局

珠河縣全圖

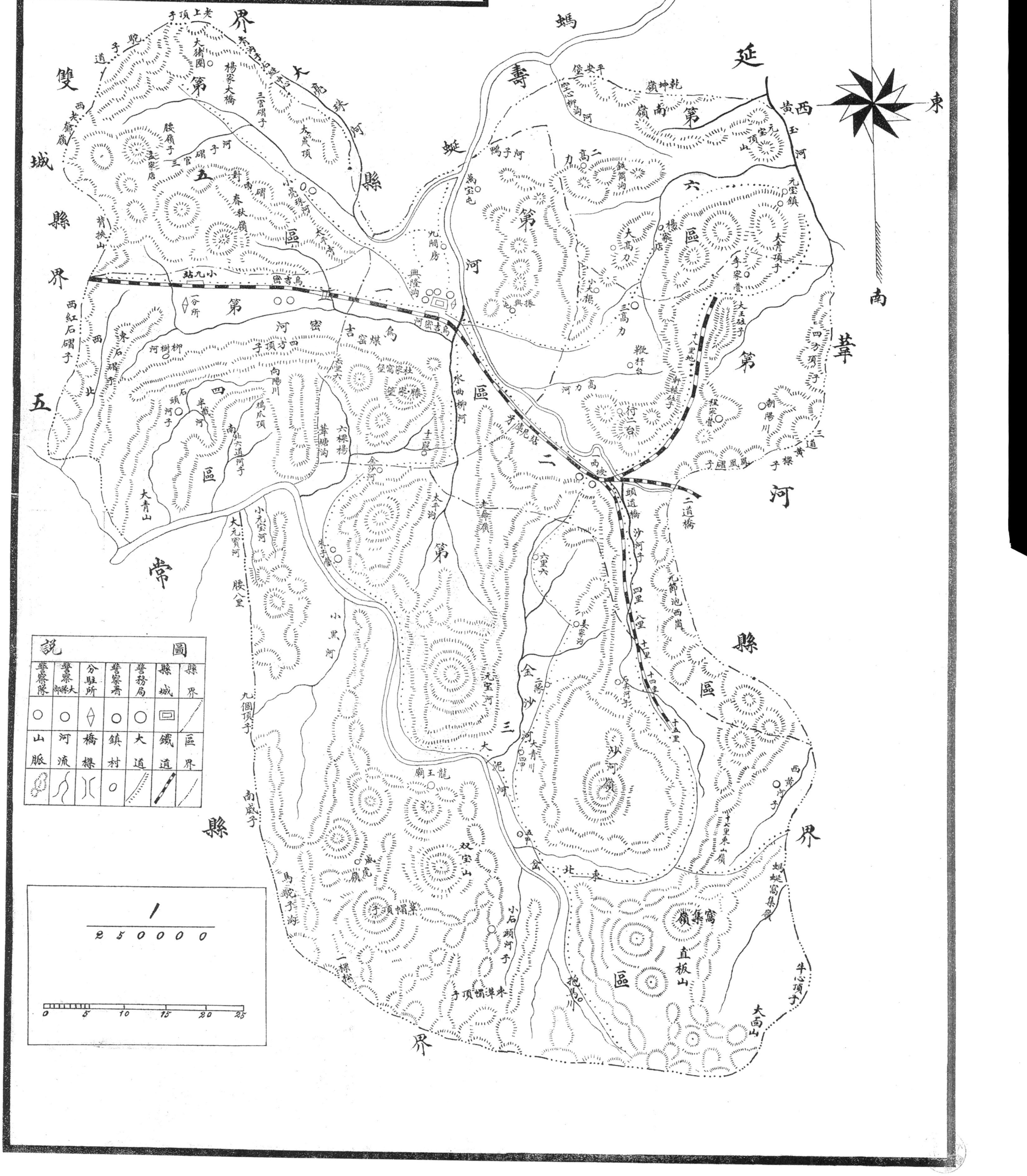
北
南
東
圖説
縣界
縣城
警務局
警察署
分駐所
警察大隊部
警察隊
區界
鐵道
大道
鎮村
橋樑
河流
山脈
1/250000
0 5 10 15 20 25
第一區
第二區
第三區
第四區
第五區
第六區
延壽縣
葦河縣
五常縣
雙城縣
蜚克圖河
烏吉密河
大青山
大面山

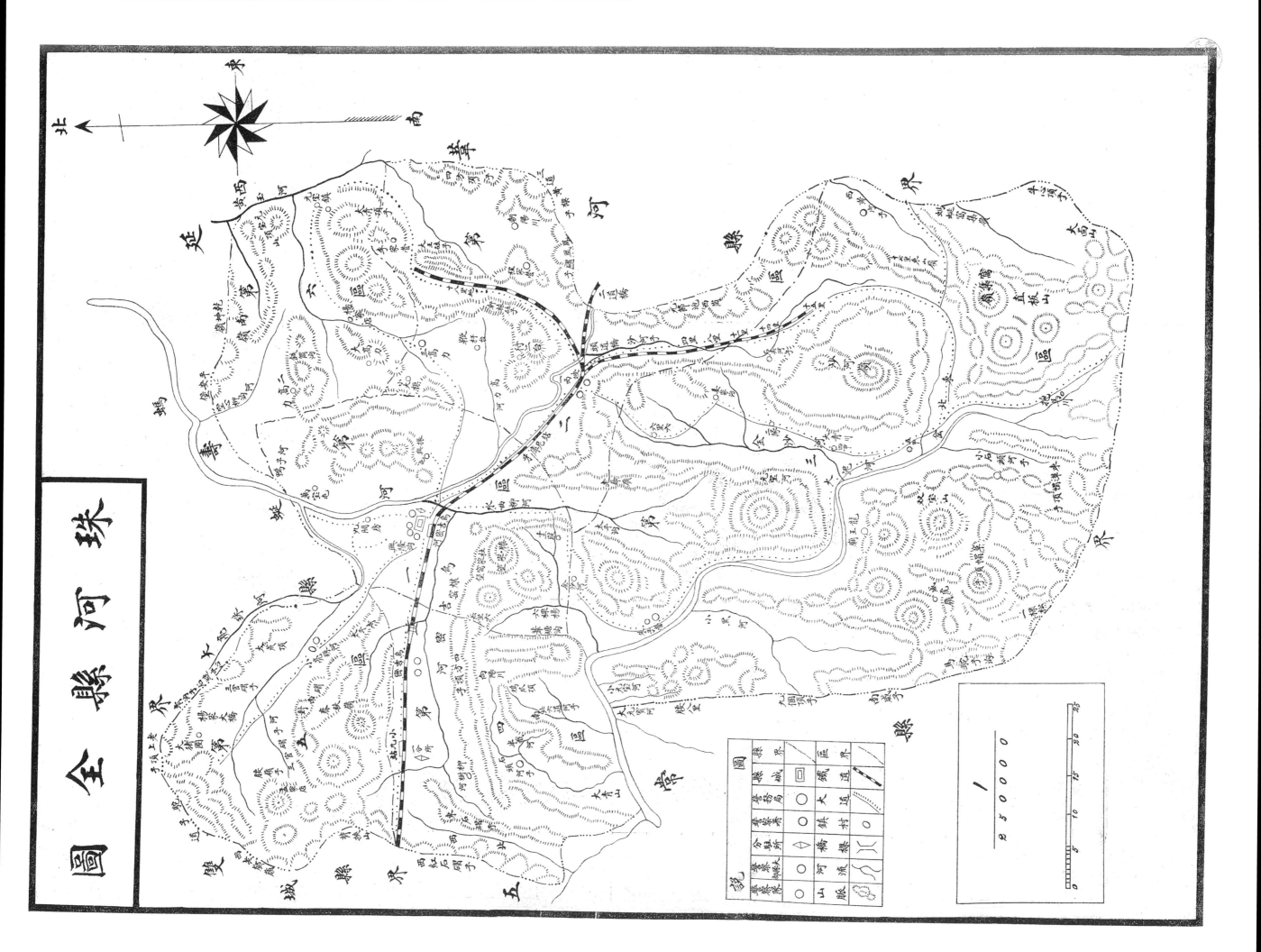

珠河縣城圖

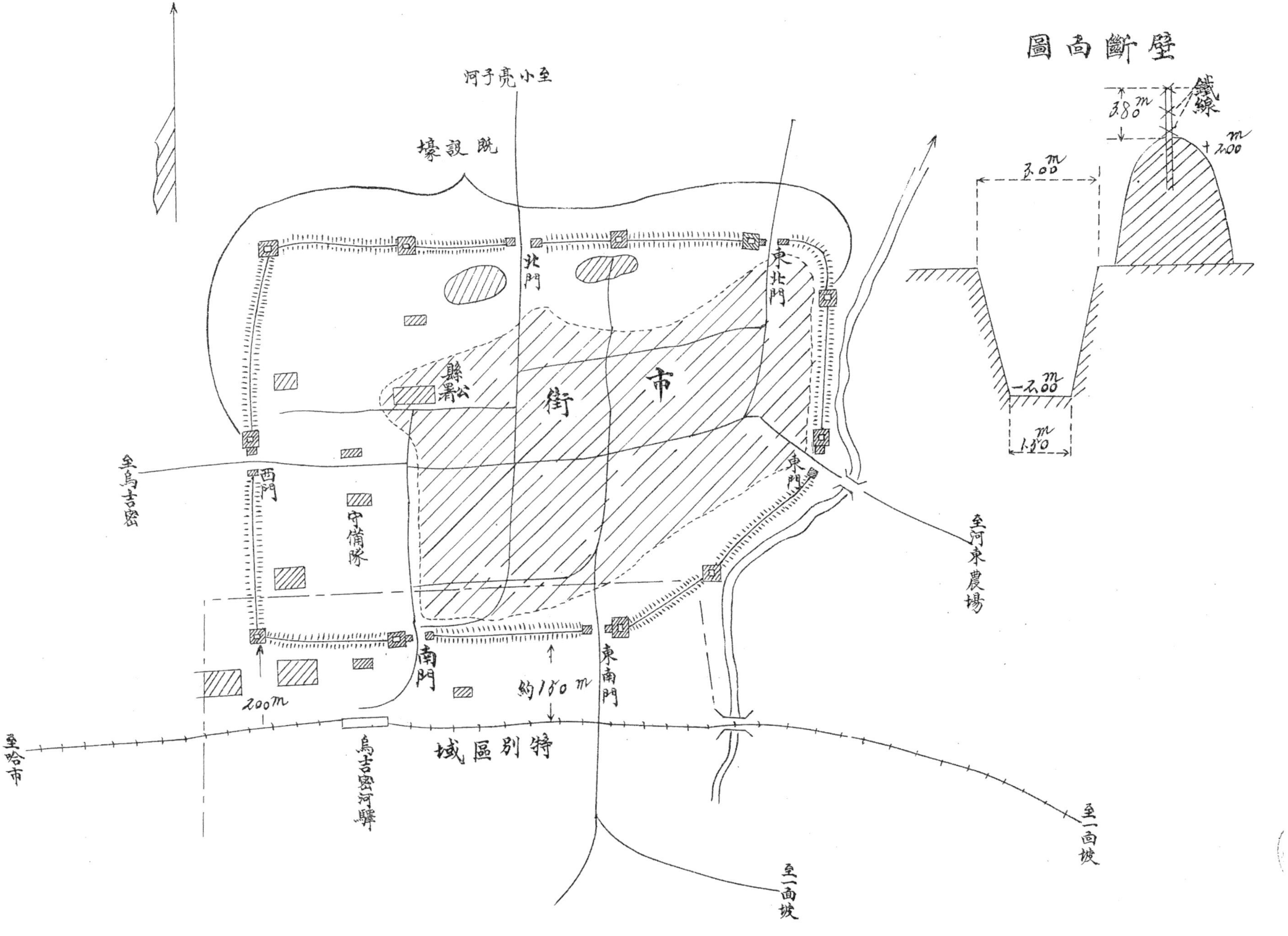

至小亮子河
既設壕
北門
東北門
縣公署
市街
西門
至烏吉密
守備隊
東門
至河東農場
南門
東南門
約150m
200m
至哈市
烏吉密河驛
特別區域
至一面坡
至一面坡
壁断面圖
鐵線
3.80m
2.00m
3.00m
2.00m
1.50m

珠河縣

目次

珠河縣

第一　位置

珠河縣城ハ新京ノ東北約八百餘滿里北滿鐵道東部線沿線ノ重鎭ニシテ東經約百二十八度十分北緯約四十五度十分ノ地點ニ位ス

縣域ハ東西約一百餘滿里、南北二百餘滿里ニ亙リ南五常縣交界ヲ距タルコト一百二、三十滿里、五常縣城ヲ距タル二百餘滿里、東葦河縣交界ヲ距タル五、六十餘滿里、葦河縣城ヲ距タル九十滿里、東北延壽縣交界ヲ距タル四十滿里乃至六十滿里、延壽縣城ヲ距タル九十滿里西北賓縣交界ヲ距タル六、七十滿里、賓縣城ヲ距タル二百餘滿里西方阿城縣交界ヲ距タル六、七十滿里、阿城縣城ヲ距タル二百二十餘滿里ナリ

第二　地勢、氣候

縣內險峻ナル山獄ナキモ起伏ニ富ミ桑葉形ヲナス一山僻ノ地ナリ縣ノ東南ヨリ西南ニ亙リ大廻山、長崗連衡ス、拉林河ノ上流大泥河ハ源ヲ長崗ニ發シ、西北ニ向ヒテ流レ五常縣ニ入ル、縣ノ分水嶺ハ略々縣ノ中央ヲ東西ニ走リ葦河縣ヨリ流レ來ル、螞蜒河ハ縣ノ東北ヲ貫流シテ延壽縣ニ入ル、中央分水嶺ヨリ發スル小流ハ南流或ハ北流シテ大泥河、螞蜒河ニ流入ス

平地ハ螞蜒河流域ニ最モ開ケ、又北滿鐵路其ノ流域ヲ東西ニ走リ縣內最モ開ケタル地方ナリ

土質ハ紅、黃、赤、白、黑ノ五色ノ地存シ、黃土地最モ多ク全土ノ百分ノ五〇ヲ占メ白土ニシテ黃土ヲ交ヘタ

ルモノ之ニ次ギ全土ノ百分ノ二十五、黒土地之ニ次ギ百分ノ二十、紅赤地最モ少ク百分ノ四、乃至五ヲ占ムルノミ、黒壤ハ勿論黄壤、白壤、赤壤何レモ黒壤ニ次グ沃土ナリ

本縣ハ冬永ク夏短ク毎年舊曆正月後漸次解氷ヲ見降霜前ニ結氷シ始ムルヲ常トス、冬ハ嚴冷ニシテ降雪多ク夏又比較的冷シク降雨多キ毎ニ濕潤ヲ極メ大暑(陰曆五月末)以後暑氣大イニ昂ズルモ其ノ期長カラズ

氣象狀況次ノ如シ(於一面坡)(大同三年時憲書ニ依ル)

月次	平均氣温	平均最高氣温	平均最低氣温	氣温最高極	氣温最低極	降水量	降水日數	快晴日數
一月	下一九・〇	下一三・二	下二五・三	四・二	下四三・四	八・四	九・日	二・日
二月	下一四・五	下七・九	下三三・三	一〇・九	下四一・三	八・八	九日	九日
三月	下五・八	〇・〇	下二一・七	一七・〇	下三一・八	一五・七	九日	七日
四月	五・六	一一・三	下〇・七	二五・二	下一六・九	二六・三	九日	四日
五月	一三・二	一九・二	六・一	三三・三	下六・三	五八・九	一四日	三日
六月	一八・七	二四・六	一三・二	三五・七	〇・三	一二六・四	一七日	二日
七月	二三・四	二七・七	一七・一	三七・〇	五・四	一八一・八	一七日	二日
八月	二〇・九	二六・五	一五・八	三四・六	五・七	一三七・〇	一七日	三日
九月	一三・五	二〇・三	七・六	二九・九	下五・一	七〇・九	一四日	六日
十月	五・五	一一・九	下〇・三	二六・六	下一四・一	四六・〇	一〇日	九日
十一月	下六・〇	下〇・九	下一一・二	一四・七	下三七・八	二五・九	一〇日	七日
十二月	下一六・一	下一〇・六	下二二・九	七・三	下三六・四	一一・三	一〇日	一〇日
年	三・二	八・九	下二・八	三七・〇	下四三・四	七〇七・五	一四・三日	七〇・日
摘要	下ハ零	下ノ意	氣温ハ攝氏ヲ用フ			粍		

初雪　十月十七日
終雪　四月十九日
初霜　九月廿九日
終霜　五月十一日　（以上平年）

第三　面積

本縣全境面積　一三・五〇〇餘方里　即チ約六〇七・五〇〇垧
耕地面積(荒熟)　七・五〇〇方里　即約三三七・五〇〇垧
已耕地面積　約一二〇・〇〇〇垧
可耕地面積　約二一七・五〇〇垧
不可耕地面積　六・〇〇〇方里　即約二七〇・〇〇〇垧

第四　戸口、人口、

民國十九年ノ調査ニ依レバ全縣戸口約二萬戸、人口十萬餘、ニシテ二十年度ハ稍々増加セルモ事變後有資者ハ遠隔ノ地ニ移住シテ歸縣者未ダニ無ク又小作人モ隨意移住セルガ爲メ著減ヲ來セリ其ノ前後ヲ示セバ次ノ如シ

戸口、人口表(民國十九年概數)

區別	戸口	人口	主要鎭別	戸口	人口
第一區	四・〇〇〇	二〇・〇〇〇	珠河街	三・〇〇〇	二〇・〇〇〇

第二區	四・〇〇〇	二〇・〇〇〇	一面坡	三・〇〇〇	二〇・〇〇〇
第三區	二・〇〇〇	一〇・〇〇〇	珠子營		
第四區	四・〇〇〇	二〇・〇〇〇	烏吉密	一・〇〇〇	五・〇〇〇
第五區	三・〇〇〇	一五・〇〇〇	小九站	一・〇〇〇	五・〇〇〇
第六區	三・〇〇〇	一五・〇〇〇	元寶鎭	一・〇〇〇	五・〇〇〇
合計	二〇・〇〇〇	一〇〇・〇〇〇	全縣年々ノ出生約二萬餘、死亡一萬餘		

職業別戸口概數

農業	一四・〇〇〇餘戸	六〇・〇〇〇餘人
商業	一・〇〇〇 〃	一〇・〇〇〇 〃
工業	一・〇〇〇 〃	一〇・〇〇〇 〃
紳學雜役	四・〇〇〇 〃	二〇・〇〇〇 〃

民族別戸口概數

滿籍民族	一八・〇〇〇餘戸	九〇・〇〇〇餘人
回籍民族	六〇〇 〃	三・〇〇〇 〃
鮮籍民族	七〇〇 〃	四・〇〇〇 〃
俄籍民族	七〇〇 〃	三・〇〇〇 〃

珠河縣戸口、人口調査表

大同二年九月調査

區別／種別	戸口數	人口數 男子數	人口數 女子數	人口合計數
第一區	三・三六八	一二・四七一	七・〇九三	一九・五六四
第二區	三・一五五	一一・一二五	七・八一一	一八・九三六
第三區	一・九九二	七・七六〇	四・五一九	一二・二七九
第四區	二・四七三	六・六七六	二・八一八	九・四九四
第五區	一・〇二二	三・三四九	二・六〇五	五・九五四
第六區	九二三	二・五三〇	二・〇六九	四・五九九
合計	一二・九三三	四三・九一一	二六・九一五	七〇・八二六

珠河縣居住外國人戸口人口調査表

大同二年九月調査

人種別／項別	戸口數	人口數 男子數	人口數 女子數	人口合計數
日本內地人	三	三	九	一二
朝鮮人	四八九	一・五三六	八二一	二・三五七
露國人	一七	二九	二四	五三
ソノ他				
合計	五〇九	一・五六八	八五四	二・四二二

第五　交通、通信

本縣ニハ北部ニハ北滿鐵路アリ電話線又之ニ沿ヒ道路網モ北部ニ良ク發達シ縣ノ南北ニ於テ大イナル差アリ

(イ)北滿鐵路

本鐵路ハ縣ノ北部ヲ東西ニ貫走シ小九站、烏吉密、一姑娘站、一面坡ノ四驛ヲ有ス日々客貨車ノ運轉アルモ該鐵路ニ依ル貨物ノ運送ハ事變以來民國二十年ニ比シ十分ノ四ニ著減セリ、該鐵路運輸營業狀況ヲ見ルニ移出五萬噸移入五千噸、移出主要貨物ハ大豆ニシテ其ノ額四萬噸ニ上ル、軌幅五呎起工一八九八年(光緒二四年)五月竣工一九〇二年(光緒二八年)十二月開辦一九〇三年(光緒二九年)七月ナリ

尙一面坡ヨリ南ニ四十六滿里北ニ三十七滿里餘ノ木材搬出用引込線アリ

(ロ)陸路

道路ハ縣ノ北部ニ發達スルモ何レモ自然道路ニシテ橋梁ナク、夏季ニ於ケル自動車大車ノ運行ニ不便ヲ覺ユルコト甚大ナルモノアリ

主要道路網次ノ如シ

珠河縣城
- 一面坡—珠子營
- 元寶鎭
- 延壽
- 烏吉密
  - 亮珠河
  - 珠子營

治安維持會成立ト共ニ別圖ノ如キ交通網ノ整備ヲ計畫シ既ニ左記三道ハ略々完成セリ

烏吉密河――延壽

同　――元寶鎭――一面坡

同　――一面坡――葦河縣城

路巾三米排水溝ヲ施シタルモノナルモ未ダ橋梁ノ架設ナク夏期ニ於ケル自動車ノ運行全カラズ

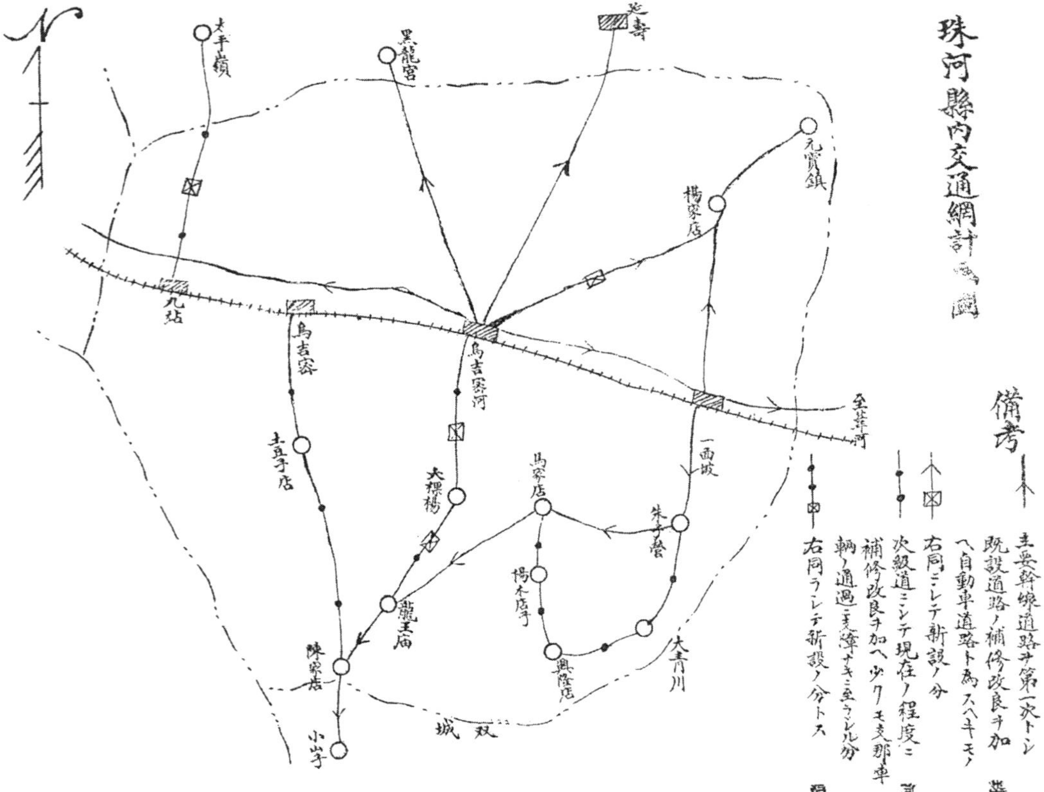
珠河縣内交通網計画圖
太平嶺
黒龍宮
延壽
元寶鎮
楊家店
九站
烏吉密
烏吉密河
至葦河
一面坡
土豆子店
大櫻楊
馬家店
朱子營
楊木店子
龍王廟
陳家店
興隆店
大青川
小山子
双城
備考
主要幹線道路ニシテ第一次トシ既設道路ノ補修改良ヲ加ヘ自動車道路ト為スヘキモノ
右同ニシテ新設ノ分
次級道ニシテ現在ノ程度ニ補修改良ヲ加ヘ少クモ支那車輌ノ通過ニ支障ナキニ至ラシムル分
右同ニシテ新設ノ分トス

（ハ）水路

縣內諸河水運ノ便ナシ

（ニ）電話

縣內電話ノ發達ハ極メテ遲レ既設線ハ僅カニ縣城ト延壽縣城間アルノミニシテ北滿鐵路沿線ノ各鎭間ハ鐵路電話線ヲ利用シテ連絡スルコトヲ得縣城ト警察署間連絡ハ一面坡第二區警察署ト北滿鐵路電話線ノ利用ニ依リ連絡シ得ルモ他ハ全然ナシ

治安維持會成立ト共ニ別圖ノ如キ電話網ノ計畫ニ立テ架設進行中ナリ

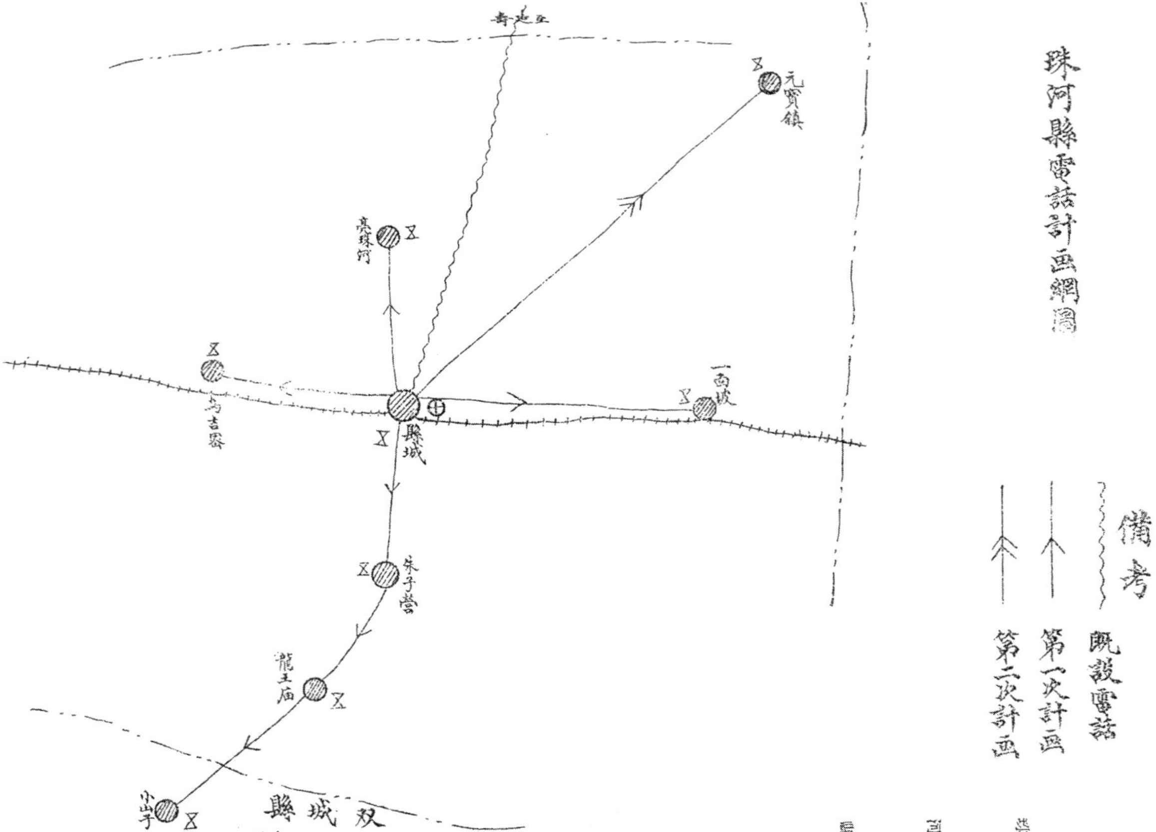

珠河縣電話計画網圖
備考
既設電話
第一次計画
第二次計画
奇克至
元寳鎮
亮珠河
烏吉密
縣城
一面坡
朱子營
龍王廟
小山子
縣城
双

（ホ）電　信　二等電報局一所アリ

（ヘ）郵政局　二等郵便局一所アリ、各區ニ分局或ハ代辦所ヲ有ス

其他無線電信、電話ノ設備ナシ

第六　産業

（一）農業

(1)　概況

本縣ノ農業ハ民國五年開放セラレ他國人ニ依ッテ開發セラレタルニ始マリ漸次全縣ニ及ベルモノナリ、十一年設治全縣六區ニ分タレシ時ハ地ノ大半ハ已ニ開墾セラレタリ、土地豐饒ナルモ山地多キ爲メ農民ハ諸川流域ノ平地ヲ利用耕作ス　然レドモ開放既ニ晩ク、地主ハ新開墾者ニ對シ五、六年乃至七、八年後ニ納租セシムルガ故ニ其間數年ハ地主ノ利多カラザルガ爲メ農民ノ移動性大ニシテ一度事故アル時ハ其ノ移動防遏ノ法ナシ、而シテ事變以來兵災ニ因リ耕作不可能ナリシモノ全耕地ノ$\frac{2}{3}$ニ達シ既ニ耕種セルモ匪賊擾亂ニ收穫不可能トナレルモノ其$\frac{1}{3}$ヲ下ラズ

本縣農民凡ソ一萬四千餘戸老幼ヲ除ケル農業工作者三萬餘人ナリ

(2)　農耕面積（再記）

已耕地	一二〇、〇〇〇餘垧
未耕可耕地	二一七、五〇〇餘垧

(3) 耕種農産物

大豆、包米、高粱、小麥、水稻等

(4) 作付面積、收穫高表(概數)

	作付面積	一垧當産額	總收穫高	一石ノ價格	總價格	
大豆	八〇,〇〇〇垧	四石	三二〇,〇〇〇	一〇.〇〇元	三,二〇〇,〇〇〇元	各地相違少ナシ
包米	三〇,〇〇〇	七	三一〇,〇〇〇	五.〇〇	一,〇五〇,〇〇〇	各地相違少ナシ
高粱	二〇,〇〇〇	五	一〇〇,〇〇〇	六.〇〇	六〇〇,〇〇〇	各地相違少ナシ
穀子	三〇,〇〇〇	六	一八〇,〇〇〇	五.〇〇	九〇〇,〇〇〇	各地相違少ナシ
水稻	五,〇〇〇	一八	九〇,〇〇〇	一〇.〇〇	九〇〇,〇〇〇	一區 一,五〇〇垧、三區 一,〇〇〇餘垧 四區 一,〇〇〇餘垧、五區 一,五〇〇餘垧

(5) 農産物消費狀況

大豆	凡ソ總生産額ノ$\frac{1}{10}$(三萬二千餘石)ハ地場消費	移出ハ北滿鐵路ニ依ル
包米	,, $\frac{9}{10}$(十八萬餘石)	
高粱 穀子	凡テ地場消費	
稻子	凡ソ總生産額ノ$\frac{4}{10}$(三萬六千餘石)ハ地場消費	

(6) 小作

本縣ハ比較的小作地多ク新開墾地ハ五年乃至八年ハ無租ナリ

自作地	二、〇〇〇餘垧（$\frac{1}{10}$）	一、四〇〇餘戶
小作地	一〇、〇〇〇餘垧（$\frac{9}{10}$）	一二、六〇〇餘戶

(7) 水田狀況

(イ)本縣水田ノ沿革

民國十六年頃約六十戶餘ニテ約八十垧ノ水田ヲ耕作セルヲ嚆矢トス、然ルニ種子ノ不良其ノ他ノ關係ニテ失敗ニ終リ翌年度更ニ百垧ヲ開拓シ合計百八十垧トナリシモ種々ノ原因ニ依リ預期ノ成績ヲ揚グルヲ得ザリシモ水田ノ有利ナルヲ知ッタル鮮人ハ續々移住シ來リ一時二百戶一千垧ノ水田ニ達セルモ舊軍閥官憲ノ壓迫ニ逢ヒ十年ノ契約ナッシニモ拘ラズ滿人地主ニ强制的ニ回收セラレ錦縣、盤山縣、西豐縣ノ滿人ニ依リ一時一千垧中七百垧耕作セラレタリ然ルニ該地ハ共產黨ノ巢屈トナリシ爲メ二百餘垧ヲ滿人地主ヨリ奪回シ鮮人ハ五百餘垧ヲ耕作シ居タリ

事變後鮮人ハ一時烏吉密河ニ避難セルモ該地モ危險トナリ更ニハルピンニ避難シ大同二年三月ニ於テハ九十餘戶四百五十餘人ナリ而シテ大同二年五月當地一帶河東安全農村ノ設置ヲ見タリ

(ロ)河東安全農村設置ノ經緯

朝鮮總督府補助事業トシテ東亞勸業株式會社ヲシテハルピン避難鮮人約一千戶四千乃至五千人ヲ收容センガ爲

メ河東ノ地ヲトシ企圖セラレタルモノニシテ其ノ所要地ハ既成水田地ノ北ニ續キ延壽縣ニ及ブ

該地戸口、人口、面積次ノ如シ（大同二年三月末）

縣名	區名	郷名	面積（垧）	水田（垧）	水田可能地（垧）	滿人 戸口	滿人 人口	鮮人 戸口	鮮人 人口	備考
珠河	第一區	長發郷	一・八〇〇	四〇〇	三〇〇	一六八	一・二〇〇	四三	二一五	滿人中六〇戸ハ水田耕作ニ從事ス
		東安郷	一・三〇〇	四一〇	三〇〇	一五〇	八〇〇	四八	二四〇	滿人中七〇戸ハ水田耕作ニ從事ス
		永安縣	九〇〇	一〇〇	一〇〇	五〇	二六〇			
小計			四・〇〇〇	一・一一〇	七〇〇	三六八	二・二六〇	九一	四五五	
延壽縣	第二區	東南郷	二・二〇〇	三〇〇	一・五〇〇	一八〇	一・〇〇〇			
總計			六・二〇〇	一・四一〇	二・二〇〇	五四八	三・二六〇	九一	四五五	

地種別

東安郷　民地　一、二九一垧　地主五九
　學田　一〇垧
　荒地　五〇垧

長發郷　熟地　一、八一〇垧　地主八一
　荒地　一〇〇垧

該農村設置ニ關シ最モ困難ヲ感ゼシハ次ノ諸點ナリ

一、地主ヨリ小作人ノ遷移ヲ要求スルニ當リテハ一ケ年前ニ豫告ヲナス義務アリ且土地耕作ニ關シテハ舊正月ニ於テ耕作人相互間ニ耕作地ノ協定ヲ行フヲ慣例トセシニ反シ時既ニ春耕期迫リ商租ノ結果遷移スベキ滿農人ハ一年徒食スルノ巳ムナキ狀ニアリシコト

二、遷移スベ農民ノ新住地發見

三、遷移農民ノ立退料ノ協定

四、商租地價ノ協定

尚春耕期既ニ迫リ事業ノ交渉ト實行ト並行シ且手續上當務者感情ヲ害フガ如キコトアリシ爲メ交渉愈々困難ナリシモ日滿關係當務者再三ノ協議ト相互ノ紳士的讓歩トニ因リ下記記載ノ如キ「河東安全農村設置土地商租辨理ニ關スル協定」ノ成立ヲ見東亞勸業株式會社ノ提案ナル

所要全面積	二、五〇〇町歩(約三、五〇〇垧)
内今回卽時買收スベキ土地	一、〇〇〇町歩(約一、四〇〇垧)
内譯既成水田	六〇〇町歩(約八四〇垧)
新設スベキ水田	四〇〇町歩(約五四〇垧)
明年播種期マデニ購入スベキ土地	一、五〇〇町歩(約二、一〇〇垧)

第一期計劃ハ着々進行シ茲ニ河東安全農村ノ設置ヲ見タリ

立退料並ニ地價次ノ如シ遷移農民ニ附與サレシ立退料ハ四月十五日農會ヲ通ジ農民ヨリ會社側ニ要求セルモノナリ

一、大人一個月哈洋三元小人一元五角ニテ五ケ月分ヲ立退料トシテ支給サレタシ

二、引越馬車賃トシテ六(五?)人マデ一台、十人マデ二台、十五人マデ三台、二十人マデ四台、一台ニツキ五元ノ割ニテ支給サレタシ

三、運搬ニ不便ナル丸太板類及賣却ヲ希望スル穀物、籾、藁其他ハ市價ヲ以テ買入レラレタキ事

四、立退者ニシテ他縣ニ移轉スル者ノ縣ノ證明書下附ノ手續ニツキ公司側ヨリ盡力サレタシ

支拂高並ニ立退者次ノ如シ

長發郷	一六日	一一名	六八六元
	一七日	五三名	四・三九三元
	計	六四名	五・〇七九元
東安郷	一六日	三七名	二・七五五元
	一七日	六〇名	四・〇六六元
	計	九七名	六・八二一元
	總計	一六一名	一一・九一〇元

尙二十八日夕一面坡辦事處ニ於テ地主代表十數名集合ノ上警務局長立合ニテ立退ニ關スル辦法草案ヲ協定シ翌

朝更ニ二三ノ修正ヲ經テ之ヲ二十個條ニ纏メタリ　主ナル內容左ノ如シ

1. 水田ノ價格ハ左ノ標準ニヨル
　上等(地面平坦ニシテ引水容易ノモノ)每垧哈洋一二〇圓
　下等(地面ニ高低溝窪壕甸アルモノ)　,,　一〇〇圓
2. 旱田ノ價格ハ左ノ標準ニヨル
　上等(地面平坦ナルモノ)　每垧哈洋九〇圓
　下等(地面不平溝窪壕甸アルモノ)　,,　七〇圓
3. 房屋ノ價格ハ左ノ標準ニヨル
　上　等　每間哈洋　四〇圓
　中　等　,,　三〇圓
　下　等　,,　二〇圓
4. 旱田中ニ井戸アルトキハ上等水田ト同一トス
5. 商租土地內ニ埋葬シアル墓ニツイテハ每棺移轉料ヲ支拂フコト
6. 屋敷中ニ引臼及樹木アルモノハ東亞勸業ヨリ適當ナル代價ヲ原主ニ支拂フコト
7. 土地面積勘丈ノ單位ハ二八八弓ヲ以テ一畝トシ　十畝ヲ以テ一垧トナスコト
8. 土地面積勘丈ノ際ハ所轄縣公署カ地主、商租人、並ニ鄉農會長ヲ集メテ之ヲ行ヒ　ソノ費用ハ商租人ノ負

擔トスルコト

9. 商租土地範圍內ニ入ルヘキ溝窪壕甸ハ之ヲ控除セサルコト

10 商租前地主ノ修築セル水堰、河堰ノ工費ハ東亞勸業ニ於テ相當ノ補償ヲナスコト

11 地主ニハ移轉料ヲ支出スルコト

12 移轉ノ滿人民戶ニハ縣公署ハ警務局ニ命シテ相當ノ移任地ヲ探スコト

13 土地房屋ノ價格ハ出來ルタケ卽決シ　卽決不能ナルモノハ地方公平ノ士紳及各機關責任者ヲ以テ委員會ヲ組織シ之ヲ平定スルコト

14 土地家屋ノ代價ハスヘテ契約成立ト同時ニ支拂フヘシ

河東安全農村設置土地商租辦理ニ關スル協定

河東安全農村設置土地ノ件ニ關シ避難鮮人收容農村設置辦法五ケ條ノ精神ニ基キ五月五日於珠河縣公署一面坡辦事處ニ於テ日滿關係者列席商議ノ結果左記各條ニ據リ實施スルコトニ協定ス

第一條　東亞勸業株式會社ハ避難鮮人收容農村設置進行辦法第一條ニ據ル二千五百晌步ノ土地商租ノ區域ヲ速ニ決定スルコト

第二條　土地商租料及建物價格ハ三方面ノ協議ニ依リ遽ニ決定シ難キ實情ニアリ故ニ最モ公正ニシテ最善ノ解決ヲ期スル爲メ日滿兩國側ヨリ各同數ノ委員ヲ選任シ土地及建物評價委員會（以下委員會ト稱ス）ヲ組織スルコト

委員會ノ委員ハ左記方面ヨリ選任スルコト

日本側

關東軍	一名	朝鮮總督府	一名
哈爾濱總領事館	一名	滿鐵	一名
東亞勸業	一名		（計五名）

滿洲側

實業部	一名	吉林省公署	一名
珠河縣公署	一名	延壽縣公署	一名
珠河延壽兩縣有力者中一名			（計五名）

第三條　委員會ハ珠河縣公署內ニ置キ珠河縣公署及東亞勸業株式會社ヨリ各一名ノ幹事ヲ選任シ委員會ニ關スル事務ヲ處理セシム

第四條　委員會ハ共同調査ヲ實施シ六月末日迄ニ商租區域內土地及建物ノ價格及等級ヲ決定スルコト

委員會ノ決定ハ多數決ニヨル　但可否同數若クハ區々ニシテ決定セサルトキハ吉林省公署及吉林日本總領事館ノ合議裁定ヲ受クルコト

第五條　關係縣長ニ委員會ノ決定ニ基キ地主ヲシテ東亞勸業株式會社ニ對シ土地商租及建物讓渡ヲ實行セシムルコト

第六條　東亞勸業株式會社ハ委員會ノ決定セル代價ヲ支拂ヒ土地商租及建物ノ讓渡ヲ受クルコト
第七條　土地建物所有者ニシテ委員會ノ決定ヲ俟タスシテ土地商租及建物讓渡ヲ希望スル者ハ自由ニ東亞勸業株式會社ト商議シ其ノ決定セルモノハ縣公署ヲ通シテ手續スルコト
前項手續完了シタル場合ハ其ノ都度委員會ニ報告スルコト
第八條　土地商租及建物讓渡承諾者ニシテ委員會ノ評價決定前特ニ代金ノ內渡ヲ希望スルモノカ縣公署ヲ通シ其ノ土地及建物ノ所有權者タルコト證明スヘキ證書ヲ提出シタル場合東亞勸業株式會社ハ左記定額ヲ內渡金トシテ支拂ニ應スヘキコト
水田、畑、一垧地　四〇元　家屋　一間房子　二〇元
縣公署ニ於テ其ノ所有權者タルコトヲ證明シタルモノニ對シテハ縣公署其ノ責ニ任スルコト
第九條　珠河縣長ハ避難鮮人收容農村設置進行辦法第二條及第四條ノ主旨ニ遵ヒ委員會ノ決定ヲ俟タスシテ已成水田全部及水路用地並ニ同地上建物ノ使用ヲ東亞勸業株式會社ニ許容スルコト
第十條　東亞勸業株式會社ハ前項土地ニ避難鮮人ヲ收容耕作セシムルコト
第十一條　關係縣長ハ遲滯ナク本協定ノ主旨ヲ佈告周知セシムルコト
第十二條　本協定外ハ別紙申合事項ニ依ルコト
（年月日署名捺印）
附屬申合事項

一、計畫地區內ニ已ニ播種ヲ爲シタルモノニ對シテ特ニ立退ヲ必要トスル場合ハ其ノ實費ヲ査定シ適當ノ補償ヲナスコト

二、辦法第三條ニ據ル期日內ニ立退困難ナルモノ、立退ニ付テハ地方ノ習慣ヲ考慮シ當該縣長ト東亞勸業株式會社ト合議ノ上適當ナル處置ヲ講スルコト

三、水路用地關係者ノ立退ニ關シテハ辦法第四條ニ據リ處理スルコト

但事情ノ許スモノニ對シテハナルヘク相當ノ期間ヲ定メ當該縣公署ヲ通シ立退ノ豫告ヲナスコト

四、東亞勸業株式會社ノ小作人トシテ本年耕作ニ從事シタルモノニ對シテハ立退ノ場合立退料ヲ支給セサルコト

五、東亞勸業株式會社ノ小作人トシテ本年耕作ニ從事スル者ノ小作料ハ地方慣習ニ依ルコト

六、小作人所有ノ動產ノ讓渡價格ハ各閭長及鄉長ト東亞勸業株式會社ト協議決定スルコト

七、評價委員會幹事ハ五月二十日迄ニ委員ヲ取纏メ相互通知スルコト

八、委員會ハ五月二十五日ヲ期シ開催、調査方針ヲ會議シ引續キ現地調査ヲナスコト

九、委員會ニ要スル諸雜費ハ東亞勸業株式會社之ヲ負擔スルコト

十、東亞勸業株式會社ハ事業進行ニ關シ所管縣公署ト充分聯絡ヲ取ルコト

八月中旬ニ於ケル狀況次ノ如シ

戶數	人口 男	人口 女	人口 計	商租完了地	耕種地面積	一戶當リ耕作面積
五七九	一・三九七	一・〇九八	二・四九五	一・七〇二町歩	八三〇町歩	水田　一町四段歩 畑　三段五畝歩

將來水田二千町歩トナス計畫ニ基キ目下殘餘二九八町歩ノ土地選定考慮中ニシテ收容戶一千戶、一戶當リノ耕作面積二町歩ノ理想ヲ目論ミツヽアリ

(8)農事試驗場

縣街富貴橋ノ東ニ農事試驗場アリ田地三垧七畝ヲ有シ縣農會管理ノ下ニ農事ノ試驗指導ニ當ル

(二)牧畜

牛馬ハ民戶ニ於テ耕稼、駕車ノ勞役ニ服セシムルガ爲メ飼育セラレ牛ノ屠殺ハ過剩部分ノ地場消費ニ當テラルヽ場合ニ於テノミ行ハルヽ一年ノ屠殺量　猪約九千餘頭、牛約八百餘頭ナリ、元年兵災ヲ被ルコト甚大ニシテ十分ノ五、六ノ減少ヲ見タリ

縣內家畜家禽概數次ノ如シ

騾馬　二五・〇〇〇頭
牛　五・〇〇〇 〃
驢馬　二・〇〇〇 〃

猪　五〇・〇〇〇頭
雞　八〇・〇〇〇羽
鴫　一〇・〇〇〇羽

(三)林業

本縣開放ノ當初ハ山林ニ富ミシモ漸次居住民ノ增加スルト共ニ或ハ隨時伐採セラレ或ハ燒用開墾ノ爲メ今日既ニ密林ヲ有スル地ナク三、四、五、六區等僅カニ薪炭ヲ供シ得ルノミニシテ一、二區等ハ既ニ給薪スラ不可能ナリ曾ツテ三、六區ニハ俄商及德政堂啓太和ノ林場百餘方里アリシモ現今完全ニ伐採セラレ熟地ト化セリ　三區邊境ノ地及葦河、五常縣界ニ僅カニ殘存スルノミ而シテ今ニ尙苗圃植林ノ試ミナシ

(四)鑛業

縣內特記スベキ礦產ナシ

火道南ノ煤窰崗ノ炭礦ハ礦區九、九五三阿二年前ニ至ルマデ採掘セルモ最近採算トレズシテ昨年停閉ス

(五)工業

本縣工業ハ電氣精米業ヲ除キテハ鐵匠、木匠ノ如キモノニ止マリ特ニ見ルベキモノナシ

(A)電氣　(1)東耀電燈公司

縣城(烏吉密河)ニアリ大同元年火災ニ遭遇セシモ目下計劃進ミ復舊中ナリ　大凡二十五燭光七、八百燈前後ナリ

(2)「グーベルト、ジョンズ」ノ電氣會社

一面坡ニ在リ　民國八年露國人カレエフニ依リテ資本金四萬五千留ヲ以テ創設セラレタルモノナルモ民國十年英人グーベルト、ジョンズ之ヲ買收シ五十キロ、ワット(日本奥村電氣製)三十五キロ、ワット並ニ十五キロ、ワット(二基共獨逸シーメンス製)各一基ノ直流發電機ヲ運轉シテ停車場及從事員宿舍ニ對シテ電燈約三千燈ヲ供給ス

支配人　ドミトリエフ

發電容量　一〇〇キロ、ワット

原動力　汽力

電壓　低壓　二二〇ボルト

電燈數　二・〇〇〇燈

(3)昌隆電燈公司

本公司ハ支那官民ノ策動ニ依リ民國十七年十一月資本金哈大洋二十萬元(内拂込八萬元)ヲ以テ設立セラレ　民營株式ニシテ英國製ガスエンジンヲ焚テ運轉スル容量八十キロ、ワットノ發電機一基ヲ据付ケ附屬地及滿洲國人街一帶ニ對シテ電燈約二千五百燈ヲ供給ス

代表者　郭子明

資本金　哈大洋　二十萬元

發電容量　八十キロ、ワット
電壓　低壓　二二〇ボルト
電燈　二・五〇〇燈

(B)油房

一面坡ニ於ケル油房次ノ如シ

油房店	開業年	壓搾器種類	同基數	一台一回最大能力	一日豆粕製造最大能力一晝夜五回作業	同豆油	一九三〇年ニ於ケル豆粕生產高
天和祥	一九一二	螺旋	五〇	五	一・二六〇	二二〇	—
萬隆泉	一九二五	,,	九	五	二二五	四〇	—
德成泉	一九二三	,,	一六	五	四〇〇	七〇	—

(C)製粉業

北滿鐵路ノ竣成後幾程モ無ク一九二〇年頃一面坡ニ一面坡製粉會社創設セラレタリ

公和利　一晝夜原料挽碎最大能力　一・三〇〇布度
一晝夜麥粉製造最大能力　九一〇布度
一九三〇年ニ於ケル麥粉生產高　二七一・一八〇布度

(D)釀造

(1)酒精(一面坡)

一面坡酒廠　一晝夜製造能力　三五〇ウエドロ

經營者　露人

(2)麥酒(一面坡)

一九二三年以來滿洲釀造株式會社ナルシンヂケートニ買收セラレ一定ノ補償金ヲ得工場全部休止シアリ

中東啤酒公司　創立　一九〇四年

資本金　哈洋十五萬元

一個年釀造能力　五十萬瓶

經營者　楊連三

(E)其他

種別	戶數	人員	一日平均取得
鐵匠	六	三〇	五〇元
木匠	七	二〇	七〇元
窯業	七	四〇	六〇元

(六)商業

新式營業法ニ依ル商店金融機關ナク僅カニ舊式ナル雜貨商四十家粮業二十家アルノミ從ツテ匯兌ハ郵便匯兌ニ

依ル一日平均ノ郵便儲金、匯兌高二百元ナリ庶民金融ニハ哈洋及國幣使用セラル國幣兌哈洋一・二五ナリ

本縣城、烏吉密、一面坡ニ商會アリテ商業從業者ノ指導生活改善ニ努メツヽアリ入會商號數次ノ如シ

商會名	入會商號數	一年經費
珠河縣總商會	七四	哈洋?九・六〇〇元　民國十二年設立
珠河縣烏吉密商會	五六	?
珠河縣一面坡商會	七三	三・二〇〇元

(七)金融

本縣內ニ於テ流通スル通貨ハ哈洋、奉票、永大洋、官帖、金票、銅元、現大洋等ニシテ標準通貨ハ哈大洋ナリ

(八)權度

本縣ニ於テ使用セラルヽ權度ノ單位次ノ如シ

斗	四二斤本地秤ニテハ毎斤一六兩	穀物ノ秤量ニ用ユ
甫	四〇斤本地秤ノ三〇斤ニ當ル	磅秤ト稱スル秤
尺	六十六寸	裁尺或ハ沙申ト稱セラレ俄名ハ符裁尺ト云フ

第七　行政

(1) 概況

縣公署ハ地方行政ノ總樞ヲ掌リ、公安局ハ公安ヲ保持シ總局ハ縣城內ニ駐シ各區ニ分局ヲ設ク、保衛隊ハ總隊部ヲ一面坡ニ置キ各區ニ正隊ヲ置キ盜匪ノ勦討ニ當リシモ二年七月警察大隊ニ改編サル、財務處ハ縣城ニ駐シ各區ニ分處ヲ設ケ縣地方財政ヲ總理ス、教育局ハ縣城ニアリテ各區ニ均シク初高學校一處或ハ二處アリ、本年ハ更ニ自衛團辦事處ヲ縣城ニ新設シ各區鄕ノ自衛團ヲ總管ス

(2) 地方行政區劃

全縣ヲ六區ニ分ツ　縣城周圍ヲ第一區トナシ一鎭十鄕アリ東南一面坡ヲ第二區トナシ一鎭九鄕アリ、南朱子營ヲ第三區トナシ八鄕アリ、西烏吉密ヲ第四區トナシ、二鎭十二鄕アリ西北亮子河ヲ第五區トナシ一鎭八鄕アリ東北元寶鎭ヲ第六區トナシ一鎭七鄕アリ

地方自治組織次ノ如シ

區ニ區公所一處アリ區長一人助理一人ヲ置ク、鄕鎭ニ各鎭公所或鄕公所一處アリ鎭ニ鎭長副鎭長、鄕ニ鄕長、副鄕長各一人ヲ置ク

然レドモ大同元年三月一日ヨリ區鎭各公所撤廢セラレ惟各鄕公所ハ或ハ鄕農會ニ併合セラレ鄕公會ト改稱ス、然レドモ鄕長副ノ名義ハ尙存在シ各該區農會ニ隷屬シ縣農會統轄ス、商務會ハ商家ノ各事ヲ總理ス

自衛團、團總、保董又各地ニ駐ス

(3) 官公吏

縣公署、財務處、教育局、公安局ノ首領並ニ該行政機關ニ於テ輔佐ノ任ニ當ル者ヲ官吏トナシ、自治機關ニ在

ルモノヲ公吏トナス、其他税捐局長ハ官吏電報電話、郵政局長ハ公吏トナス

（一）警備

本縣ニハ警察隊、滿洲國軍隊ノ外山林警備隊、及日本軍ノ駐屯アリテ治安工作ニ當ル

(1) 警務局並警察隊

警務局ハ縣街ニ駐シ各警察署ノ駐屯次ノ如シ

第一區警察署	駐縣街	行政警察隊員　一九五名 小銃　一六挺 消防署ノ設置ナシ
第二區 〃	駐一面坡	
第三區 〃	駐朱子營	
第四區 〃	駐烏吉密	
第五區 〃	駐亮珠河	
第六區 〃	駐元寶鎭	

本縣警察隊ハ大同二年七月一日保衞隊三百二十三名ヲ改編編成セルモノニシテ爾來淨淸ノ進ムニ從ヒ數度ノ改編ヲ重ネタリ

珠河縣警察大隊第一次改編組系統明細表（二年七月一日現在）

隊別	職別	主官姓名	月俸	屬員 職別額數	屬員 月俸額數	長警夫 數	長警夫 月餉	辦公費	雜費	數費	合計	駐紮地點

部隊	職別	姓名	月薪	員司	士兵	合計	辦公費	總計	駐在地
大隊本部	大隊長	楊魁武	一〇〇元	隊附 一員 六〇；文牘員 一員 四〇；會計員 一員 四〇；譯員 一員 三〇；僱員 四員 二〇	傳達從兵 一 一二；司號從兵 一 一二；從兵警士 三 一一；伙夫 二 八	一四〇	房租 五〇；視查費 二五；電話費 十一元六角六分六厘	六百四十九元六角六分六厘	第二區一面坡
第一中隊	中隊長	任玉山	五五	一分隊長 一員 三〇；二分隊長 一員 三〇；三分隊長 一員 三〇；書記 一員 二〇	從兵 一 一一；班長 九 一一；警士 八一 九；伙夫 五 八	二〇	房租 五〇；電話費 十一元六角六分六厘	千百十元角分厘 一二五六六六	第二區一面坡
第二中隊	中隊長	吳成海	五五	一分隊長 一員 三〇；二分隊長 一員 三〇；三分隊長 一員 三〇；書記 一員 二〇	從兵 一 一一；班長 九 一一；警士 八一 九；伙夫 五 八	二〇	房租 四〇	一千一百四零元	第一區烏吉密河
第三	中隊長	唐安祥	五五	一分隊長 一員 三〇；二分隊長 一員 三〇	從兵 一 一一；班長 九 一一	二〇	房租 四〇	一千一百	第四區烏

珠河縣 一八四

區分	職	氏名	月支	職	員數	月支	職	名數	月支		房租	計	駐在地
中隊				三分隊長	一員	三〇	警士	八一	九			零四元	吉密站
中隊				書記	一員	二〇	伙夫	五	八			元	吉密站
第四中隊	中隊長	張東方	五五	一分隊長	一員	三〇	從兵	一	一一	二〇	房租 四〇	一千零五十元	第一區烏吉密河
第四中隊				二分隊長	一員	三〇	班長	九	一一				
第四中隊				三分隊長	一員	三〇	警士	七五	九				
第四中隊				書記	一員	二〇	伙夫	五	八				
總計		五	三二〇		二四	六九〇		三八五	三●五三五	二二〇	二六八元三角三分三厘	五、〇三三元三角三分三厘	

摘要

一、全大隊月支餉國幣大洋　五〇三三元三角三分三厘

一、第二中隊第三分隊長　劉玉齡帶警兵三〇名暫駐一面坡

一、別ニ騎馬隊二〇名アリ

第二次改編(二年八月七日)

保衛團改編後依然淨淸ヲ續ケ八月上旬三百〇九名ヲ以テ第二次改編ヲ實行シ各隊員ニ寫眞ヲ貼附セル軍隊手帳ニ類スルモノヲ交附シ八月七日ヨリ日本軍將校指導ノ下ニ訓練ヲ受ケツヽアリ

隊號	駐屯地	兵力	兵器	彈藥	摘要
大隊部	烏吉密河（縣街）	七	―	各自二十發乃至三十發所持	
第一中隊	一面坡	八〇	八〇	〃	
第二中隊及第三中隊ノ一部	烏吉密河（縣街）	一七二	一七二	〃	八月三十一日第二中隊兵五十名逃亡ス第四中
第三中隊	烏吉密	二六	二六	〃	
騎馬隊	烏吉密河（縣街）	二四	二四	〃	
計		三〇九	三〇二	八、〇〇〇	

尚次表ノ如ク第三次改編計畫中ナリ

珠河縣警察大隊新編成表

大隊本部

職別	官階	人員
大隊長	警正	一
隊附	警佐	一
書記	警佐	一
同	巡官	一

中隊（三個中隊）

中隊職別	官階	人員	人員計
中隊長	警佐	一	三
分隊長	巡官	二	六
書記	巡官	一	三
從兵	警長	一	三

騎馬隊

職別	官階	人員	乘馬
中隊長	警佐	一	一
分隊長	巡官	二	二
書記	巡官	一	一
從兵	警長	一	一

從兵警長	一	同警士	二	六	同警士	一	一
同警士	三	班長警長	八	二四	班長警長	四	四
		隊兵警士	六四	一九二	隊兵警士	三〇	三〇
計	八	計	七九	二三七	計	四〇	四〇

警務局大同二年度豫算次ノ如シ

警務局二年度經常費豫算

職別	官別	月俸	員數	公費	合計	備考
局長	警正	一〇〇〇〇〇	一	二二五〇〇〇	三二五〇〇〇	
科長	警佐	五〇〇〇〇	六		三〇〇〇〇〇	
署長	警佐	五〇〇〇〇	六	一八〇〇〇〇	四八〇〇〇〇	六署各三〇元
譯	官	五〇〇〇〇	一		五〇〇〇〇	
隊長	警佐	五〇〇〇〇	一	一五〇〇〇	六五〇〇〇	
譒譯		四〇〇〇〇	一		四〇〇〇〇	
一等	巡官	三五〇〇〇	六		二七〇〇〇〇	全縣分所六處各一〇元
二等	巡官	三〇〇〇〇	二三		六九〇〇〇	

三等巡官	二五・〇〇〇	六			一五〇・〇〇〇	
一等警長	一六・〇〇〇	二五			四二四・〇〇〇	內有本局一等警長六月各津四元
二等警長	一四・〇〇〇	一三			一九〇・〇〇〇	內有本局二等警長二月各津四元
三等警長	一二・〇〇〇	八			一〇四・〇〇〇	內有本局三等警長二月各津四元
一等警士	一一・〇〇〇	四四			四八四・〇〇〇	
二等警士	一〇・〇〇〇	五三			五三〇・〇〇〇	
三等警士	九・〇〇〇	六八			六一二・〇〇〇	
夫役	九・〇〇〇	一九			一七一・〇〇〇	
合計		二八一			四八七五・〇〇〇	
總計四・八七五・〇〇〇						

警務局警察騎隊二年度經費豫算

職別	官別	月俸	馬糧	員數	公費	合計	備考
小隊長	巡官	三〇・〇〇〇	八	一	五・〇〇〇	四三・〇〇〇	
分隊長	警長	一六・〇〇〇	八	三		七二・〇〇〇	
三等警士	警士	九・〇〇〇	八	一五		二五五・〇〇〇	

夫役	九〇〇	一	九〇〇	
合計		二〇	三七九〇〇〇	

總計三七九・〇〇〇

警務局二年度全縣官長服裝費豫算

項別種類	數目	單價	合計	備考
官長 單軍衣帽	五二套	二五〇〇〇	一三〇〇〇〇〇	
夾軍衣帽	五二套	二五〇〇〇	一三〇〇〇〇〇	
棉軍衣帽	五二套	三〇〇〇〇	一五六〇〇〇〇	
合計			四一六〇〇〇〇	

總計四・一六〇・〇〇〇

警務局二年度長警服裝備豫算

項別	數目	單價	合計	備考
單軍衣帽	二二〇套	五〇〇〇	一一四五〇〇〇	
夾軍衣帽	二二九套	八〇〇〇	一八三二〇〇〇	
棉軍衣帽	二二九套	一二〇〇〇	二七四八〇〇〇	

便鞋	二三九雙	二.五〇	五七二.五〇
裹腿	二三九付	.五〇	一一四.五〇
靰鞡	二三九雙	三.五〇	八〇一.五〇
子彈袋	二〇〇條	.五〇	一〇〇.〇〇
雨衣	一〇〇件	八.〇〇	八〇〇.〇〇
皮大氅	一〇〇件	三〇.〇〇	三〇〇〇.〇〇
合計			一一一一三.五〇
	總計	一一・二一三・五〇	

警務局二年度雜費暨子彈費豫算

項別	數目	單價	合計	備考
房租	六處	二〇.〇〇〇	一二〇.〇〇〇	一區分所三處四區分所三處各月支二十元
修繕	二〇間	一.〇〇〇	二〇.〇〇〇	
電話	八具	一〇.〇〇〇	八〇.〇〇〇	本局署隊分所共設八具各月支二十元
電燈	二〇盞	二.〇〇〇	四〇.〇〇〇	
柴炭	三方	二〇.〇〇〇	六〇.〇〇〇	

茶水	一〇〇〇〇
醫藥	一〇〇〇〇
子彈	六六〇〇〇
	四〇六〇〇〇
總計 四〇六・〇〇〇	

警察署監督ノ下ニアル公衆娛樂機關次ノ如シ

種別／地別	縣街	一面坡	備考
戲園	三處	一處	
妓館	八家(妓女二四名)	二十家(妓女二八名)	三等妓館ナリ

(2) 自衞團

本縣自衞團ハ大同元年十月十六日省令ニ依リ設置セラレタルモノニシテ所在數五五、總辦公處六、團員一千餘名ニ達シ治安維持會設立後其ノ素質ノ調査淨化ニ努メツヽアリ

自衞團ハ烏吉密河(縣街)及一面坡ヲ除キ凡テ職業的ノモノニアリズ　兵器ハ主トシテ舊式ニシテ彈藥乏シク第一區烏吉密河自衞團ヲ除キ強力ナルモノナシ給養ハ該地所在ノ農民ノ負担ニシテ事變以來困窮甚シ自衞團ノ壯丁團ヘノ改編ハ未タ實現ニ至ラズ

尙第一區河東農場地ノ自衞團ハ從來同所農民約三十餘名ヲ以テ二組ヲ組織シ團員ニ對シ哈洋八元ノ手當ヲ給シアリシモ二年三月勸業公司ノ鮮人移民收容ノコトアリテヨリ縣當局ニ計ルコトナク六月末鮮人ヲ以テ更ニ自衞團ヲ組織セントセルニ因リ從來ノ自衞團ノ希望ニ基キ銃器ハ同地日本領事官警察官派遣所ニ保管シ後日同公司ニ賣却スル約束ノ下ニ八月十七日解散セリ

自衞團一覽表（大同二年七月二十一日現在）

區別	團總辦公處	保董	團員	銃器	彈藥	備考
第一區	在縣城街	一一	二四七	小銃 一一七 洋砲 九八	小銃彈 三五〇發 洋砲彈 四〇、五斤	縣街 四名 保董 長發郷 東安郷 龍村郷 富國郷 南平郷 興隆郷 朝陽郷 各一名
第二區	在一面坡街	一〇	二二三	小銃 二一五 洋砲 九七	小銃彈 三〇〇發 洋砲彈 一七、五斤	一面坡 六名 保董 長仁郷 三陽郷 台安郷 石門郷 各一名

第三區	在一面坡街	六	一一九	小銃七一 洋砲四六	小銃彈一八五發 洋砲彈一一斤	保董 金滿鄉　青川鄉 康樂鄉　德潤鄉 珠平鄉　金沙鄉 各一名
第四區	在烏吉密街	八	二四〇	小銃一七二 洋砲六〇	小銃彈二四五發 洋砲彈七斤	保董 烏吉密街二名 小九站、世文鄉 東紅石砬子、三股六屯 西紅石砬子、安富鄉 永清鄉、各一名
第五區	在亮珠鎮	七	一二六	小銃八四 洋砲四三	小銃彈二二〇發 洋砲彈九斤	保董 長安鄉　雙仁鄉 興安鄉　俟林鄉 富永鄉　長治鄉 成功鄉　各一名
第六區	在元寶鎮	七	一二九	小銃一二 洋砲一〇四	小銃彈九〇發 洋砲彈一四、五斤	保董 楊家店　鎮南村 元寶鎮　忠信村 裕民村　居仁村 磐石村　各一名

合計	六	四九	一、〇八四	小銃六七一 洋砲四四八	小銃彈一、三九〇發 洋砲彈九九、五斤

備考　此ノ外ニ一面坡ノビール會社掩護ノ私設自衞團アリ

(3)　吉林警備第二旅第四團

大同二年四月八日午前二時一面坡ニ來任兵力約九百積極的勦匪ニ當ル成績比較的良好ナリ第四團團長蔡文三ナ

(4)　山林警備隊

大同二年三月二十八日延壽縣駐在ノ山林警備隊第三營ノ一連（兵力約一百）ハ司令官ノ命ニヨリ珠河縣第六區元寶鎭ニ來駐ス多ク匪賊上リナルヲ以テ素質不良ニシテ寧ロ治安ヲ紊スノ狀態ニアリ同隊ヲ指揮スル統帶自身モ滿人隊兵ニ對シ嚴重ナル警戒ヲナシ統帶ノ衞隊ト稱スルモノハ全部露國人ヲ使用スルノ狀ナリ　治安維持上之ガ對策ヲ軍政部當局ニ要望シツツアリ

(5)　日本軍守備隊

當縣內ハ比較的日本軍隊ノ駐屯多ク一面坡ニハ旅團司令部步兵第四十聯隊本部仝第一大隊本部憲兵分遣隊等駐屯シ而シテ一面坡ノ守備ニハ步兵第四十聯隊第一大隊縣城ノ守備ニハ同聯隊第三大隊第九中隊各々任シ治安維持ニ當リツヽアリ

(6)　匪狀

本縣ニハ尚稍々大部隊ナル匪賊アリテ縣境近キ山林ヲ利シテ隣縣ニ出入シ或ハ縣內ニ起伏スル諸山ニ據ル別表ニ示ス外更ニ紅槍會匪約三〇〇アリテ（匪首單克義、王自謙）盛ニ反滿抗日ヲ企ツ一面坡及烏吉密河ハ事變前共產黨ノ策源地ナリシモ現今極メテ潛行的トナリ高麗共產黨及韓國獨立黨ハ此ノ方面ニ流入シ來レリ

匪首名	系統	性質行動ノ特徵	匪數	兵器	行動地區	其他
征東 仁義 南俠	紅馬賊	稍殘忍性ナリ時々小部隊ニ分レ行動スルシ特徵トス	三〇〇	約半數位小銃ヲ有ス他ハ紅槍ヲ携帶彈藥豐富ナラサルカ如シ	楊家庄一帶	
四海 佔北	同右	特質トシテ別ニナシ	二五〇	不詳	鷄爪頂子一帶	
青山好 平東	同右	〃	二〇〇	約半數ハ小銃ヲ有ス彈丸ハ前同樣	沙溝子一帶	
西省	同	〃	二〇〇	小銃全部ヲ有ス	九站東北溝	
跨海	同	〃	三〇〇	同	鞭杆台一帶	延珠兩縣ニ行動ス
五省	同	〃	七〇	不詳	半截河子一帶	
寶勝	同		一〇〇	各自小銃ヲ有ス	石頭河子	
西雙勝			一〇〇	同	元寶鎮	
金山			七〇	同	六棵楊一帶	

計	一〇、五九〇
備考	

(7) 縣城防備壕

縣城ノ防備ヲ鞏固ナラシムル爲縣城ノ周圍ニ幅八尺深サ六尺壕底四尺餘全長五支里ノ外壕ヲ施セリ、土工費ヲ除キ概算四千五百元將來壕幅一丈深サ七尺ニ改築ノ預定ナリ

(二) 教育

(1) 現況

本縣ノ教育ハ未ダ遲レ中等以上ノ教育機關ノ設備ナシ小學校計十四處、四十六班、一千五百餘ノ生徒ヲ有セシモ事變以來殆ド閉校ノ已ムナキニ至リ、大同元年五月縣城匪賊ニ占據セラレ縣立三校、七校、十校ハ悉ク焚燬セラレ其ノ他ノ學校モ被害ヲ被ルコト甚シカリシモ同年九月一日以來漸次回復シ現今男女學校八處、二十六班八百三十九名ノ生徒ト職員四十八人ヲ有ス

從來本縣ハ若干ノ授業料ヲ徵收シ來レルモ現今農家ノ困窮ニ鑑ミ免除シアリ、且縣財政ノ疲弊ノ爲メ各教員ノ俸給ヲ支辨スル能ハズ現今無報酬ニテ犧牲的奉仕ナリ

社會教育機關トシテ民衆學校十處アリシモ事變以來全部閉校シ今日ニ至ル

（大同二年九月現在）

校名＼事項	種別	所在地	職敎員	學生	現在每月經費	因事變休校時日	開校時日	備考
○第一校	高級初級小學	縣城	七	一八一	三四三	元年三月一日	元年九月一日	
○第一女校	仝	仝	七	二〇八	三四一	仝	仝	
○第二校	仝	一面坡	六	一五四	二九六	元年五月七日	仝	
第二女校	仝	仝	六	一五七	二九六	仝	仝	
第三校	初級小學	朱子營				元年三月一日		因事變停辦
○第四校	高級初級小學	烏吉密	七	一五六	三四一	元年三月一日	元年九月一日	
○第五校	初級小學	小九站	四	九三	一八七	仝	仝	
第六校	仝	小亮珠河	二	三七	九一	仝	二年三月一日	現因匪患於六月十五日暫行停辦
○第七校	仝	元寶頂子	四	九八	一八九	仝	元年九月一日	現因匪患於六月二十八日暫行停辦
第八校	仝	北台子				仝		因事變停辦

○第九校	仝	富貴橋東	四	一二〇	一八七	仝	元年十一月一日	
第十校	仝	小石頭河子				仝		因事變停辦
第十一校	仝	小亮珠河溝口				仝		仝
第十二校	仝	福民鄉				仝		仝
合計			四七	一二〇四	二二六九			○印ハ開校
說明	事變前全縣共有學校十四處事變時第三校第十校校舍校具完全被焚第八校第十一校第十二校校具損失故均未開學比較事變前減少學校五處							

(3) 珠河縣教育經費數目及現在狀態

事項／機關別	每月經費	全年經費	現在狀態
教育局	五七三•〇〇〇元	六•八七六•〇〇〇	截至本年六月底積壓經費至十五個月有餘計吉大洋八千六百六十八元二角
教育會	八〇•〇〇〇	九六〇•〇〇〇	截至本年六月底積壓經費至十六個月有餘計吉大洋一千三百十六元二角六分

各學校	二·四五一·〇〇〇	二九·四一二·〇〇〇	截至本年六月底積壓經費至六個月有餘計吉大洋一萬五千三百五十九元九角一分
合計	三·一〇四·〇〇〇	三七·二四八·〇〇〇	以上三項共積壓經費吉大洋二萬五千三百四十四元三角七分九扣哈洋二萬二千八百〇九元九角三分
說明	查本縣敎育經費截至本年六月底敎育局積壓十五個月有餘敎育會積壓十六個月有餘各學校積壓六個月有餘共積壓吉大洋二萬五千三百四十四元三角七分按九折合哈洋二萬二千八百零九元九角三分此外修繕購置費積壓哈洋六百七十四元六角六分初則由本局籌款若干各校籌款若干尚可維持現在本局各校均無款可籌服務人員不但對於家族生計無法維持卽其個人亦有枵腹之虞若不急圖救濟則本縣敎育勢必停頓合併據實說明		

(4) 珠河縣學田狀況表

數量	所在地	備考
熟地五十一垧荒地二十三垧八畝六分	珠河縣一區螞蜒河東石門山	敎育局經營以後卽値事變均已荒蕪故無收入
荒地四垧九畝九分	珠河縣一區富貴橋東	該地不堪耕作四至內有磚窰三座因事變以來無人租窰燒磚故無收入
說明	此項學田均由敎育局經營保管	

（三）財政

本縣地方税收入ノ大宗ハ垧捐、糧捐ノ二ナルモ事變以來田園荒廢ニ歸シ、民國時代ノ十分ノ一ニ減少セリ、之ガ爲メ縣行政諸經費ハ國家ノ補助費ニ依ッテ辛ウジテ支辦シ來レリ

且民國二十年ニ於ケル永衡官銀號ヨリノ借款吉大洋四萬元（利率一分四厘）モアリテ縣財政ハ極度ニ疲弊ス

(1) 珠河縣地方財務處徵收税目表

<table>
<tr><th>税種目</th><th>税率徵收方法</th><th>大同元年度豫算額</th></tr>
<tr><td>垧捐</td><td>毎垧收洋一元八角</td><td>一七・二六二・〇七</td></tr>
<tr><td>糧捐</td><td>按賣價値百抽二</td><td>三五・五六一・二三</td></tr>
<tr><td>木捐</td><td>按賣價値百抽二</td><td>六一八・〇七</td></tr>
<tr><td>炭捐</td><td>毎火車收洋二元</td><td></td></tr>
<tr><td>妓捐</td><td>二等毎妓收洋三元、三等二元</td><td rowspan="2">七七六・二一</td></tr>
<tr><td>戲捐</td><td>戲園毎天收納一元</td></tr>
<tr><td>屠宰捐</td><td>宰牛（一頭一元五角、猪一口五角、羊一隻二角</td><td>四・二九四・九七</td></tr>
<tr><td>旅店捐</td><td>旅客毎人毎宿收洋二分</td><td></td></tr>
<tr><td>營業車捐</td><td>馬車一元、人力車二角</td><td>二九一・三二</td></tr>
</table>

汽車捐	大號十元、小號六元		
車牌捐	另有章程		五・二一六・七五
屠宰捐	牛一元、猪三角、羊二角	（旅店猪牛捐ナラン）	一・二八〇・〇〇
營業附加捐	按賣殘値百抽一		九九四・二三
店舗簿費	店簿六角五分、舗簿六角		
許可證費	二等妓女二元、三等一元		
	建築營業各一元		
檢費	毎垧收洋二角		
地方捐罰金			一七・九六
合計			六六・三一二・八〇

大同元年自三月至十二月底實收額

糧捐 二一・六三〇・〇〇元

雜捐 一三・〇七七・〇〇

計 三四・七〇七・〇〇

(2) 田賦ノ徴收狀況

本縣升科熟地四萬垧年納入スベキ大租吉洋五角縣公署代徵ス

(3) 大同元年度支出豫算額

財務處	一一・六一五・六〇元	
警務局	三二・六一九・五一	
教育局	一三・八二二・〇〇	
保衞團	五八・九一二・二二	(大同二年七月一日警察隊ニ改編サル)
游巡隊	二・四九四・八〇	
農事試驗場	二三一・〇一	
屠宰場經費	二・四九四・八〇	
協助費	三・三四一・〇六	
預備費	一三・七六一・七七	
計	一三九・二九二・七七	

(4) 國稅徵收狀況

大同元年度國稅徵收額約十萬元ニシテ一面坡國稅徵收局ニ於テ管理ス

(5) 官公有財產

官有財產

縣公署磚牆鐵蓋房屋一百八十餘間（教育局、財務處、公安局、監獄等其內ニアリ）

公有財産

農事試驗場田地三垧七畝

(6) 官業

鹽倉　一面坡ニ在リ其銷鹽數目（自大同元年一月至元年十二月）次ノ如シ

銷鹽担數　一六・二四一

收入欵數　哈洋　一九七・七三八元

現洋　四二・九〇四元

鴉片　濱江第二區批發鴉片八ノ販賣區域ニ屬ス

（四）司法

事變以來兵匪ノ擾亂ニ縣民他地ニ移住シ境內ニ止ムル者ハ多ク貧困無力ノ者ノミニシテ今日尚移住者ノ歸還無ク之ガ爲メ民刑事事件又少ナシ然レドモ民事ニ比シ比較的刑事事件ノ多キハカヽル事情ニ起因スルモノト思ハル

本縣司法機關ハ縣公署內ニ存スル司法科及監獄ニシテ現在收容セル犯人六十七名ナリ、本年度ニ於ケル民刑案件次ノ如シ

民事	三
刑事	三三

本縣司法關係管轄次ノ如シ

珠河縣ヲ管轄スルモノ

第一審　珠河縣兼理司法縣公署

第二審　濱江地方法院

第三審　吉林高等法院

東省特別區ヲ管轄スルモノ

第一審　特別區地方法院橫道河子第一分庭（橫道河子站）

北鐵之一段由一面坡車站東方之車站標誌起至綏芬河邊界止

第二審　特別區地方法院（哈爾濱道裡地段街）（東至一面坡西至富爾南、南至長春）

第三審　特別區高等法院

（五）宗教

本縣民ニ信仰セラルル宗教ハ儒教、佛教、道教、基督教及天主教ノ五種ニシテ儒教信者最モ多シ

教會傳道所道觀次ノ如シ

文廟	現在未建築
寺廟觀祠	六
基督教會	二

天主教會　一

宗教別信者次ノ如シ

儒教	二、五七〇
佛教	三一
道教	二〇
基督教	二三〇
天主教	七七

(六) 衛生

縣民ノ公衆衛生思想ハ未ダ極メテ低ク警務局ヨリ專任防疫官ヲ日々派遣シ民衆衛生思想ノ喚起並ニ食料品ノ取締等ニ當ル

縣內病院ノ設備ナク唯西洋醫四家、滿醫藥六家アルノミ

多ク見ル病次ノ如シ

	患者數	死亡者數
天花(天然痘)	五一	一〇
赤痢	一〇一	二〇
腸窒扶斯	一二一	一四

班疹傷寒	七	一
猖紅熱	五	一
流行性腦脊髓膜炎	一二	三
計	二九七	四九

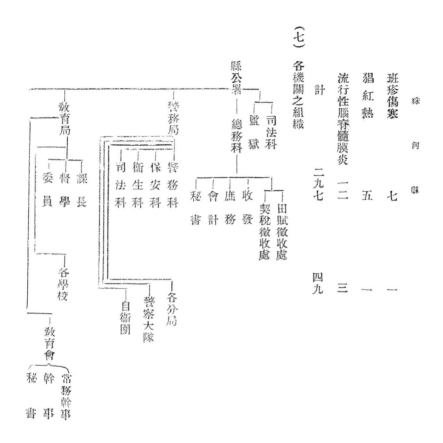

（七）各機關之組織

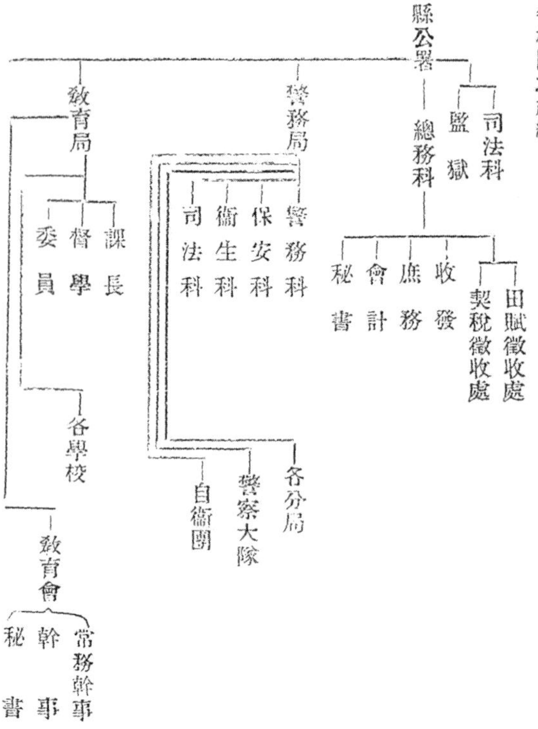

財務處
- 稽查
- 文牘
- 會計
- 收捐

各地分處

縣農會——農事試驗場

縣商務會（在縣城＝烏吉密河、一面坡、烏吉密）

稅捐局（在一面坡）

電報局

電話局

郵政局

鹽倉（在一面坡）

自衛團辦事處

吉林警備隊

山林警備隊

治安維持會

日本軍守備隊

日本領事館一面坡警察分署　河東警官派遣所

延壽縣圖

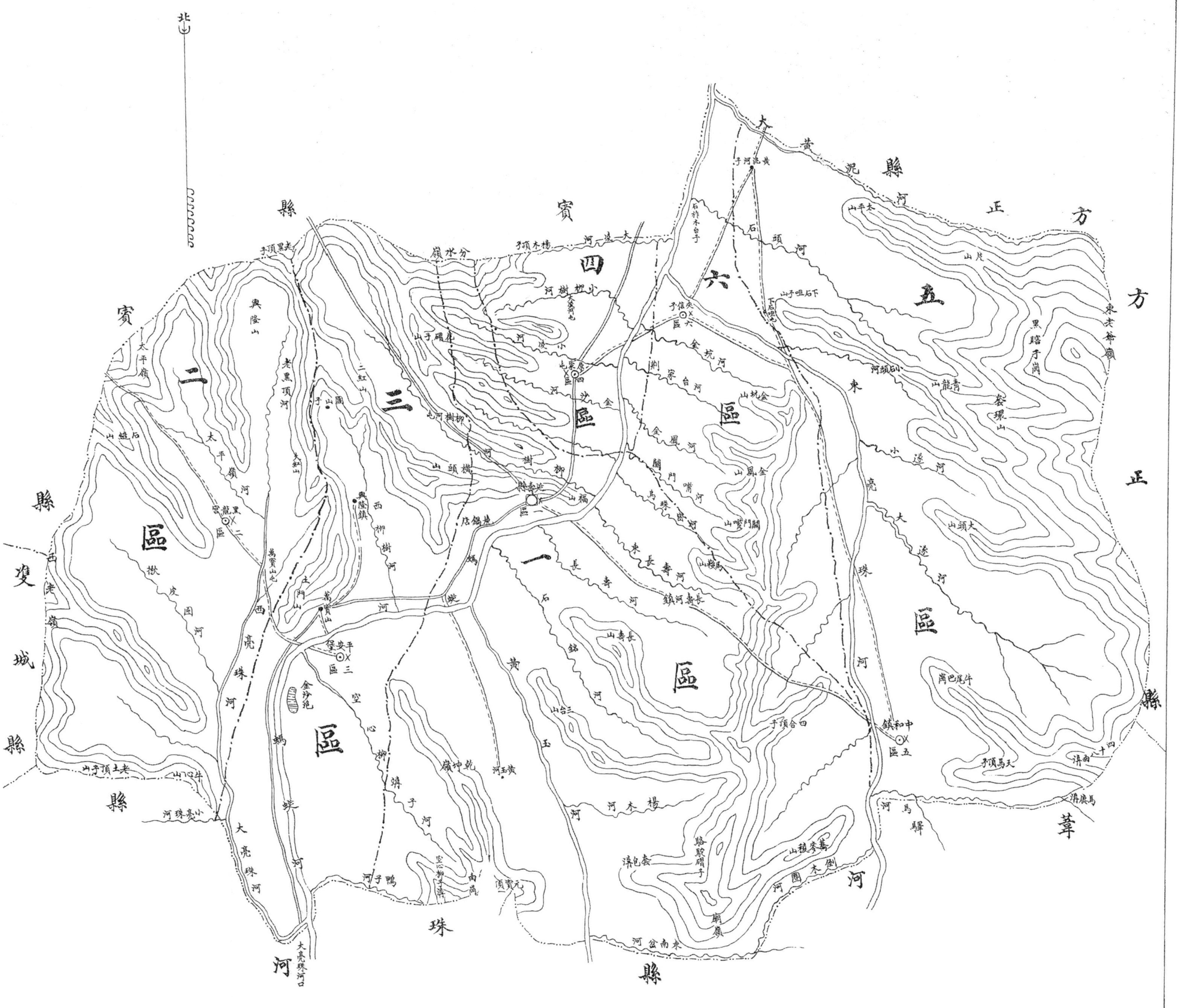

延壽縣

目次

延壽縣目次

延壽縣

第一　地史

本縣ノ開拓ハ前清光緒年間ニシテ光緒五年開墾ヲ奬勵シ荒地ノ拂下ヲ行ヒシ時ニ始マル
光緒二十九年ニ至リ縣政行ハレ長壽縣トナリ次デ民國三年ニ同賓縣ト改稱シ民國十八年再ビ改稱延壽縣トナリ現在ニ至ル

第二　位置

本縣ハ吉林省城ヨリ北方五百四十里ノ所ニ位シ北緯四十五度三十五分東經百二十九度九分ノ間ニ介在シ哈爾濱ヨリ東北三百六十里ニアリテ東ハ方正縣南ハ葦河縣西ハ雙城縣ノ一隅ニ接シ西南ハ珠河縣北ハ賓縣ニ接ス

第三　地勢

本縣ハ全境山多ク平原少クシテ森林地帶ヲナス

一、山脈

本縣最大ノ山脈ハ東老爺嶺ニシテ長白山脈ヨリ發源ス其他山脈ハ皆均シク東老爺嶺ノ分嶺ナリ

二、河流

本縣主要ノ河流ハ瑪蜒河ニシテ畢展窩吉山ニ源ヲ發シ本縣ヲ二分シテ東北ニ流レ方正縣ニ至リ松花江ニ注グ其他黄玉河等大小三十餘アルモ概ネ水深尺餘幅一丈餘ニシテ行船不能均シク瑪蜒河ニ注グ

瑪蜒河ハ大同元年ノ北滿大水災迄ハ船足淺キ船ノ航行アリシモ該水災後荒廢甚シク目下不能ナリ

主ナル河川左ノ如シ

一、瑪蜒河
二、黄玉河
三、大亮珠河
四、西亮珠河
五、東亮珠河

第四 面積 戸口

一、面積

本縣全境東西ノ廣サ二百十五里南北長サ百十里ニシテ合計面積二萬三千六百五十方里ナリ

既耕地	六五・三八八垧
荒地	
A.可耕地	一〇四・六一二垧
B.不可耕地	二五・〇〇〇垧
山林	二五五・〇〇〇垧
合計	四五〇・〇〇〇垧

二、戸口

延壽縣戸數人口調査表

大同二年八月現在

種別 / 區分	全縣 戸數	全縣 人口 男	全縣 人口 女	縣城 戸數	縣城 人口	農村 戸數	農村 人口
滿洲人	二六・二三五	九〇・三五六	五九・二〇九	二・一三七	一八・五〇七	二四・〇九八	一三一・〇五八
日本人 内地人	一	一	三	一	四		
日本人 朝鮮人	二〇六	五九四	四一四	六	五一	二〇〇	九五七
ロシヤ人							
其他							
計	二六・四四二	九〇・九五一	五九・六二六	二・一四四	一八・五六二	二四・二九八	一三二・〇一五

（イ）職業別戸口數

農業　全境　二萬一千八百十三戸　四萬八千百二十五人

工業　全境　三千百二十四戸　九千八百二十五人

商業　全境　二百八十三戸　一萬一千二百八十四人

（ロ）主要都市戸口數

延壽城　全市　一千八百八十一戸　八千二百九十三人
嘉信鎭　全市　四百八十五戸　二千六百二十五人
興隆鎭　全市　三百十一戸　二千十八人

（八）　出生及死亡數

本年出生　男女合計　二萬一千八百三十二人
本年死亡　男女合計　九千八百九十三人

第五　行政

一、縣内各官署

縣城内ニ縣公署其他各官署アリテ其事務ヲ遂行ス

今代表的機關ヲ擧グレバ左ノ如シ

縣公署
警務局
教育局
地方財務處
電話局
農事試驗場

税捐局
郵政局
硝磺局
自治機關トシテ
縣農會
縣商會
縣教育會

前任縣長李春魁氏ハ大同元年十二月着任多大ノ私産ヲ投ジテ縣内行政財政ノ整備ニ盡力シ現縣長貟綬清氏ハ大同二年十二月任命セラル本年四十五歲青島禮賢書院修業北鐵路警處諮議タリシ人ナリ

參事官鈴木三藏副參事官奥出勇共ニ大同二年二月ニ入縣引續キ縣政刷新指導ニ盡力中

二、財政

本縣ハ特ニ縣城ハ大同元年十一月末迄紅槍會ノ根據地タリシモノニシテ縣長以下ノ縣官吏等ハ匪賊ノ任命ニ依リシモノニシテ縣城内ノ住民ニ對シテハ重税ヲ課シ時ニハ掠奪行爲ニ出ヅル等ノ暴行ヲ敢テセル結果民力極度ニ疲弊シ見ルニ忍ビザル慘狀ナリシヲ以テ財政困難ナリ然シ本年秋季收穫期ニ入レバ少ナカラズ緩和サレル見込ナリ

國税　大同二年度收入預想

(一)田賦　四三・〇〇〇元(永洋)

(一)契稅	一一・〇〇〇元(永洋)

地方稅　大同二年度收入預想

(一)垧捐	一四二・三九〇元(國幣以下同)
(一)銷塲附加稅	二〇・〇〇〇元
(一)糧捐	四五・〇〇〇元
(一)電話費	二・〇〇〇元
(一)旅店捐	三〇〇元
(一)屠殺捐	四〇〇元
(一)妓捐	一六〇元
(一)車牌捐	七・〇〇〇元
(一)汽車捐	五〇元
(一)木捐	三〇元
(一)戲捐	二〇〇元
(一)商捐	五五元
(一)公產租粮	九〇〇元
合計	二一八・四八五元

延壽縣徵收地方捐一覽表

目別	捐率
晌捐	每晌大洋一元一角
營業附加税	賣上高ノ百分ノ一
糧捐	賣上高ノ百分ノ二
木捐	賣上高ノ百分ノ二
旅店捐	旅客一泊ニ付キ二分
車捐	別ニ章程アリ
汽車捐	大號月收十元小號六元
屠宰捐	牛一頭六角猪一頭三角羊一頭二角
妓捐	二等每妓月大洋三元三等二元
戲捐	每日收洋三元
商捐	商會每月六元

延壽縣支出預算（大同二年度）

一、警務局支出預算額

薪俸　三五・〇四六元（國幣）

辦公費　一・八九九
臨時費　八・七五五
總　計　四五・七〇〇

一、地方電話局支出預算額

薪俸　三・六七一・六四元
辦公費　八一六・三〇
臨時費　三・〇四九。〇六
總　計　七・五三七・〇〇

一、教育局支出預算額

薪俸　一七・三六一・〇〇元
辦公費　三・五九七・〇〇
臨時費　一一・四三〇・〇〇
總　計　三二・三八八・〇〇

一、教育會支出預算額

薪俸　一・一五二・〇〇元
辦公費　一三二・〇〇

總計 一・二八四・〇〇元

一、農事試驗場支出預算額

薪俸	一・五七五・〇〇元
辦公費	二一五・〇〇
總計	一・七九〇・〇〇

一、商會支出預算額

薪俸	一・六八三・〇〇元
辦公費	二〇五・〇〇
臨時費	ナシ
總計	一・八八八・〇〇

一、診療所支出預算額

薪俸	一・三五〇・〇〇元
辦公費	八三五・〇〇
種痘費	ナシ
總計	二・一八五・〇〇

一、縣公署所屬農會支出預算額

薪俸	一・一二五・〇〇元
辦公費	一五九・〇〇
總計	一・二八四・〇〇

一、地方財務處支出預算額

薪俸	九・〇九九・〇〇元
辦公費	一・二九五・〇〇
總計	一〇・三九四・〇〇

延壽縣支出預算總計 一〇三・九五〇・〇〇元

三、警備關係

(イ)警務局

全縣ヲ六區ニ分ヲ各區ニ警察署ヲ設ケ必要ナル地點ニハ分署ヲ派シ署員合計二百七十名

各區所在地

第一區 縣城正西門裡南

第二區 龍宮鎮

第三區 平安鎮

第四區　原家屯

第五區　中和鎭

第六區　嘉信鎭

警務局長ハ宣文語氏當二十六歲陸軍軍官學校畢業前ニ營長連長タクシ經歴アリ本縣ニハ大同二年一月七日任命セラル

警務指導官ハ稻見悅美、山崎要次郎兩氏夫々大同二年九月及ビ十一月ニ任命セラル

(ロ)警察大隊

延壽縣城ハ大同元年十一月末迄紅槍會ノ根據地タリシモノニシテ縣長以下ノ縣官吏等ハ匪賊ノ任命ニ依リシモノニシテ縣城内ノ住民ニ對シテハ重税ヲ課シ時ニハ掠奪行爲ニ出ヅル等ノ暴行ヲ敢テセル結果民力極度ニ疲弊シ見ルニ忍ビザ慘狀ナリシヲ以テ十二月初旬當時延壽縣保衛團長タリシ常方祥(現警察大隊長)ハ部下約四百ヲ集結シ縣城内ノ紅槍會匪ヲ討伐シ之ヲ城外ニ驅逐シ直チニ城内ニ入リ治安維持ニ任ジツヽアリシ所正式ニ縣長及縣參事官屬官等ノ任命ヲ見ルニ至リ漸次治安ハ恢復スルニ至レリ

大同二年六月下旬常保衛團長ノ率ユル保衛團ノ四百及地方ニ分駐スル保衛團約二百ヲ縣警察隊ニ改編シ其後引續キ其素質調査中ニシテ不良者及老朽者ノ淘汰及幹部ノ人選ヲ行フ計劃ニテ淨化整理ニ努メツヽアリ

隊長ノ經歴

大隊長　常方祥　當六四年

元延壽縣保衛團總隊長トシテ活躍シ老齡ナルモ志操堅實ニシテ勇敢ナリ　滿洲國成立ニ對スル信念鞏固ニシテ大隊長トシテ好適任ト認メラル

延壽縣警察大隊編成表

隊號	隊長	兵力	駐屯地	銃器	彈藥	摘要
大隊本部	常方祥	五	縣城	―	―	
第一中隊	韓行舟	一〇三	同	九九	各人約二十乃至三十發	
第二中隊	宋慶和	一〇三	同	九九	同	
第三中隊	袁海德	一〇三	馬鞍山	九九	同	
第四中隊	吳甲山	一〇三	中和鎭	九九	同	
第五中隊	喬德功	一〇四	黑龍宮	九九	同	
騎兵中隊	王中山	六九	縣城	七〇頭	同	
計	七	五九〇		四九五		

（ハ）自衛團

本縣ニハ職業的自衛團ナシ

各自衛團ハ「己ノ郷土ハ己テ守ル」ノ主義ヲ採リ警察隊ノ現況ニ鑑シ當分ノ中自衛團ハ守勢ニノミ陷ルコトナク

小匪賊ヲ積極的ニ討伐スルノ能力ヲ附與セシムル計畫ニ基キ日軍ノ勦匪ニ附隨セシメ實地ニ勦匪ノ方法等ヲ訓練スルト共ニ日軍勦匪ノ餘暇ニハ各地團總ヲ招致シ種々訓練ヲ行ヒツヽアルモ匪賊跳梁ノ甚シキ第五六區自衛團ノ訓練ハ意ノ如クナラズ

又不良自衛團ノ匪化セルモノナク素質概シテ可ナリ

本縣自衛團一覽表次ノ如シ

延壽縣內自衛團一覽表　（昭和八年）大同二年八月現在

團體別	團長	團長履歷ノ概要	地方信望良否	團員數	裝備 小銃	裝備 彈藥	素質	經費ノ出所	給養狀態
縣城	張文玉	延壽縣城人四八歲元保衛團長二年一月團長トナル	良	二〇	20	(600)	可		一般ニ良好ト認メ難シ
第一區（長壽河）	袁德興	延壽縣壽山鄉人五五歲元農會長二年一月團長トナル	良	一二〇	120	(2,000)	可		
第二區（黑龍宮）	喬德功	延壽縣秋皮鄉人四七歲元農二年一月團長トナル	最良	一三〇	130	(3.400)	良好		
第三區（興隆店）	王純德	延壽縣抑河鄉人三七歲元農二年二月團長トナル	最良	一五〇	150	(3.000)	良好		

第四區（哀家店）	吳俊卿	延壽縣凌河鄉人四七歲元農二年一月團長トナル	良	七〇	60	(1.200)	良好
第五區（中和鎮拉拉屯）	王占春 阮書磬	延壽縣中和鎮人四六歲元農二年三月團長トナル 延壽縣寶興鄉人三九歲元農二年三月團長トナル	普通	三〇	23	(500)	良好
第六區（夾信子）	李德才	延壽縣夾信子人三五歲元農二年六月團長トナル	普通	五〇	40	(800)	山林警備隊第九連第十二連本年五月反亂後其兵數武器彈藥ノ豐富ニ壓迫サレ目下之ヲ監視スル程度以上ノ活動ヲ望シ得ズ
備考	一、彈藥數ハ本年一月調ベニシテ一般ニ過少ナリ近ク調査ノ上整理ヲ行フ筈						

延壽縣內匪賊情況一覽表

頭目氏名	系統	性質行動ノ特徴	匪賊數	兵器	行動地域	其他
東山好 大山 雙塔 助國	純馬賊	兇暴ナラザルモ滿洲國官憲ニ對シテハ勇敢ナリ日本軍之ヲ討伐スレバ直ニ密林内ニ遁入シ去レバ再ヒ治頭蠢動ス	三〇〇	大部ハ小銃ヲ有ス 彈藥數未詳	夾信子附近ヲ遊動ス	約半數ハ元山林警備隊ノ逃亡セシモノナリ
壓東洋 南俠 四海	同右	同右	一五〇	大部ハ小銃ヲ有ス彈藥ハ豐富ナラザルカ如シ	延壽東南方延珠縣界ヲ遊動ス	珠河南方地區ヲ遊動スルコトモ屢々アリ

壓滿洲 占西川	同右	同右	二〇〇	同右	同右	跨海匪ト合流スルコト屢々アリ
天下好 大方字 其他	士匪	三四十名ノ一團トナリテ縣界附近ノ山林內ニ蟄伏シ時々出テテ農民ヲ脅スコトアリ勢力弱小	總數約一五〇内外	小銃ヲ所持スルモノ約半數内外ナルガ如シ	縣界附近諸所山林內ニ在リ	
備考	一、本表外縣內東方山地內ニ匪首王德林（純馬賊ナルガ如ク兵力二百ト稱ス）ナルモノ居ルガ如キモ詳細偵察中					

第六　產業

本縣ハ農業ヲ主トシ林業之レニ次キ家畜ハ各農家ニ使役ノ爲飼育セラレ豚ノミハ副業的ニ鷄ハ極メテ少數ナリ水災及匪賊ノ爲メ豚及鷄ハ極メテ減少セルモ目下盛レニ繁殖中ノ如シ

一、農業

本縣耕地面積　二千九百四十五方里

本縣作付垧數　六五・三八八垧

本縣既墾地垧數　一一〇・一八三垧二分

農業戶數　本縣全境　二萬一千八百十三戶

農業從事人員　本縣全境　四萬八千百二十五名

自作地小作地別耕地面積

本縣自作地面積　一千九百五十五方里

本縣小作地面積　九百九十方里

農產物年收穫高

大豆	九〇・〇〇〇石
高粱	五九・五〇〇石
包米	一〇五・〇〇〇石
粟	四五・〇〇〇石
小麥	三・七五〇石
大麥	一・〇〇〇石
水稻	八・一八〇石
其他	
干草	二三・〇〇〇・〇〇〇斤
薪	一〇・〇〇〇丈
木炭	一・〇〇〇・〇〇〇斤
石炭	一〇〇・〇〇〇斤

生野菜　一・〇〇〇・〇〇〇斤

家畜

本縣家畜及家禽數

馬	四・四五四頭
騾	一・四五三頭
驢	二二四頭
牛	二・一七七頭
羊	一〇二頭
豚	七八・七〇五頭
鷄	三・六五四頭

屠畜數

延壽縣城嘉信鎭興隆鎭龍宮鎭平安鎭中和鎭各每日屠猪約七頭ニシテ一年ノ屠殺猪二千五百二十頭ニ及ブ

延壽縣城内屠牛數一年二百十頭

二、林業

昨年十一月參考資料ヲ紅槍會匪ニ燒却セラレ調査資料少シ

縣内ニハ森林地帶多ク各林區共已ニ百年ヲ經タル樹木多クシテ主トシテ松類楡類ナリ

次表ニ延壽縣森林面積及立木蓄積量ヲ記載ス

	森林面積	立木蓄積量
石頭河	一一〇方里	三・五六四・〇〇〇
大溝	三〇	九七二・〇〇〇
四方台	五〇	一・六二〇・〇〇〇
四合頂子	一二〇	三・八八八・〇〇〇
烏珠密河	二〇	六四八・〇〇〇
文帳頂子	四〇	一・二九六・〇〇〇
玉泉山	一五〇	四・八六〇・〇〇〇
石銘河	六〇	一・九四四・〇〇〇
合計	五八〇	一八・七九二・〇〇〇

三、商業

一般狀況

事變後永ク跳梁ニ委カシ居リシ爲メ衰微甚シカリシモ本年ニ入リ漸次囘復シ縣城ニ於テハ事變前ノ十分ノ七見當ニ迄囘復セリ縣城外ハ盛ンテラズ

商戶種別數（縣城）

雜貨商	二五
糧商	七
飯店	二〇
皮商	五
木商	四
鞋商	四
藥商	六
鐵商	五
印刷業	三
理髮業	八
染商	二
成衣業	九
洋鐵業	三
擺床	三五

大同元年度本縣ノ貿易高

移入　國幣　七三二一・二三六元

移出　國幣　一〇六〇・六五四元

右輸出品中主要品ハ　大豆、豆粕、小麥、稻米、木材

右輸入品中主要品ハ　綿布、砂糖、礦油、麵粉、雜貨

次ニ本縣ノ物價ヲ示セバ次表ノ如シ

品名	名柄	量數	民國一九年三月	民國二〇年三月	大同元年三月
白酒	本地燒鍋製造	一觔	元・二二分	元・二〇分	元・一八分
老酒	本城酒局自造	一觔	・二〇	・二〇	・二〇
麥酒	三號	一市子三十斤	三・四〇	三・二〇	三・七〇
豆油	本地自造	一觔	・二二	・二〇	・一八
豆粕	本地自造	一塊	・六〇	・五〇	・三〇
鷄卵	農民家畜	一〇個	・三〇	・二五	・二〇
木柴	農民由山運售	一丈	八・〇〇	七・〇〇	五・〇〇
綿布	外運尺布每件四十疋	一疋	五・〇〇	五・五〇	四・八〇
花其布	文珠	一疋	二三・〇〇	二〇・〇〇	二一・〇〇
坎布		一疋	二五・〇〇	二三・〇〇	二一・〇〇

西花	棉花	一觔	一・五〇	一・〇〇	・九〇
葦蓆	丈二	一領	二・五〇	二・二〇	一・八〇
砂糖	青皮糖	一觔	・二二	・二四	・二八

四、工業

延壽縣ノ工業ハ大資本ノ組織ナシ

本縣ノ工場數ハ計二百三十一個處ニシテ從業者ハ四百名ナリ

而シテ本縣工業生産額ハ合計二十五萬四千百元ニシテ工場勞働者ハ合計八百十八名ナリ

主要工業ヲ列擧セバ左ノ如シ

A. 油房業

本縣内油房業ヲ營トモノ大小合計五十一個處ニシテ今左ニ主ナル油房ヲ列擧セバ左ノ如シ

名稱	地點	壓搾機台數	製粕能力	豆油生力
賓雅泉	縣城內	四	一九二枚	三二〇斤
義盛泉	縣城內	二	九六	一六〇
信義成	縣城內	四	一九二	三二〇
福慶油坊	東北門外	二	九六	一六〇

義增恆油坊	東北門外	二	九六	一六〇
會升東油坊	縣城內	二	九六	一六〇
慶巨恆油坊	縣城內	二	九六	一六〇
福慶油坊	嘉信鎮	一	四八	八〇
德昌永油坊	嘉信鎮	一	四八	八〇
天德油坊	嘉信鎮	一	四八	八〇
復興湧油坊	興隆鎮	二	九六	一六〇
鳳閣油坊	興隆鎮	一	四八	八〇
備考				

B. 柞蠶製絲業

C. 棉絲布業

D. 製粉業

鎮別	製麵舖數	一日用麥數	一日製粉數	一日製麵數
壽城鎮	二九處	二一石・六斗	六・四八〇斤	一・七二八斤
嘉信鎮	一二	四・八	一・四四〇	三八四

興隆鎮	七	二・八	八四〇	二二四
龍宮鎮	四	一・六	四八〇	一二八
中和鎮	七	二・八	八四〇	二二四
平安堡	六	二・四	七二〇	一九二

E. 酒精工場

名稱	地點	一日製造能力	經營者
信義成	縣城内	五〇〇	畢文東
慶聚恆	縣城内	五〇〇	張潤田
德昌永	嘉信鎮	五〇〇	張潤田
復興湧	興隆鎮	五〇〇	王萃峰
福慶居	縣城	二〇〇	祖超凡

五、鑛業

本縣ハ山岳地帶ナルモ僅カニ惡質ノ石炭ヲ少量掘出スノミニテ他ニ一トシテ目下ノ處ナシ

石炭ノ年産額　一・〇〇〇・〇〇〇斤

第七　交通、通信

一、交通

本縣ハ前述ノ如ク山岳地帶ヲナシ至ッテ不便ナリ

（1）道路

縣內主要道路ハ珠河縣烏吉密河ヨリ螞蜒河ニ沿ヒ方正ニ至ルモノニシテ荒廢甚シカリシモ昨年十二月以降局部的修築ヲ續ケ橋梁モ次第ニ架設目下珠河縣境亮珠河及方正ニ至ル間ニ二個所ノミ殘リ居ル狀態ナリ治安維持會成立ト共ニ全般的大改修ニ着手セリ

本縣ヨリ烏吉密河九十里方正縣城百三十里ナリ

縣城ヨリ黃玉河東岸ニ沿ヒ老西溝ヲ經テ珠河縣一面坡ニ至ル道路ハ匪賊紅槍會大刀會等ノ出沒頻リニシテ現今荒廢ヲ極メ僅カニ地方民ノ往來スルアルノミ縣城ヨリ一面坡ニ至ルモノハ黃玉河（第三區ニ入リ）西岸ニ沿ヒ狶永生ヲ經テ珠河縣元寶鎭ニ入リ更ニ一面坡ニ至ル但シ夏季ハ極メテ少ナク多クハ烏吉密河ニ出テ汽車ニテ一面坡ニ至ル　老西溝ヲ經ル場合ハ九十里　元寶鎭ヲ經ル場合ハ百二十里ノ里程トス

賓縣ニ至ルハ第二區黑龍宮ヲ經テ二百三十里又賓縣九千五鎭ニ至ル道路アリ　縣城ヨリ同鎭迄百二十里トス

延壽縣交通路整備計劃要圖（大同二年九月現在）

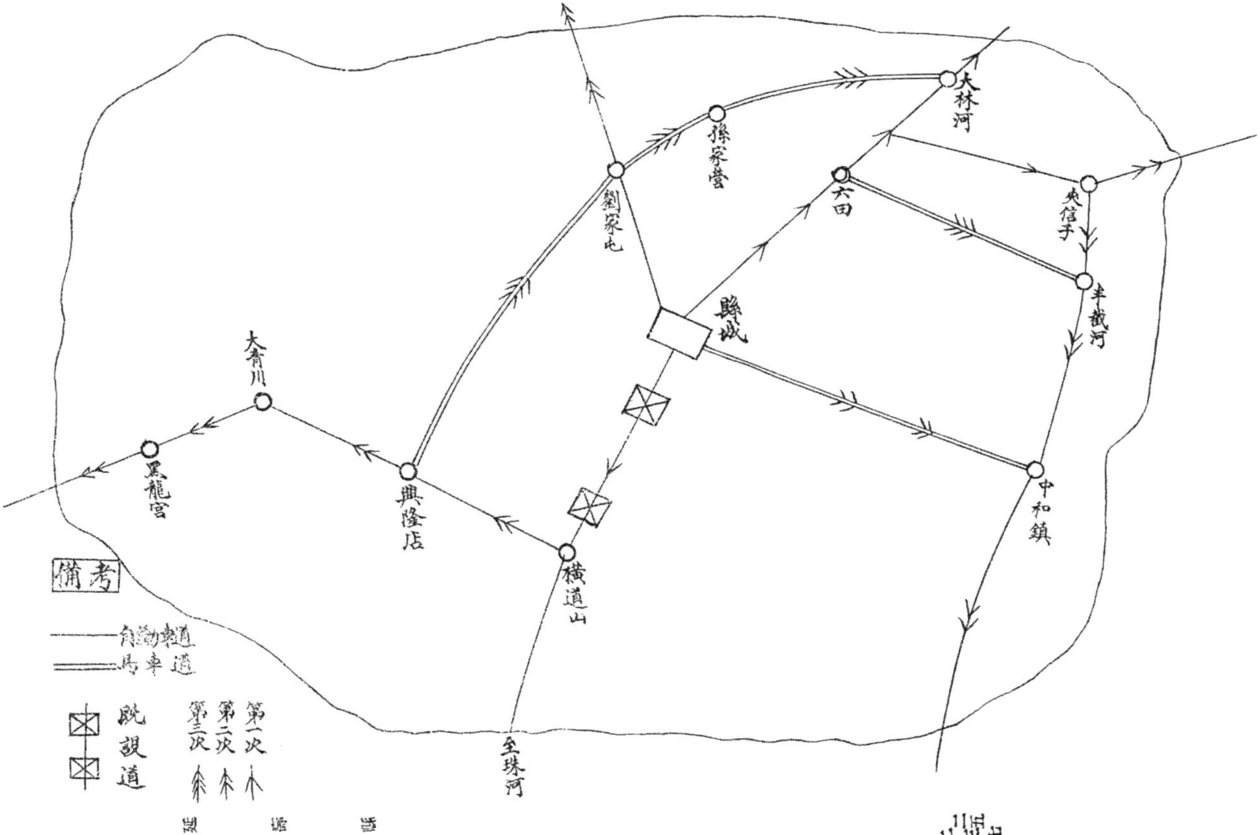
大林河
孫家營
劉家屯
六田
夾信子
羊截河
縣城
大青川
黑龍宮
興隆店
中和鎮
橫道山
全珠河
備考
自動車道
馬車道
既設道
第一次
第二次
第三次

（2）自動車
冬季ニ於テハ方正縣大同公司珠河縣烏吉密河德隆公司ノゴジツクノ運行アルモ夏季ハ全クナシ自働車道ハ前圖示ノ如シ
（3）鐵道
鐵道ナシ輕便鐵道馬車鐵道ノ計劃ハ數年前ヨリ有ルモ未ダ具體化セズ目下ノ狀勢ニテハ當分實現ノ見込ナシ
（4）船舶
瑪延河ハ昨年北滿大水災前迄ハ船足淺キ舟ノ運行アリシモ現在皆無ニシテ水利ノ便ナシ
二、通信
（1）無線電信
遠方各機關ト聯絡スルタメ本年三月價格二千元ヲ投ジ縣公署內ニ無線電信機ヲ設備セリ　無電技師月薪百二十元哈爾濱ヨリ招聘セリ　無電通信能力ハ吉林、哈爾濱、新京、一面坡ノ範圍ナリ　但シ設備不完全且ツ技術幼稚ノ爲メ故障續出セシモ目下ハ通信完全トナレリ
（2）電報
方正トノ間ニ電報線ノ設備アリシモ現在電柱及電線ニ破損多ク不通ナリ從ツテ目下ハ電話線ヲ利用シ珠河ト聯絡　各方面ト電報ノ收發ヲナス但時々方正ヨリ電報ノ郵便配達セラルルコトアリ
（3）電話

現在本縣內ニ於ケル電話網ハ大體良好ニシテ別表ノ如シサレド電柱既ニ古ク近ク之ガ取替ヘヲ行フベク計劃シツヽアリ

備考

一、直線――――ハ既設

一、曲線~~~~~~ハ計劃ニ對スル電話線ニシテ未工ノモノヲ示ヘ

一、牛藏河ニ新ニ通信所設置ノ計劃ナルモ未工

延壽縣通信網 (大同二年 九月上旬現在)

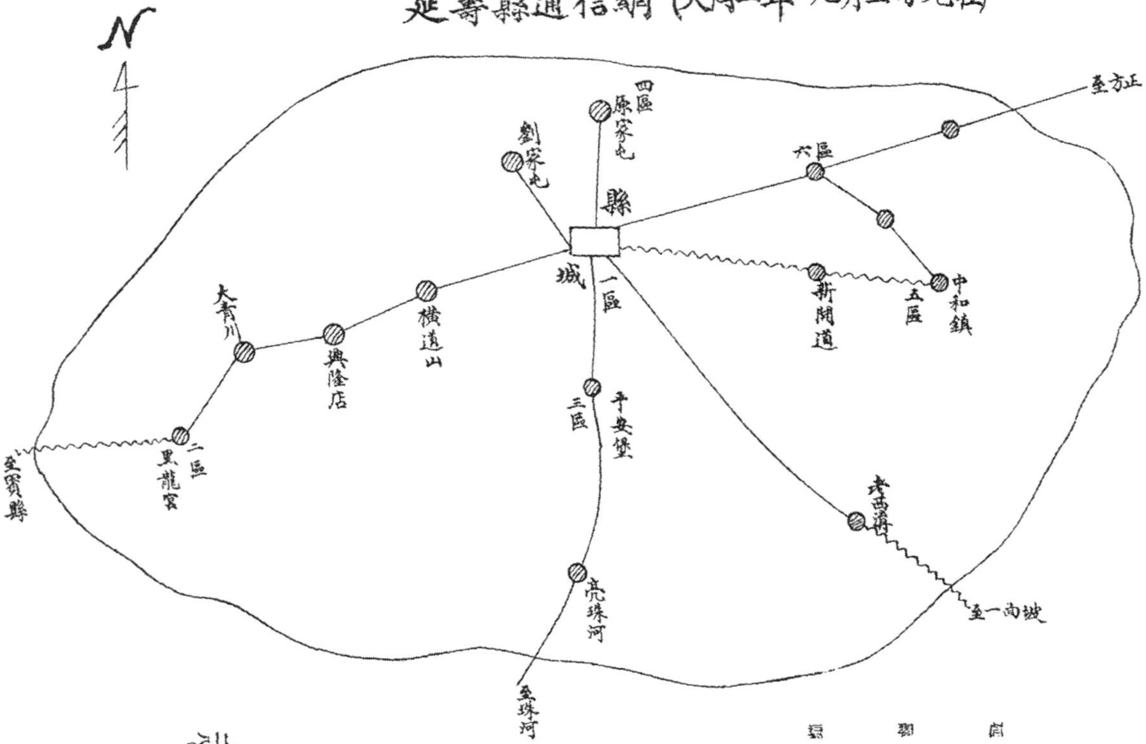

構成計劃ハ左記ノ通リナルモ未ダ着手シ居ラザルヲ以テ至急起工方希望シ置キタリ

電話線路(通信所)	距離	構成區分	着手順序	完成期間	摘要
老西溝―一面坡(縣内ノミ)	4K	新設	一次	八月下旬	
黒龍宮―賓縣(縣内ノミ)	20K	仝右	仝右	仝右	
延壽―新開道―中和鎮	55K	仝右	仝右	仝右	
半截河通信所		通信所新設			
珠河―延壽―方正	92K	複線増補	二次	九月下旬	

(4)郵便

縣城ニ郵政局アリ

第八　宗教　教育

一、宗教

各宗派共盛ンナラズ大多數ハ儒教ナリト稱ス

所屬宗教	所屬派別	名稱	數	信者數
基督教	新派	基督教會	一	男女四四四
天主教	舊派	天主堂	一	男女一六七二
佛教	天台	大佛堂	一	僧八十一名
佛教	禪宗	寺	三	
佛教	眞言	理善勸戒烟酒會	一	
道教	淨心	廟	四	一一八
回教	未詳	淸眞寺	一	未詳

二、教育

延壽縣ノ教育ハ相當盛ンナリシ如ク且ツ關心ノ深キヲ察シ得ラルヽモ事變後地方不安財政窮迫ノ爲メ遺憾ノ點多シ

初等教育

學校數二十七　現在開校二十五　教員數四十三名

生徒數一千百七十四名ノ狀態ナリ

縣立四校　區立十九校　私立四校ナリ

中等教育

中學校ハ目下一校アルモ閉校中ニシテ當分開校ノ見込ミ立タズ

社會教育施設

教育館一ヲ有シ民衆ノ自由閲覽ニ充ツ　其他王道主義普及思想方面指導ノ目的ヲ以テ民衆學校建設計畫中ニシテ近ク成立ノ運ビトナルベシ

日語學校ヲ七月中旬ヨリ開キシ所非常ニ盛ンニシテ百名ヲ超過セントシ近ク二部制ニスル計畫中ナリ　八月五日現在數九十二名ニシテ逐日增加シツヽアリ　每日午后六時ヨリ七時迄一時間ニシテ教師ハ參事官及屬官ナリ

延壽縣ニ中國北平ニ留學スル者三名ナリ

第九　衞生

衞生思想幼稚ニシテ不潔甚シ參事官就任以來衞生思想普及ニ努ムルト同時ニ排水溝ノ修理室內ニ吐壺ノ備付等ヲナシタリ

諸衞生施設

警務局內ニ衞生係員アリテ直接民衆ノ指導監督ニ當ル

縣立診療所ハ一個處ニシテ洋醫一人ト中醫一人合セテ二人ニシテ一般人ノ施療ニ任ジ總テ無料ナリ　又每年無料ニテ種痘ヲ行フ本縣ニ私立病院三アリテ縣城內ニ朝鮮人ノ營ム同德醫院アリ本縣ノ全醫生ハ二百二十六名ニシテ藥業者七軒アリ

延壽縣特殊病トシテ列スルモノナキ如ク思ハルヽモ肺病ハ他地方ニ比シ多ク特ニ婦人ニ多シ女子ニシテ二十歳前後ニ死亡スル者多ク一般ニ「娘ニナレバ死ス」トノ言葉ガアル程ナリ此特殊病タル肺病ハ空氣ト水トノ關係ナリト謂ハレテヰルモ確實ナル調査研究未ダナシ

第十　結論

以上述ベシ如ク本縣ハ方正縣葦河縣雙城縣珠河縣賓縣ノ五縣ニ圍マレ森林地帶ヲナシテ割合平原少ク且交通至ッテ不便ナリ　故ニ本縣ハ昨年十一月マデ匪賊ノ地盤固ク縣政ハ匪賊ノ手ニ歸シ居レリ　其後モ尚ホ度々匪賊ノ跳梁スル所トナリ治安狀態今尚ホ樂觀ヲ許サザル形勢ニアリテ產業不振財政窮乏シテ縣ノ預算ハ收支相償ハザル狀態ニアリ

然レドモ熟々本縣ノ情勢ヲ察スルニ今後諸方面ニ亘ッテ改革ヲ斷行セバ敢ヘテ悲觀スルニ及バザルコトヲ確信スルモノナリソハ先ヅ道路ヲ四方八方ニ敷設開通シ第一次ニ匪賊ノ歸順ヲサセ歸順セザルモノハ軍隊ノ力ヲ借リテ討伐ヲナシテ匪賊ヲ四散セシメ第二次ニハ四散シタル少數ノ匪賊ハ警察力及自衞團ノ力ニ依リ漸次處分セシムレバ縣民ハ安心シテ各々其業ニ就キ農業ハ勿論商工鑛業共ニ活氣ヲ呈シ又千古斧鉞ヲ入レザル無盡藏ノ良材ハ伐採利用セラレ其ノアカツキニハ本縣モ決シテ他縣ニ比シテ遜色ナキコトヲ主張シ得ル

加之本縣ハ五縣ニ圍マレ本縣ノ治安ガ恢復シ縣民生業ニ安心シテ從事スルコトヲ得レバ延イテ接シタ他縣ノ治安モ自ラ容易ニ恢復セラレ王道樂土ハ樹立スルコトヽナル

爰ニ於テカ本縣ノ爲政者ノ責務ャ重且ッ大ナルモノナリト謂フヲ得ベシ

以上

吉林省寧安縣全區境域草圖

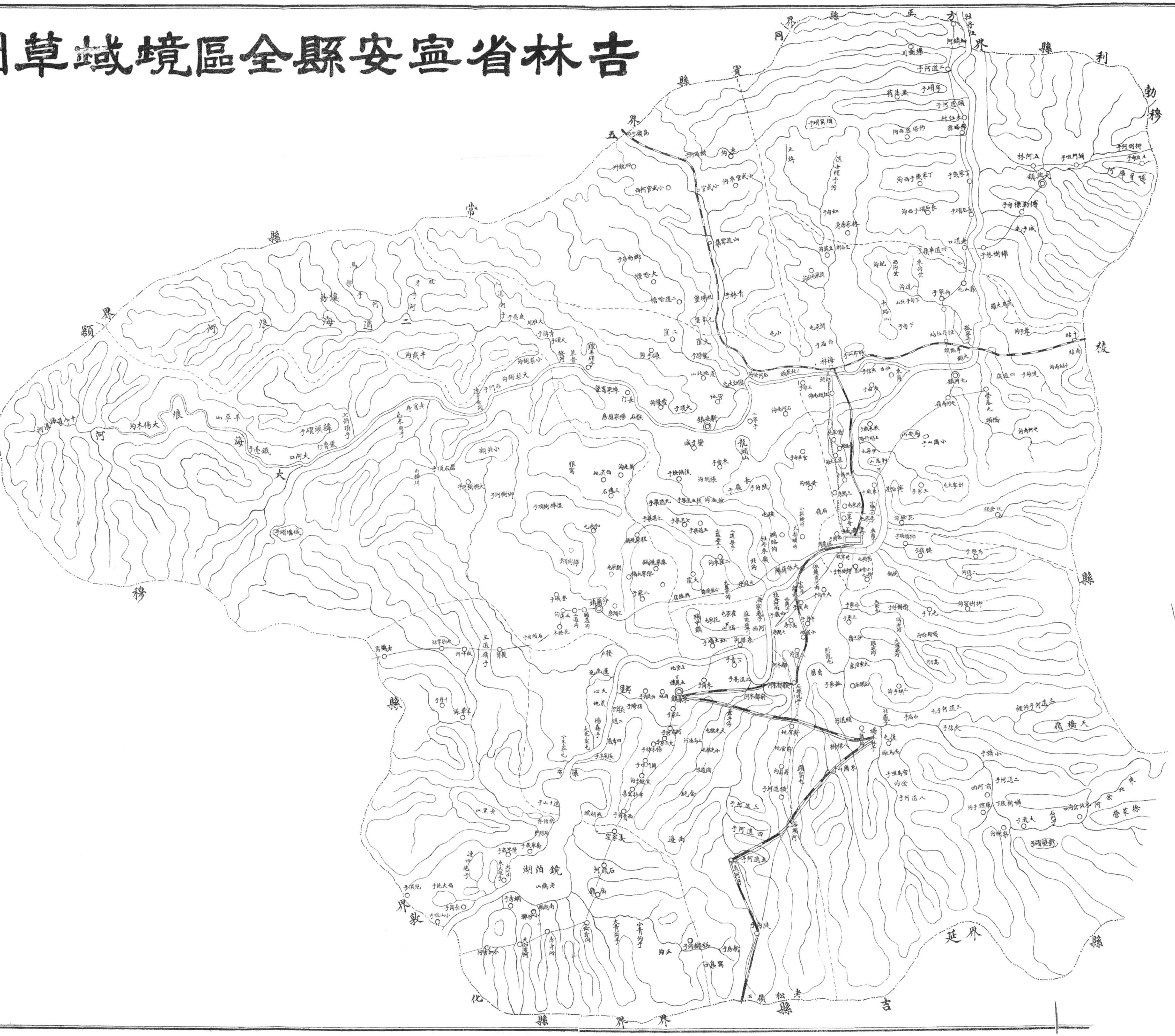

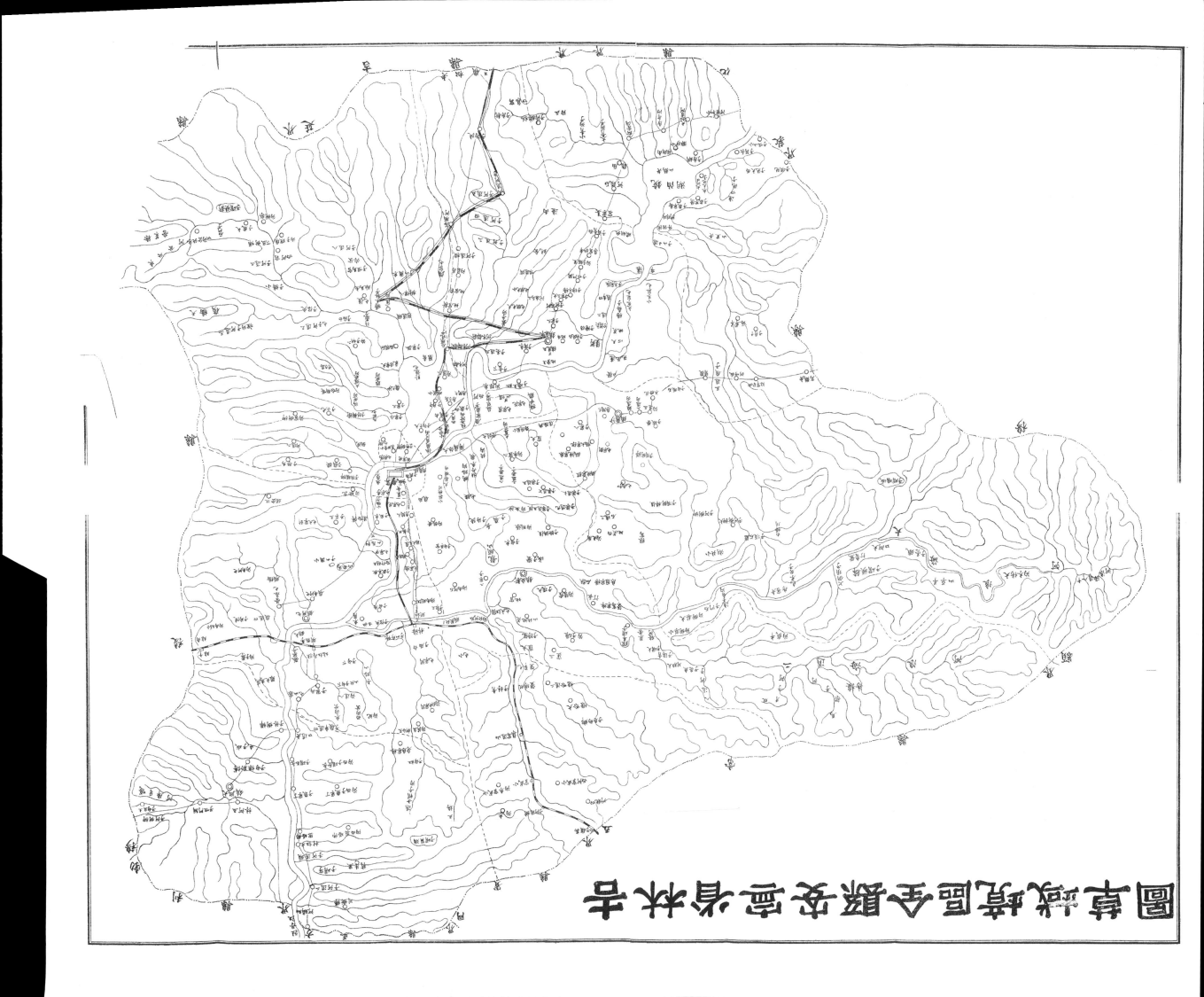

寧安縣城略圖

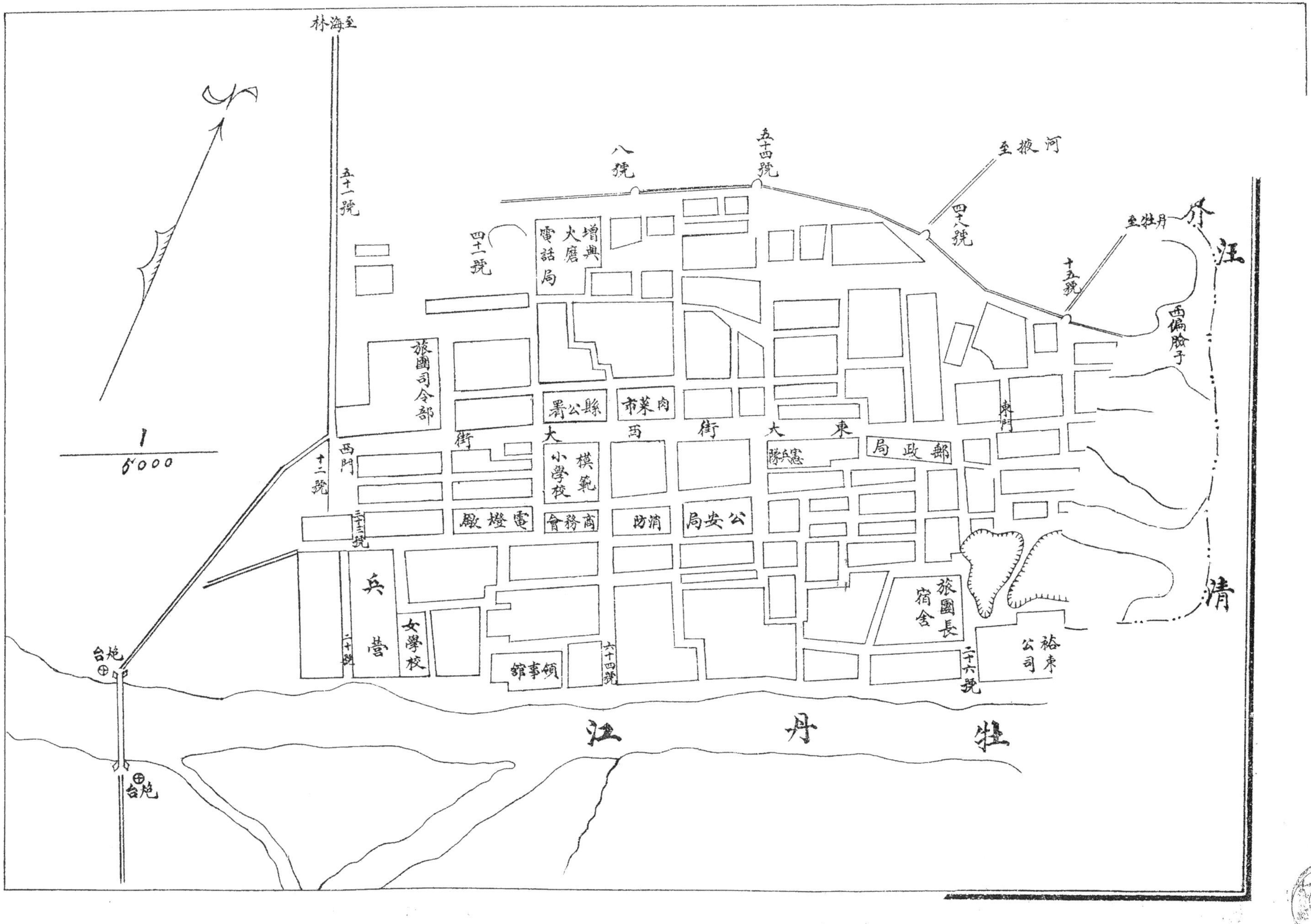
至海林
五十一號
八號
五十四號
至掖河
四十八號
至牡丹
十五號
四十一號
增興火磨
電話局
西偏臉子
旅團司令部
縣公署
肉菜市
西大街
東大街
東門
西門
十二號
郵政局
憲兵隊
模範小學校
電燈廠
商務會
消防
公安局
二十三號
兵營
女學校
二十號
領事館
六十四號
旅團長宿舍
裕東公司
二十六號
砲台
砲台
牡丹江
1/5000

寧安縣

目次

寧安縣

第一　地史

古代ノ史實詳カナラズ、唐ノ時渤海國ハ當地ニ於テ龍泉府ヲ設ケリ　遼ノ時代ニハ天福城ト云ヒシ事アリ　金ノ時代ニ當地ニ呼爾哈路萬戸トイフ官衙ヲ設ケ　元ノ時呼爾哈軍民萬戸府ヲ設ケタリ　明ノ時建州及ビ毛憐ト稱スル衙街ヲ設ケシ事アリ

清ノ初メ當地ニ昻邦昌京ヲ設置シ吉林全省ヲ管轄セリ　清ノ康熙五年當地ニ今城ヲ建設シ前古城ヲ舊街ト改名シ康熙十五年省府ヲ吉林ニ移セリ

光緒二十八年元綏芬廳ヲ當地ニ移シ　宣統元年之ヲ寧安府ト改稱シ民國二年縣ト改メ現在ニ至ル

第二　位置

寧安縣ハ南ハ北緯四十二度二十六分ノ老松嶺大黑背ヨリ　北ハ北緯四十五度零六分ノ佛堵密溝ノ北ナル三道河ニ至リ　西ハ東經百二十八度五十八分ノ老嶺ヨリ東ハ東經百三十一度零一分ノ關老嶺脚ニ至ル間ナリ

第三　地勢

一、山脈

群山縣内ニ蜿蜒トシテ環リ　南ハ延吉、和龍、安圖諸縣ニ連リ　長白山脈ノ支脈ノ一トナス　縣内ノ大山ヲ按ズルニ最高八〇〇米以下　三十有餘ヲ算シ延綿トシテ連リ　互ニ嶺路ヲ環ラス　只惜ムラクハ道崎嶇ニシテ寶藏

ノ林木產スル由ナシ

二、河川

縣ノ大部分ハ牡丹江ノ流域ニシテ江ハ敦化縣西北ノ置溝ニ源ヲ發シ途中鏡泊湖ヲ經テ縣內ヲ縱貫シ　下流依蘭縣ニ至リテ松花江ニ合ス　延長凡ソ九百支里ニシテ二十五ノ支流ヲ有シ水勢平穩ニシテ產魚又多シ只上下流ヲ通ジテ深淺等シカラズ二三尺ヨリ六七尺ニ至リ　途中險阻多クシテ船舟通セズ僅カニ縣城附近ノミ往來ス

三、道路

縣內北部ヲ橫貫スル北滿鐵路沿線　海林站ニ縣城ヨリ自動車道路六十支里通ジ地方物產ノ運搬ニ便ス　又縣城ヨリ南行シ東京城、鏡泊湖東岸ヲ通リ　湖南、南湖頭ニ至リ敦化ニ通ズル自動車道路アリ又西ハ吉林南ハ汪淸、延吉、東北ハ依蘭、西北ハ延壽、五常ノ各地ニ通ズル道路アリ各路ハ崎嶇險阻ニシテ更ニ旅舍ニ乏シク旅行者ノ爲ニ不便ナリ

第四　氣候

一、概況

本縣ハ近時頓ニ雨量ノ增加ヲ來タシ冬季ニ至リ　降雪少クナリタリ　春秋ハ論ズルマデモナク　一年ヲ通ジテ最モ氣候好シ　夏冬ハ酷暑酷寒ナラズ比較的住ミヨシ

近年ノ統計ヲ見ルニ春時ハ風多クシテ雨量少シ　夏季雨量ハ適當ニシテ　秋季雨量多シコノ爲屢々水災ノ起ル

事アリ　冬季ハ降雪少キタメ酷寒ナラズ

第五　面積、人口

一、面積

本縣ハ總面積五百十八萬四千垧ニシテ吉林省内ノ第一等縣タリ、縣内ヲ區別シテ九行政區劃ニ分ツ

耕地面積	二五三・六〇〇垧		
荒地面積	一〇〇・七〇〇垧	可能耕地	七〇・〇〇〇垧
		不可能耕地	三〇・七〇〇垧
山林面積	四・〇〇〇・〇〇〇垧		
河川池沼面積	六二二・〇五〇		
其ノ他	二〇七・六五〇		
總計	五・一八四・〇〇〇		

二、人口

本縣總人口ハ總計三〇・三〇九戸　一七九・八八〇八ナリ

縣面積ノ大ナルニ比シ　人口ハ比較的僅少ナリ

大別スレバ次ノ如シ

總戸口數　三〇・三〇九戸

總人口數　一七九・八八〇人
- 男　一〇五・四八七人
- 女　七四・三九三人

職業別
- 農家　二五・七〇〇戶
- 商家　三九九戶
- 工家　一一九戶
- 其ノ他　四・〇九一戶
- 總計　三〇・三〇九戶

備考　民國二十年度調査ヲ基礎トシ　其ノ後多少ノ修正ヲ加ヘタルモノナリ

各區別戶口、人口數次ノ如シ

縣戶口、人口調査表　（調査大同二年六月三十日）

種別／區別	戶口數	人口數 男子數	人口數 女子數	人口合計數
第一區	四・六四三	一六・〇七九	一〇・三二九	二六・三八八
第二區	四・五五八	一五・三八九	一〇・八二五	二六・二一四
第三區	五・二七九	一八・二七九	一四・三八八	三二・六六七

第四區	四・七一八	一七・四七七	一二・〇二〇	二九・四九七
第五區	五・二七五	一五・一八一	一一・四八七	二六・六六八
第六區	一・六一〇	六・三一九	三・九三〇	一〇・二四九
第七區	三・〇六三	一〇・五六四	八・一八二	一八・七四六
第八區	四三〇	一・一九八	三八八	一・五八六
第九區	一・〇三一	三・六三二	二・五四〇	六・一七二
合計	三〇・三〇九	一〇四・一一三	七四・三九三	一七九・八八〇

本縣内ニ在住スル外國人ノ戸口、人口ヲ區別スレハ左ノ如シ

國別＼項別	戸口數	人口數		人口合計數
		男子數	女子數	
日本人	一二〇			二六〇
朝鮮人	七二一	二、〇七九	一・八八三	三・九六二
露國人	九一			三一七
ポートランド人	一			三
計	九三三			四・五四二

備考　露國人ハ全部北滿特別區ニ居住スルモノナリ

第六　行政

一、縣內各官廳

縣城內ニ縣公署ノ他各機關アリテ各々ソノ事務ヲ行ヘリ

各機關及ソノ所屬左ノ如シ

縣公署(省公署)　　公共團體トシテ
郵政局(交通部)　　寧安縣農務會
　　　　　　　　　〃商務會
電報局(〃)　　　　〃敎育會
税捐局(財政部)　　〃電話局

一、縣公署

省公署ニ屬シテ縣公署アリ　縣內一般ノ行政ヲ行ヒ縣公署內ニ次ノ如キ局科アリテ行政事務ヲ分擔ス　而シテ

地方行政區劃ハ之ヲ九區ニ分ツ

縣組織ヲ示セバ次ノ如シ

第一科
第二科
警務局

縣公署─┬─教育局
　　　　├─實業局
　　　　├─財務處
　　　　└─保安隊

概況ヲ述ブバ本縣ハ事變後ニ於テ地方ノ公用經費ハ缺捐ヲ續ケ　一切ノ行政ハ皆停頓ノ狀態ヲ呈シ居タリシガ日滿軍ニヨル匪賊ノ大討伐後近來ニ於テハ地方ノ秩序幾分保タレ縣政モ漸次恢復ニ向ツテ進ミツツアリ

尙縣公署重要職員ヲ列記セバ左ノ如シ

縣長	鄭頤律（五十五歲）	大同元年三月十五日赴任	舊西安縣長
局長	永貞（四十六歲）	大同二年十月二十日赴任	
大隊長	伊雙海		
副參事官	佐久間武光（二十六歲）		
警務指導官	宇佐美勇藏（三十歲）	大同元年十二月三日赴任	
〃	高德義（二十七歲）	〃　〃　赴任	
〃	福田繁光（三十九歲）		
〃	野田義元（三十六歲）		
〃	小坂與作（四十歲）		

二、財政

概況

本縣ノ地方財政ハ本來圓滑ニ掌理セラレ稅收入欵項及其ノ徵稅額ニ在リテモ相當潤澤ナルヲ通例トシテ大同元年七月ニ及ヒ爾來治安ノ紊亂ニ伴ヒ　徵稅機能ノ活動ヲ閉塞サレ　切角圓滑タリシ財政ハ茲ニ縣政ノ停頓トナリ遂ニ今日ノ如ク市街地以外ニ施政行ハレザル特異性トナッ　之ガ挽回ニハ相當ナル經費ヲ要スルモ現縣財政ヲ以テシテハ遠ク望ムベカラザル狀態ニアリ

然モ警務局ノ建直シニヨル警察機能ノ整備ニ今後ノ稅收入ト關連シ最モ急務タルヲ信ズルモ整備費及一定期間ノ存續費ノ捻出方法樹タズ現ニ研究中ナリ　縣內ニ於テ治安維持サレ多方徵稅可能ナルハ寧安城內、東京城、海林、牡丹江ノ四所ニ過ギズ　近時地方民心ノ動搖ヤ、平靜ナルニ及ビ　王道施政ヲ渴望スル傾向ニアレド本年三月新學期ニ際シ前記四班ノ學校ヲ開校スルニスラ其ノ費用ノ捻出ニ困リタル狀況ニヨリ　淸鄉委員會行政補助費ヨリ　漸クニシテ開校ヲ爲シ得タルガ如キ憐レムベキ狀態ニアリタリ

現今ニ至リテハ諸機關ノ復活ニヨル經費ノ澎大ハ一ケ月ノ縣稅收入ニテハ遠ク及バザル傾向ニアリ　如何ニ是レヲ維持スルカ縣當局者ノ最モ留意苦心スベキトコロナリ

歲出入

縣財政ハ地方財務處ニ於テ縣地方稅ヲ徵收シ之ニテ行ヒ　一部省公署ノ支出ヲ受ク

大同元年度ノ收支豫算總額ヲ示セバ次ノ如シ

大同元年度收入豫算額　二四八・八四四・〇〇元

內譯	
埠捐	二・六八一・〇〇
營業附加税	七〇・〇〇〇・〇〇
粮捐	一三〇・一八九・〇〇
車捐	八・〇〇六・〇〇
妓捐	一・九五五・〇〇
屠宰捐	二・九二五・〇〇
學房地租	二・七九六・〇〇
補助費ソノ他	二三・七一二・〇〇
木捐土産捐	一・一五六・〇〇
攤床捐	五九二・〇〇
店捐	五五六・〇〇
自治款	二・〇八八・〇〇
提成	一・六七九・〇〇
罰金	二七五・〇〇

水警捐	二三四・〇〇
支出預算額	三四〇・四二二・〇〇元
內譯	
公安局	九一・八二九・〇〇
保衞團	一二七・九〇〇・〇〇
教育局	三五・四四九・〇〇
實業局	四・七三二・〇〇
財務處	二五・五二四・〇〇
農事試驗場	七・一八〇・〇〇
農會	二・四〇〇・〇〇
教育會	一・八六〇・〇〇
自治款	一〇・五七二・〇〇
救濟院ソノ他	七・二四六・〇〇
保衞團提解	六・〇〇〇・〇〇
其他雜	一九・七三〇・〇〇

以上前述セル大同元年度收支預算總額ハ吉林省公署會計科ニテ略々前述ノ如ク收支決算サルベキモノト推算ノ上計上セルモノニシテ又匪害、災害ニヨル徵收不可能ナルモノアリテ、事實上收支決算ニ於テハ相當ノヒラキアリテ、寧安縣大同元年度地方稅實收入總額ハ十五萬ニモ充タサル狀態デアリ

尙現在大同二年度ニ於ケル一ケ月當支出經常費大體次ノ如シ

警務局	國幣	四・二五八・六〇元
縣城警察隊		二・七二八・〇〇
東京城警察隊並ビ警察游擊隊		四・四四三・〇〇
敎育局		一五四・〇〇
實業局		一九一・七〇
財務處		一・四二六・四〇
敎育會		九二・四〇
農會		一五四・〇〇
計		一九・二四八・三〇

次ニ大同二年度ノ本縣財政ノ實況ヲ述ブムバ　今期(十一月中旬)大討伐直前ハ他縣ヨリ流入シ來レル者多ク農產物收穫期ニ於ケル跳梁ハ益々農民ヲ疲弊ノ奈落ニ抻込ムト共ニ全國的農產物價下落ハ益々農民ヲ苦境ニ陷入レ引キテハ縣財政ニ甚大ナル影響ヲ及セリ

今本年(大同二年度)七月ヨリ十一月ニ至ル縣稅收入ヲ揭クレハ左ノ如シ

七月	四・二三三元・四九三
八月	七・〇一九・九六四
九月	七・〇〇二・四一四
十月	八・一二〇・八二〇
十一月	一二・八五八・〇四八
合計	三九・二二四・七三九

ニシテ昨年度七月ヨリ十一月ニ至ル稅收入總額ハ四六・七一四元・五八ニ比スレハ大約七・〇九〇元ノ減少ナリ

斯ノ如キ稅收入狀況ニアルモ縣支出ハ月額二萬元ヲ要スル狀況ニテ每月赤字ヲ繰返シツツアリ、然シテ此等赤字補塡ハ專欵省欵ノ流用ニ依リテ行ヒ來レルモ專欵省欵モ既ニ乏シク最早二萬元餘ヲ殘ス狀態ナリ、故ニ十二月ハ各機關共之ニ依リテ俸給ノ支給ヲ爲シ得ルモ一月以後ハ若シ現在ノ稅收入狀況存續スルトセバ之カ支拂ハ殆ド困難ナルモノト信ズ、此ノ財政難ヲ補塡又ハ打開スベク目下其ノ對策考究中ナリ

三　租稅徵收方法

租稅ニハ國家稅地方稅トアリ、國家稅ハ財政部直轄ノ稅捐局之ヲ徵收シ取扱ヒ、地方稅ハ縣地方財務處ニテ徵收シ縣支出ニ充當ス、稅捐局地方財務處ハ共ニ縣內各所ニ分卡ヲ設ケ遠隔地ノ徵收ニ從事セシム

今國家稅、地方稅ノ稅目、並ビ大同元年度ノ徵稅成績ヲ示セバ次ノ如シ

國家稅

寧安縣稅捐局大同元年度經徵稅費表

一、比額內

賣錢營業稅	一四・二五六・七〇元
錢店當純利營業稅	四二・三五
攤床牌照營業稅	五・五二九・五五
當稅	一七六・九三
牙帖稅	二〇〇・〇〇
秤帖稅	一二三・〇八
牲畜稅	一・四四七・四九
牲畜稅五厘雜款	四四・二八
山貨稅	五二三・六五
海菜稅	一〇・一六
土產稅	一・一五八・〇四
皮張稅	三〇七・〇三
木稅	三・二二

木植票費	二・五八
山分	一・九三
木炭稅	三五一・一〇
買方米谷稅	三六・六五一・八六
賣方米谷稅	三六・六五一・八六
斗稅	一八・三七七・五四
產銷稅五厘雜欵	一一七・八九
黃菸稅	五六・〇九
白酒稅	五・九七〇・四六
雜酒簽封稅	一二・〇〇
菸酒稅五厘雜欵	三〇一・三二
屠宰稅	四〇四・〇〇
屠宰稅五厘雜欵	二〇・二四
合計	一二二・七四一・三六

二、比額外

營業憑證費	元・八〇

二分票費	三〇六・六五
秤帖手數料	七・三八
牙帖費	二・七七
黃菸稅二成補助費	一一・二二
黃菸費二成補助費	一三・四八
菸類牌照稅	三五三・八四
菸牌照稅二成補助費	七〇・七七
票照費	三・一八
簡課	二・二六九・二三
燒商造酒執照費	一一一・五四
燒商換照手數料	二・二三
酒稅二成補助費	一・一九六・五〇
白酒費	二・五五八・七七
雜酒簽封費	一二・〇〇
酒費二成補助費	五一四・一六

酒類牌照稅	六一二・三〇
酒牌照稅二成補助費	一二二・四七
票照費	四三・〇五
驗單費	三一
普通印花稅	二・四九八・二五
雙喜印花稅	一六一・九二
婚書費	四〇〇・三一
印花罰金	八五・〇〇
二分票費	五四
麥粉統稅	九〇〇・〇〇
麥粉運照費	一五
麥粉分運照費	〇五
黃菸費	六七・三一
合計	一二・三二六・一九
總計	一三五・〇六七・五五
比額數	二一三・八六七・〇〇

十二月份	二七・四一〇
二月份	二六八・二四〇
三月份	六五四・一二〇

四月份	四三〇・三四〇
五月份	三三七・一六〇
六月份	一・一九四・五八〇
合計	二・九一一・八五〇

地方税

満洲事變前ニ於テハ當縣ニ於ケル税收入ハ大體吉大洋四十五萬元程度ナリシモ事變後匪賊ノ跳梁ニヨリ税收入甚シク減少シ大同元年度税收入總額ハ僅カニ國幣十四萬九千八百九十六元六十九錢ニ過ギサル狀態ナリ

當縣ニ於ケル地方税目及税率ヲ擧グルバ次ノ如シ

寧安縣地方捐目及捐率

捐目	捐率
糧捐	賣錢百元ニ付百分ノ二
垧捐	毎垧年收吉洋五角四分
稻米捐	賣錢百元ニ付百分ノ二
營業附加税	〃　百分ノ一(商務會ニテ代收ス)
妓捐	妓館捐月收吉洋二元 三等妓女　〃　二元 四等妓女　〃　一元

屠捐	屠猪　一口吉洋五角 角牛　一頭〃〃二元 元羊　一隻〃〃六角
店捐	旅客一名每夜收銅字一枚
車牌捐	一　套馬　吉洋一元 二套至四套馬　〃〃一元五角 五套至八套馬　〃〃二元
戲捐	
營業車捐	每車一輛月收吉洋一元
水營捐	風船載量每萬觔(斤)吉洋二角
學產房地租	房每間月收五・六百吊 不等地每垧年收七・八百吊
土產捐	賣百元ニ付百分ノ三
攤床捐	每月每床收吉錢二・三角不等
汽車捐	每月每輛收吉洋一〇元
自治地皮租	每月按戶數收吉錢二、三百吊不等

大同元年度當縣地方稅收入狀況ヲ示セバ左ノ如シ

大同元年七月	國幣　五・六五八・九六 元
八月	二・〇三四・六六
九月	八・四一四・三〇

十月	一八・六二七・八六
十一月	一一・九七八・八〇
十二月	二一・一一九・二八
大同二年一月	一七・六一七・一八
二月	三五・二一〇・四一
三月	一一・三八六・四一
四月	七・三一五・八一
五月	六・三二一・五六
六月	四・一八九・四六
總計	一四九・八九六・六九

第七　警備

一　治安

一昨年（民國二十年）滿洲事變以來地方財政極度ノ逼迫ニヨリ縣警備ノ充實ヲ圖ルニ由ナク事變前ハ千四五百ノ公安隊並ビニ保衛團ト其外吉林軍第二十一旅ヲ以テ治安維持ニ當リタル當縣モ現任ハ總數七、八百ノ警務局員警察隊、警察游擊隊ヲ以テ縣內治安維持ニ當ルニ過ギズ

殊ニ事變前縣內ハ、九警察區ニ分レ九警察署ノ存置アリタルモ現在ハ三警察署ヲ設置シアルニ過ギス是等ハ治

安維持會ノ活路ト縣財政ノ回復トニヨリ漸次增置セラルル計劃ニアリ

今本縣内ノ警備力ヲ示セバ次ノ左シ

二　警備機關

軍隊

一、日本軍隊

寧安守備トシテ日本軍隊ハ縣城ニ大隊長ノ率ユル若干部隊常駐シアリ是ヨリ現在海林、掖河、三台子、上馬蓮河（近ク分駐ノ豫定）ニ一部隊常駐守備ニ當リツヽアリ

二、滿洲國軍隊

横道河子ニ吉林軍第十九團第二營アリテ鐵道守備ノ為駐在ス

警務局

一、警察署

縣内ハ九警察區ニ分タレ事變前ハ一區ニ一警察署ノ設置アリタルモ現在ハ縣内ニ三警察署ノ設置アルニ過ギズ

		人員	小銃	彈藥	素質
第一警察署	寧安縣城	一七三	六四	六・二三五	普通
第三警察署	東京城	一五	―	―	〃
第五警察署	掖河鎮	一三	一五	三二二	〃

寧安縣					
第一分駐所	海林	八	八	四〇〇	普通

二、警察隊

本年八月一日從來ノ縣保安隊ヲ改編シ警察隊トナシ警務局管下ニ統一セリ

		人員	槍械	馬匹
警察第一大隊	寧安縣城	一七三	一六九	三〇
警察第二大隊	東京城	二〇〇	二〇〇	一一
警察游擊隊		一八〇	一八〇	二

警察游擊隊ハ本年四月新ニ編成セル寧安縣臨時警察游擊隊ヲ改編セルモノニシテ其内二百名ヲ以テ五月中旬東京城保安隊ヲ編成シ以テ殘リ一百名ト舊東京城保安隊員ニシテ本年五月八日事件（東京城內保安隊叛亂ヲ起セリ）ニ匪賊ニ合流セザリシ舊保安隊員八十名トヲ合シ百八十名ヲ以テ新ニ寧安縣警察游擊隊ヲ編成シ二ケ中隊トナシ隊長ハ東京城警察隊長ヲシテ兼任シメタリ

三、保安步隊保安騎隊

保安步隊、保安騎隊ハ共ニ警務局管轄ニ屬スルモ縣公署內ニ常駐シ縣公署直接警衛ヲナスト共ニ保安步隊ハ縣公署內ニ設置シアル縣監獄看視ノ任ヲ示ス

	人員	馬匹	小銃	彈藥
保安步隊	五四		一九	二・三八〇

保安騎隊	三四	三一	二一	二・四二三

四、人員

警務局	三一七名
警察隊	三七三名
警察游擊隊	一八〇名
計	八七〇名

五、經費

警務局管轄一ヶ月內經常費ハ大體次ノ如シ

警務局（警察署ヲ含ム）	國幣	四・二五八元・六〇
警察隊		
第一警察隊		二・七二八元・〇〇
東京城及警察游擊隊		四・四四三・〇〇
計		一一・四二九・六〇

其他警察隊討伐費トシテ一ヶ月大體國幣五・六百元ヲ要ス

六、自衛團

縣治安恢復工作實施計畫ニヨリ大體ニ於テ、職業的自衛團ヲ整理シ合法的自衛團（壯丁團）ヲ組織スル計畫ニ

アリ

現在縣下ニ於ケル自衛團大體左ノ如シ

所在地	人員	小銃數
東園子	一七	ナシ
克善郷	三二	三二
將軍墳	三〇	ナシ
石園子	三〇	九
自安郷	一八	二〇
騷達溝	二三	二三
葡萄溝屯	二〇	二〇
東京城	八〇	不明
西楡樹林子屯	二〇	四〇
楊麻子溝屯	二〇	二〇
石河屯	六〇	六〇
密江屯	二〇	二〇
密江西威子屯	二〇	二〇

東舊街屯	三〇	一五	
海浪屯	三〇	三〇	
舊街屯	四〇	四〇	
北康郷	三〇	不明	
石河	六五	,,	
務本郷	三四	,,	
楊廠溝	二〇	二〇	
依蘭崗	一〇〇	不明	
掖河	二五	二六	
鐵嶺河	二〇	二〇	
海林	五〇	四八	
范家屯	二〇	二〇	
五河林	三八〇	三八〇	
沙蘭鎮	六〇	不明	
沙蘭鎮西郷	四〇〇	四〇〇	木柄鐵頭扎鎗　黑槍會ト稱スルモ宗教團體ニ非ズ
横道河子	八	不明	

第八　產業

當縣ハ大同元年春季救國義勇軍蟠踞シテ以來四鄉ニ匪賊充滿シ其ノ擾亂見ルニ堪エザルモノナリ、夏季ニ至リ虫害、雹害、水害等發生シ各種ノ農產ハ其ノ植付僅カニ十一萬餘垧ニシテ收穫セシモノハ前年ニ比シテ十分ノ三、四ノ減少トナレリ

更ニ四鄉ヲ眺ムルニ馬ニシテ匪賊ニ奪レシモノ九千餘頭、牛六千餘頭、豚六萬餘口、鷄十五萬餘ヲ數ノ工、鑛、商各種ハ比較的他縣ニ比シ發達セルモ同ジク匪害、水害等ニヨリ甚大ナル損害ヲ受ケ最近治安恢復ニ伴ヒ漸次舊ニ復シツヽアリ

一、農業

本縣ハ農業ヲ以テ主トシ、耕地トシテ二十五萬三千六百垧アリ、之レニ加フルニ可能耕地約七萬垧アリ、シカレドモ昨年以來引續キ起ル匪害、水害、虫害、雹害等ニヨリ、今年ノ農作ノ困難ハ云フニ堪ヘザル狀態ナリ、作物ハ大豆、粟、麥、高粱ヲ以テ主作物トシ一部ニ於テ雜穀物ノ栽培ヲ爲ス　今本年度ニ於ケル農作物ノ收穫預想左ノ如シ

本年度普通農產物調査（大同元年度）

種別＼項目	種植垧數	收穫總數量	每垧收數
大豆	三〇・〇〇〇垧	四五・〇〇〇石	一・五石
小豆	一・五〇〇	一・五〇〇	一・〇

吉豆	七〇〇	七〇〇	一・〇
其他豆類	一・〇〇〇	一・〇〇〇	一・〇
高粱	一〇・〇〇〇	二〇・〇〇〇	二・〇
粟	二〇・〇〇〇	四〇・〇〇〇	二・〇
玉蜀黍	一〇・〇〇〇	三〇・〇〇〇	三・〇
小麥	二八・〇〇〇	二八・〇〇〇	一・〇
大麥	三・〇〇〇	四・〇〇〇	一・五
玲鐺麥	三〇〇	三〇〇	一・〇
糜子	五〇〇	五〇〇	一・〇
稗子	三〇〇	三〇〇	一・〇
蕎麥	一・〇〇〇	一・〇〇〇	一・〇
水稻	三・〇〇〇	九・〇〇〇	三・〇
陸稻	二〇〇	三〇〇	一・五
雜糧	二・〇〇〇	二・〇〇〇	一・〇
計	一二一・五〇〇	一八三・六〇〇	一・六

本年度特用農產調査（大同元年度）

種別	種植坰數	收穫總量數
菸葉（烟草）	五〇〇坰	五〇・〇〇〇斤
綿麻（大麻子）	三〇〇	一五・〇〇〇斤
菁麻	一五〇	七・五〇〇斤
芝麻	一〇〇	五〇石
瓜子	一〇〇	一〇・〇〇〇斤
棉花	ナシ	
蓖麻（小麻子）	ナシ	
落花生	ナシ	

家畜之部

家畜ノ種類ハ牛、馬、羊、豚アリ耕作用又ハ肉用トシ冬季ニ運輸用ニ使用ス

家畜數

種類／項別	數目	每頭價値	每年生產數目	每年宰殺數目	每年死亡數目
牛	九・〇〇〇頭	八五元	二・五〇〇頭	一・二〇〇頭	五五〇頭
馬	一一・〇〇〇匹	八〇元	三・〇〇〇匹	無	五〇〇匹

羊	一一・五〇〇隻	一〇・五元	一・五〇〇隻	一・一〇〇隻	二〇〇隻
豚	七五・〇〇〇口	九・五元	四五・〇〇〇口	五五・〇〇〇口	三・五〇〇口

家禽數

種類／項別	數目	毎隻價値	毎年生產數目	毎年宰殺數目	毎年死亡數目
鷄	一八〇・〇〇〇隻	二角九分	九五・〇〇〇隻	七二・〇〇〇隻	四・〇〇〇隻
鴨	一三・〇〇〇	三角三分	八・三〇〇	二・〇〇〇	一・〇〇〇
鵝	五〇〇	五角	二〇〇	五〇	六〇

二、林業

農民ハ一般ニ知識乏シク各種樹木ノ植付培養ノ法ヲ知ラズ、近年四郷ノ平原ヲ開墾シテ耕地トスルモ各村落內ニ有スル十種餘株ニシテ天然ノ柞楊等ノ木ヲ燃料トスルニ過ギス全ク植林ノ方法ヲ知ラザルナリ

本縣林場ハ合計三千六百二十方里ニシテ松、樺、柞、楊、楡等ガ主タルモノナリ而シテ林區毎方里ノ價格ハ二十元內外ナリ

北滿材トシテ數多クアルモソノ中牡丹江材ガ最モ良質トシテ喜バル而シテ同ジク牡丹江材ト稱スル中ニモ當縣內ノ花臉溝又ハ二、三道河子ヨリ伐出スルモノ、又遠ク額穆縣境或ヒハ鏡泊湖岸ヨリ伐ルモノアリ後者ハ最優良材ナリ、即チ北滿材ノ最良材ハ寧古塔以南牡丹江ノ上流ニ產出スルノデアル

縣下出材地方トシテハ海林公司ノ山石附近、横道河子、磨刀石、花臉溝、二、三道河子、額穆縣境、鏡泊湖岸牡丹江下流地方ガ主タルモノナリ

茲一兩年ハ滿洲事變ノ關係上例外ナルガ民國八年ヨリ十七、八年ニカケテ林業ノ最モ好況時代ト云フベクソノ當時牡丹江、海林站ニ集レルモノノミニテモ角材三萬三千本丸太五千本水薪三千クボノ產出アリタリ價格ニツイテ見ルニ寧安、牡丹江ニ於ケル現在價格ハ一ブートハ哈洋四十五錢乃至五十錢見當ニシテ好況時代ニ於テハ新京着一ブート金二元四十錢ヲ唱ヘシ事アリ　一本四十ブートー一ブート七十錢平均二萬本ノ產出トシテ五十六萬元トナリ　丸太其他ヲ計上セバ八十萬元ヲ突破ス

牡丹江、海林站以外ノ横道河子、磨刀石方面ノ出材ヲモ計上セバ優ニ百萬元ヲ突破シ本縣トシテハ穀物ニ次グ資源タルベキモノナリ、以上ノ如クナルモ事變以來匪賊ノ横行ニヨリ伐材ニ從事スルモノ殆ンドナク、僅カ小把頭ガ匪賊トアル契約ノ下ニ二百乃至三百ト伐材スルモノ漸ク一千本見當ニ過ギズ、今縣所屬森林分類表ヲ擧グレバ次ノ如シ

寧安縣森林調查表

林區名稱	距縣城里數	森林面積	每方里成材樹株	樹株種類	曾否開採	已開採者每年產額
二道海林河	一〇〇里	七三〇方里	二百餘株	菓松最多杉松次之	前經商人于勛卿領採現已收回	約三千株
摩琳山	一〇〇	二八〇方里	〃	菓松、杉松、	未開採	無
二道河子	一〇〇	五六〇	〃	〃	經商號志誠公司開採	約大小六千株

二站	一五〇	二〇〇	,,	菓松、杉松、黄花松、赤柏松、	有經木把在縣領臨時照採伐者	約五百株
南湖頭	二〇〇	三〇〇	,,	,,	仝	約四百株
二龍山	二〇〇	二〇〇	,,	菓松、杉松、樺木、	未開採	無
松蔭溝	二〇〇	三〇〇	,,	菓松、沙松、	經商號森茂公司承領開採	約二千株
二道老爺嶺	三〇〇	二〇〇	,,	,,	未開採	無
石道河子	一〇〇	二五〇	,,	,,	有經木把在縣領臨時照採伐者	約五〇株
大小烟筒溝	一〇〇	六〇〇	,,	,,	經商人何祝三等承領採伐	約二千株
		三・六二〇				約一萬四千四百株

三、水產業

本縣ニハ牡丹江、海浪河ガアリ水淸ク平野地方ニハ所謂水泡子、溜池アリ　湖水トシテハ鏡泊湖アリ　淡水魚ヲ產シソノ種類少ナカラズ　即チ鯽魚(鮒)、鯉、鮎、重唇魚(黑鯛)、鰲花魚、釣心魚等アリ　牡丹江ニ鱒ヲ產ス

產地トシテハ鏡泊湖ヲ第一トシ牡丹江海浪河之ニ次グ魚撈方法ニツイテハ普通投網ヲ用フ　特ニ珍ラシキハ冬期結氷後氷ヲ破リテ魚撈シ年產十五、六萬斤アリ　冬期當地方ニ旅行スル者都鄙至ル所ノ雜貨商ノ店前ニ大ハ三尺有餘ヨリ小ハ寸餘ニ至ル小魚ノ凍結セルモノヲ販賣セルヲ見ル可ク　冬季一異觀ヲ成セリ

冬季ハ腐敗セザルヲ以テ省内延吉、琿春、敦化、額穆、吉林等遠クハ北京方面ニ迄輸送サル

種類多ク漁獲數少ナカラザルニ拘ラズ未ダ省外輸出ニ何等ノ方法モ研究サレズ又産額ヲ維持スル爲ノ養魚等モ全ク顧ミラレズ自然ノマヽニ放任サレアリ

又鏡泊湖ニハ古來ヨリ珍珠ト稱シ烏貝中ヨリ河眞珠ヲ産シ曾テ清朝時代ニハ指定貢物トナリ居リシモノアリ價格低廉ナラザルモ近來ハ非常ニ産額ヲ減少セリ

四、工業

本縣ハ工業略ナリト云フヲ得ザルモ將來ハ發達スベキモノト信ゼラル寧安縣城ハ商業ニ比シテ工業ハ幾分劣レルノ感アルモ土地ノ重要性ニ伴ヒ日毎ニ隆盛ニナラントスル現狀ニアリ

油房ハ寧安縣城ニ十七軒アリシガ現在二十軒ニ増加セリ

火磨（製粉）ハ四工場アリシモ現在ニ於テハ三工場トナレリ

燒鍋業ハ事變前十一軒アリシモ現在ニ於テハ開業セルモノ六軒ニトドマル尙之ノ外　縣城ニ資本金十萬元ノ裕民電燈公司アリ

今縣城内ノ工業類別表ヲカヽグレバ次ノ如シ

寧安縣城工業類別表

類別	工場數	資本高	年産額	移出	輸出
火磨緒興公司	一	哈洋五十萬元	四・〇四七・四〇〇斤	二・五七〇・〇〇〇斤	一・四七七・四〇〇斤
火磨裕東公司	一	哈洋三十二萬元	三・六五〇・〇〇〇斤	一・八五〇・〇〇〇斤	一・八〇〇・〇〇〇斤

油房	二〇	平均每家六千元哈洋	豆油二四〇・〇〇〇斤 豆餅二二〇・〇〇〇片	何レモ縣內ニ於テ消費サル
皮鞋廠	四	平均每家一萬元哈洋	（其他牡丹江ニ一處アリ）	
燒鍋	四	平均每家四萬五千元	（其他東京城ニ一處アリ）	
電燈工廠	一	十萬元		

（ソノ他海林ニ尙一ケ處アリ）

五、鑛業

本縣ハ鑛區ニ富ムモ未ダ組織的ニ調査セルモノ少ク　又現在採掘シツヽアルモノ少ナシ　將來專門家ノ來寧ヲ侍チ　資本ノ投下アラバ必ズヤ發達サルベキモノナラン

現在マデニ調査セラレシモノヲアグレバ左ノ如シ

寧安縣鑛產調查表

鑛產區別	地點	距縣城里數	曾否報領	曾否開採	現在狀況
金鑛	淺水溝	一三〇里	於宣統二年間經商人顧佩蘭請領	領後當即開採嗣因資本不足未久即行停辦	現在停辦
〃	五虎林	一四〇	於宣統元年經勸業道派員經辦	元年開辦後以資力不足停辦	現仍廢棄
〃	二道河子	一二〇	無人報領	有盜掘	無人經辦
砂金鑛	盤嶺	五	無	從未開採	〃

金鑛	孝西店前	一六〇	,,	無	,,
金銀鑛	老黑山	一四〇	,,	,,	,,
鐵鑛	南湖頭	二〇〇	,,	,,	,,
煤鑛	欒家溝	七〇	於民國十一年經商人陳文達呈請報領亦未奉准	,,	,,
,,	花臉溝	四〇	於民國十一年經商人陸蓉卿報領因手續不合亦未奉准	,,	,,
,,	五道溝	八〇	無	,,	,,
,,	八道河子	一二〇	,,	,,	,,
,,	缸窰溝	三〇	民國十一年經商人李浩然報領探採	因資本未能集成亦未開採	,,
,,	缸窰溝大屯	二六	民國十一年經商人張榮昌報領	,,	,,
,,	立什尼站	九〇	民國十七年經商人張季齡報領採探	嗣限於資本遂停止終未開採	現仍棄利於地
,,	乜河南溝	六〇	於民國十七年經商人伊晏波曾請探採	後因資本未能集成遂即停頓	仍未開採
顏色鑛	天嶺河	一二〇	於民國十五年經商人馬盛駿報呈探採	尚未開	,,
白土鑛	白土嶺	四〇	外人閻奉請探採	尚未開採	,,
銀鑛	南湖頭	二〇〇	無人報領	,,	,,

六、 商業

商業ハ繁榮ト云フベク　ソノ原因ヲ考フルニ寧安ハ吉林省東部ノ中心ニ位シ、哈爾濱綏芬河ヲ貫ヌク、北滿鐵道ノ腹部ニアタリ交通便利ニシテ商賈輻輳ノ地タルヲ以テ發達ノ可能性充分アルハ一因ナルベシ　更ニ地方特産ノ麥、豆等多種ノ農産物ノ産出多ク加フルニ良付ノ出荷アリ、之等ヲ他ノ地方ニ移出シ現金ニ換入スルヲ以テ資本充實シ來リ營業モ他ノ地方ニ比シ發達シ活氣ヲ有スルハ當然ノ事ナリ

寧安縣股份公司及實業調査表

名稱	營業種別	公司或獨資	資本數目	開辦年月	現況
裕東機製麵粉公司	機製麵粉業	公司	三二〇・〇〇〇元	民國十三年三月	
寧安縣電話局	電話	獨資	二〇・〇〇〇		
增興火礳	機製麵粉業	獨資	五〇・〇〇〇	民國十三年四月	
新華機製麵粉公司	,,	公司	一五〇・〇〇〇	民國十八年六月	停業
寧安長途汽車股份公司	乘合自動車業	公司	一五〇・〇〇〇	民國十八年四月	
裕民電燈廠	電燈	獨資	六〇・〇〇〇	民國十八年五月	

寧安縣城內外商業類別表

商業別	商戶數	商業別	商戶數	商業別	商戶數	商業別	商戶數

雜貨舖	四七	旅店	五七	鏡子舖	三
糧米舖	一三	居戸舖	一四	鞋舖	五
藥舖	一八	飯館	三二	染房	六
醬房	七	粉房	五	刷書局	二
碾磨房	二一	皮舖	六	床子	二七
豆腐房	七	香房	一	山行店	五
銀匠舖	八	饅首舖	三〇	鮮貨莊	二
錫匠舖	一	鐵爐	一五	切面舖	四
黃酒舖	二	估衣	四	木匠舖	五
點心舖	二一	當舖	五	洋鐵舖	五
糖房	一	醬肉舖	三	鏇舖	三
燒鍋	五	紙房	一	合計	五八一戸

第九　宗敎

昔日、遠クハ渤海國ノ首都タリシ東京城ヲ、近クハ淸朝ノ祖愛親覺羅ノ發祥地タル寧古塔ヲ有スル本縣ハ古來滿洲ニ於ケル文化ノ發祥地タル事ハ言ヲ俟タズ　又之ニ伴ヒテ宗敎モ盛ナリシハ明白ノ理ナリ　古來寧安人民ハ

信仰心ニ厚ク　古書ニ依レバ當地方ニ最初勢力ヲ有セシ女眞族ハ佛教ニ對スル信仰心最モ强ク　文献ニ徴スルニ佛像經書アリテ　禮拜ヲ行ヒオリシ事明ラカナリ　又唐時代ニ入リテハ大小ノ寺廟十六、七ヲ算セリト
更ニ淸朝ニ入リテハ　寺院宇廟ノ建立サレルモノ多ク　現存スルモノノ多クハ同時代ニ建立サレタルモノナリ

然レトモ　引續キ起ル政變、政爭ニヨリ大厦高樓邊境ニ偉觀ヲ呈セシ寺院ノ多クハ或ヒハ兵士ノ宿舍トナリ或ヒハ土民ノ住居トナリ　破損燒失シ　善男、善女ノ信仰ノ對象ヲ失ヒツツアルハ痛恨ニ堪ヘザルトコロナリ　寺院、信者等ノ類別次ノ如シ

寺院信者數

種類	寺院數	信者數（概略）	摘要
佛教	二	三・〇〇〇人	
基督教	二	一・〇〇〇人	教會ノ一ハ鮮人ノモノナリ
回々教	二	七〇〇人	
在禮教	一	三・〇〇〇人	

備考　在禮教ノ教義ハ禁酒禁煙ヲ實踐スル事ニアリ

祠宗

名稱	所在地	建立時	備考
火神龍王廟	城外西北	康熙四十九年	
山神廟	城內東方	乾隆十一年	保安隊ノ宿舍トナル
財神廟	,,	康熙四十五年	大同元年被匪燒却
天齊廟	,,	仝　五年	日本軍駐屯所
藥王苗王蟲王廟	,,	仝　五年	
七聖廟	,,	仝　五十四年	
古佛寺	城內東南	乾隆四十五年	現存セズ
彌勒院	城南門外	仝　四年	
觀音閣	城外西方三里	光緒三十一年	現存セズ
觀音廟	城內東北	康熙二十一年	
石佛寺	東京城	金時代	
娘女廟	三官	康熙三十一年	
清昭忠祠	城內東方		
清社稷壇	城外西方四里	道光六年	
風雲雷神廟	城外東三里	仝	現存セズ

關帝廟　縣城附近　五ケ所アリ
文昌宮　城内東南　嘉慶二十三年　現消防隊駐屯所
清眞寺　城内　回敎ノ寺ナリ
仝　東京城　〃

附記　寧安ノ回々敎ニ關シテ

寧安縣淸眞敎長白連捷氏ノ言ニ依レバ今ヲ去ル約二百八十年前頃ヨリ當地ニ布敎セラレシ由ニテ此現任信者ハ百八十戸ナリト

ソノ敎義ノ根本ハ順天安眠ナルヲ以テ必然的保守的ニシテ種々ノ珍習ヲ有ス　而シテ一切北京本部ヨリ送付スル敎義指令ニ基テ行動スルモノニシテ彼等ガ回々敎ノ敎ヘノタメニ或ヒハ信者ノ體面ヲ毀損スルガ如キ問題起ランカ一致團結シテ死生ヲ越エテ戰フハ勿論ナリ

又注目ニ値スベキハ信者ノ大部分ハ商人、農民、學校敎員等ニシテ官吏ハ皆無ナル事ナリ　然シテ又敎徒ハ牛ノ賣買ニ關シ特殊權ヲ有シコノ特殊權ノ代償トシテ消防隊ヲ組織シソノ任ニ當レリ

而シテ彼等ハ寺内ニ小學校ヲ自ラ經營シ信者ノ兒童ノミヲ集メテ敎育ヲナシ居レリ

第十　敎育

凡テノ方面ニ進歩著シキモノアル中ニ殊ニ敎育ノ發達ハ他ヲ凌駕シツヽアリ　特ニ縣城ハ諸學校密集シテ中學校アリ高等女學校アリ　吉林省東部ノ學府ヲ爲ス又省内各縣ニ比シテ海外一ノ留學生多ク現在總數十五名ヲ數ヘ

中日本留學生十四名米國留學生一名ニシテ尙年々增加ノ傾向アリ

縣下ノ小學校七十一ヲ算シ匪害ニヨリ全部開校スル事ヲ得ザルモ現在開校中ナルモノ十五校ナリソノ中九校ハ城ニアリ縣城ニ比シ各鄕鎭ノ速カニ開校シ得ザル事ハ痛マシキ事ナリ敎育經費トシテ每月三千八百五十一元ヲ支出ス

鮮人學校ハ市及江南旗屯外ニ開校シアリシガ民國十九年末、支那官憲ノ壓迫ニヨリ閉鎖ヲ命ゼラレ一時閉鎖ノ止ムナキニ至リシガ昨今縣城新安鎭ニ開校サレツツアリ

又學生ノ運動熱ハ近來非常ニ盛トナリ來リ春秋二回市內聯合ノ大運動會ヲ開催スル外各學校ニテモ陸上殊ニ庭球、排球、籠球ノ競技熱盛ナリ

縣下各學校開校狀況次ノ如シ

未開校中ナルモノ尙五十六校ヲ算ス

班級合計數　五七班
生徒總數　一・九五五名（中中學生七五名ナリ）
職員數　九一名

學區學校名	所在地	現在班數		現在各級人數		職員數
		高級	初級	高級	初級	

縣立第一中學區學校	縣城西江沿	二	五	五五	二〇	二四
縣立模範小學校	縣城西南路	六	一〇	一九〇	四五五	二三
第一小學校	縣城東卡子門裡	一	一	一九	二五	五
第二小學校	縣城西關		八		三〇二	一〇
第三小學校	縣城北街路		八		三〇六	一〇
第四小學校	縣城東站		三		一二一	三
第五小學校	縣城新街路		二		八六	二
第六小學校	縣城西園子		一		三〇	一
第九小學校	縣城東江沿		二		七七	二
第十二學區第三小學校	張家屯		一		三〇	一
第三學區第一小學校	東京鎮	一	三	三八	九七	七
第六小學校	上馬蓮河		一		四二	一
第四學區第一小學校	沙蘭鎮		一		三三	一
第五學區第一小學校	乜河鎮		一		二九	二九
合計		一〇	四七	三〇二	一・六五三	九一

社會教育

現任縣城ニ民衆教育館民衆學校アリテ講演實習等ノ方法ニ依リテ一般民衆ノ教育ニ當レリ

第十一　交通　通信

一、交通

本縣ニハ鐵道ノ通ズルモノ僅カ北滿鐵路アリ、縣境西方八力子ヨリ横道河子、海林、牡丹江、鐵嶺河ヲ經テ十站ニ至リテ止マル

道路ハ所謂滿洲式道路ニシテ寧安縣城ヲ中心トシテ四方ニ通シ交通ニ便ス

縣內ノ重ナル道路ハ寧安縣城ヲ中心トシテ寧穆路、寧額路、寧敦路、寧延路、寧海路アリ

ソノ外自動車路トシテ寧海自動車路ト稱スルモノアリ寧安縣城ヨリ海林站ニ至ル道路ニシテ寧安長途汽車公司ノ出資ニヨリテ築造サレシモノニシテ距離六十支里路身三丈八尺(支)ニシテ民國十八年縣政府ガ紳商ヲ召集シテ資金ヲ集メ建設セシモノナリ、目下縣實業局ノ監修ノ下ニアリ

昔日縣城內ノ商店ノ貨物旅客ノ運送ノ需要多カリシモ運送途上ニ於ケル障害、頻發シテソノ運送ニ困難ナリシガ　コノ自動車道路築造サレシヨリ貨運、客運共ニ便利敏速トナリタリ

コノ外大同元年六月日本軍ニヨリテ敦化、寧安縣城間ニ自動車道路築造サレ、地方產業開發上、又警備上、一大貢献ヲナシツヽアリ

又吉林寧安間ニ吉寧長途自動車株式會社ニヨリテ毎年冬季自動車ヲ走ラセシモ道路ノ破壞又土匪ニヨル橋梁ノ

燒却破壞ニヨリ昨大同元年三月ヨリ停業シツツアリ

河川

牡丹江、海浪河、蛤螞河ノ三河、重ナルモノナリ

牡丹江ハ鏡泊湖ニ源ヲ發シ途中東京平野寧安平野ヲ肥沃シ依蘭縣ニ入リ松花江ニ注グ、全長一千二百餘里ナリ

海浪河ハ東方老爺嶺ニ源ヲ發シ、海浪河口子ニテ牡丹江ニ合ス　全長四百餘里ナリ

蛤螞河ハ八道河子附近ヨリ起リ寧安縣城ノ江南ニテ牡丹江ニ合ス　全長百五十餘里ナリ

縣內重要道路ニ付テ

(1)寧穆路(縣道)

寧安——乜河——鐵嶺河——穆稜　幅員三丈乃至四丈　全長一五八里　橋梁十餘　二輪大車、牛車、馬車ヲ通ズ

(2)寧額路(省道)

寧安——沙蘭鎮——二站——搭拉站——額穆　幅員三丈乃至四丈　全長二九〇里　橋梁十三　二輪大車、牛車、馬車ヲ通ズ

(3)寧敦路(縣道)

寧安——鏡泊湖——南湖頭——官地——敦化　幅員三丈乃至四丈　全長四〇〇里　橋梁十一　大車、牛車、

馬車、並ビニ日本軍來往ノ自動車ヲ通ズ

(4)寧延路(縣道)

寧安――新官地――瑪瑚里站――薩奇庫站――延吉　幅員三丈乃至四丈　全長二七〇里　橋梁七　大車、牛車、馬車ヲ通ズ

(5)寧海路(縣道)

寧安――四道溝――廟嶺――海林　幅員三丈乃至四丈　全長六〇里　大車、牛車、馬車、自動車ヲ通ズ

水運

牡丹江　漲時川幅百三十餘丈落時尚十丈餘アリ　漲時ノ深度二丈餘ニシテ落時ハ九尺餘ニ至ル　寧安縣公署ノ管轄ニ屬シ航業組織タル帆船行公會アリテ春期ニ之ヲ設ケ冬期ニ之ヲヤメ臨時的性質ノモノナリ　帆船航行ノ可能ナル所ハ河口ヨリ牡丹江站ニ至ル百八十餘里ノ間ナリ　帆船ノ大ナルモノハ水深一尺八寸、全長五丈、幅一丈四尺、高サ二尺三寸、積載量五萬六千斤ナリ　小ナルモノハ水深一尺四寸、全長三丈、幅一丈二尺、高サ一尺九寸、積載量二萬八千斤ニシテ毎噸ノ運賃二元四角ナリ

本縣内ノ船業數五十戸帆船數合計八十隻ニシテ皆民營ナリ　帆船ノ一日行程ハ航行ノ適不適ニヨリテ差アルモ適時ハ二百餘支里ヲ又不適時ハ百三十里ノ航行可能性アリトイフ　沿江ニ雜魚ヲ出産シ又雜貨ハ舟便ニヨリ牡丹江站ヨリ輸入サル　運運主要物品トシテハ小麥、大豆、小豆等アリ　地方財務處ハ員ヲ派シテ毎月船税ヲ徴集ス

海浪河　雨期ニハ水漲リ川幅二倍トナル漲時深度七、八尺落時四、五尺ナリ　寧安縣公署ノ管轄ニ屬シ帆船航行ノ可能性アルハ海林站ニ至ル一百餘里ニ及ブ　帆船ノ水深ハ一尺五寸、全長二丈二尺、高サ二尺三寸ニシテ積載量四萬餘斤毎噸ノ運賃哈洋三元ナリ　沿河ノ產物ハ珍珠、雜魚アリ　海林站ニ地方財務處ノ分卡アリテ船税ヲ徵收ス

蛤螞河　漲時深サ五尺、落時二、三尺トナルニ過ギズ　仝ジク寧安縣公署ノ管轄ニ屬シ　沿河ニハ蛤螞、魚類ヲ產出ス　帆船ノ航行不可能ニシテ水運上ヨリミルニ重要性ナキモノナリ

二、通信

電信

光緒三十年縣城內ニ電報局成立シ　局長以下十二名ニテ組織サル直接通報可能局ハ延吉、海林、吉林トス　縣內電線路里程ハ三百六十里ナリ　無線電信ハ未ダ成立セズ

電話

長途電話、民國十九年ノ春縣城內ニ電話局成立シ　局長以下八名ニテ組織サル東京城、沙蘭鎮、海林、牡丹江ニ分局ヲ設ケ　幹線ニ非ズシテ支線ナリト雖モ寧額、寧東、寧海ノ各線ニ通ズ　電話線里程ハ三百六十里ニ及ベリ

市內電話、民國十五年一月成立シ　局長以下四名ニテ組織サル建設費二萬元ニシテ增興火磨ガ附設シ現在ニ及ブ純營業的性質ノモノニシテ相當ノ利益ヲ上グツツアリ

郵政

縣城ニ郵便局ノ設置アリテ　東京城、乜河鎮、沙蘭鎮、新安鎮ニ各分局アリテ郵政ヲ取扱フ

第十二　衛生

衛生思想並ビニ設備未ダ發達セス　寧安ハ牡丹江ニ接シ市内ノ汚物ハ江ニ排泄サル、ヲ以テ衛生施設ノ設置無キモ他地方ニ比シテ比較的清潔ナルト云フベシ

衛生思想ノ普及ハ未ダ　ソノ緒ニツカズト雖モ、從來滿人ノ自然的ナル衛生法ニ加ヘ、日本人ノ増加スルト共ニ此ノ方面ヘノ注意加ハ、リ爲ニ今夏傳染病ノ發生ハソノ數ヲ減ゼリト

夏季當地方ニ發生スル傳染病次ノ如シ

天然痘、痲疹、猩紅熱、流行性感冒、赤痢、腸チフス等ナリ尚本縣ニハ特殊病ト稱スベキモノナシ而シテ何レモ他地方ニ比シテ病勢激烈ナラズ

六月末警務局調査ニヨル傳染病患者數次ノ如シ

病名	患者數	死亡者數
腸チフス	八	○
天然痘	九	一
猩紅熱	二	一
流行性感冒	三	○

計　二二　二

衛生設備

病院

縣下ニ於ケル病院數ハ十七ヲ數ヘルモ、何レモ設備簡單ニシテ患者收容ノ設備ナシ

六月末警務局調査ニヨル寗安市街ニ於ケル病院診療所左ノ如シ

病院及診療所名	所在地	專門科	經營者
助産醫室	西門臉路南	産科、梅毒、淋病、	滿人
海崗醫院	縣署門前	内外兩科、婦人科、花柳病科、	鮮人
寗安産科醫院	西關路南	産科、	滿人(女)
大京醫院	東大街路	小兒科、花柳病科、婦人科、	鮮人
同濟醫院	,,	内外兩科、	滿人
同仁醫院	北馬道路西	仝	日人
寗安醫院	中馬道路	仝	鮮人
福民醫院	仝	普通科	滿人

衛生隊

警務局内ニ衛生隊ナルモノアリテ衛生思想ノ普及ニ力ムルト共ニ現下ニ於テハ市内ノ衛生事務ノ取扱ヲ爲シ居

レリ飲料水
市内ニ於ケル井戸ハ硬水ノ上更ニ多少ノ鹽分ヲ含ムヲ以テ飲料水ニ適セズ專ラ之ヲ牡丹江ニ仰グ
土民ハ日々石油ノ空罐ヲ以テ用水ヲ運ビ飲料ニ供シツヽアリ、傳染病傳播ノ危險無キニシモアラネド一般人民ノ生水ヲ飲ム者ナク依ッテ防ガル

第十三　結論

惟フニ寧安縣ハ縣治設立セラレテヨリ、二十有餘年日淺クシテ未ダ十分ニ開發セラレザル狀態ニアルモ、昔日ヨリ各時代ノ首府、或ヒハ主要地ト目サレ、ソノ文化ノ發展ハ北滿ニ於ケル中心地ナリシナリ、只惜ラクハ交通不便ニシテ、邊境ニカタヨリタル爲南滿大都市ノ發展ニ比シ、劣レルモ　ソノ將來ハ見ルベキモノアリ
民國二十一年中華民國ノ政權ヨリ離脫シ、大滿洲國建設セラレ、縣民上下一致協力、王道樂土建設ノ爲精進シツヽアリシ時昨年ヨリ、不幸ニモ縣下一帶ニ亘リ匪賊充滿シ一時ハ縣政ヲ行フ能ハザルベキ困亂狀態ニ落入リタリ
シカレド國軍ノ活躍並ビニ友邦日本軍ノ積極的援助討伐ニヨリ匪賊平定セラレ再ビ平和ノ光ヲ仰ギ見ル事ヲ得タルハ幸ヒノ至リト云フベシ、以來縣長以下官民ノ努力ニヨリ治安漸次恢復シ縣ヲ上ゲテ復興ノ途ニ進ミツヽアリ
將來ヨリ以上交通開ケ治安全ク恢復セバ縣下ニ有スル有望ナル資源ノ開發又以テ目サマシキモノナラン
而シテ北滿ノ主要地トシテ文化産業ノ發達ハ掌理ニ見ルか如シ

附

寧安縣ニ於ケル朝鮮人事情

本調査ヲ爲スニ當ツテ當寧安ニハ之ニ關スル信ズベキ調査記錄ナク、只朝鮮人民會長、日本領事館及地方ヨリ市內ニ避難シ來レル鮮農ノ言ヲ綜合シ調査セルモノナルニヨリ、多クノ誤謬アルヲ免レ難シ

目次

一、寧安縣下ニ於ケル朝鮮人移住史及其ノ分布

今ヨリ十五年前卽チ民國七、八年（大正七、八年）ニカケテノ朝鮮獨立運動ヲ契機ニ日本ノ朝鮮統治ニ不滿ヲ抱ケル鮮人ハ旺ンニ北滿移住ヲ試ミ　當時間島地方ニ居リシ六、七家族ガ江南地方ニ移住シ來リ　此ト時ヲ同シクシテ哈爾濱地方ヨリ十數家族ガ横道河子及ビ海林方面ニ移動シ來タリシヲ最初トス

惟フニ本縣ハ鏡泊湖ヲ水源地トスル牡丹江ニ依ツテ潤ホサレ至ル處ニ水田可能地アリ　水田經營ヲ得意トスル彼等ノ移住ハ年ヲ追ツテ盛ントナリ現在ハ鏡泊湖附近、二道河子附近、馬廠地方、新安鎭、沙蘭店地方、海林地方、鐵嶺河地方、磨刀石方面等、殆ンド全縣下ニ亘リ其ノ分布ヲ見ルニ至レリ然ルニ一方不逞鮮人ノ各地跋扈ハ

支那官憲ノ鮮農壓迫ヲ誘致シ移住ヲ阻止セラレ或ヒハ原住地歸還トナリ 從而其ノ間多少ノ増減ヲ來セリ

現在ニ於ケル狀態ヲ示セバ次ノ如シ

現住地	戸數	人口數	經營水田面積	水田經營見込地
寧安市内	四〇	二四〇	一八〇垧	五〇〇垧
寧安近郷	七〇	四二〇	四〇〇	一・五〇〇
新安鎭地方	三〇〇	一・八〇〇	一・六〇〇	二・〇〇〇
海林地方	一四〇	八四〇	七〇〇	三・〇〇〇
鐵嶺河地方	一一〇	六六〇	五〇〇	二・〇〇〇
江南地方	一〇〇	六〇〇	九七〇	三・五〇〇
東京城地方	六〇	三六〇	一八〇	不明
南湖頭附近	七〇	四二〇	五〇〇	一・五〇〇
馬廠附近	六〇	三〇〇	三〇〇	三・五〇〇
横道河子附近	三〇	一五〇	一五〇	不明
計	九七〇	五・八二〇	五・四八〇	二三・〇〇〇

但シ現在寧安市内ニ一・〇〇〇名餘ノ避難民アリ之等ハ縣下各地ヨリ避難シ來レルモノナルニヨリ 右ノ表ニ多少異動アルハ勿論ナルモ正確ナル數ヲ知ルヲ得ズ

二、寧安縣下ニ於ケル鮮人ノ經濟生活

現在細部ニ亘リ調査スルヲ得サルモ一般鮮農ノ言ヲ綜合スルニ鮮農一戸（家族六人ト見テ）當リ一年ノ收入金ハ三百元（哈洋）位ニテ即チ一日八十錢（哈洋）位ノ收入ヲ以テ衣食住ノ資ニ當テツヽアル現狀ナリ　而モ事變後匪賊横行等ノ爲ニ右ノ收入モ勿論多大ノ減少ヲ來シ甚シキハ全ク收入ノ途ナキモノ相當ノ數ニ上リ　現ニ寧安ニ避難中ノモノ約一・〇〇〇名餘ニ就キ見ルモ自己ノ收入ヲ以テ生活ヲ維持シ得ルモノハ半數ニ滿タズ殘部ハ一日五錢ノ食費（朝鮮總督府ヨリ支給セラルヽモノ）ヲ以テ辛ウジテ生命ヲ維持シ居ル狀況ニシテ之等ノモノヲ原住地ニ送還シテ生業ニ就カシメル事ハ一日モ等閑ニ附セラレザル問題ナリ

三、寧安縣下ニ於ケル鮮人ノ教育

寧安縣下ニ於ケル鮮人學校ハ大體朝鮮ノ普通學校ニ倣ヒ六年制トシ教員三名ヲ備ヒテ數年前ヨリ寧安、海林、新安鎭、江南ニ開校シタルモ一昨々年支那官憲ニ迫害セラレ何レモ閉校スルノ止ムナキニ至レリ其ノ後ノ情況未ダ詳細ニ判明セズ

四、寧安縣下ニ於ケル鮮人ノ宗教

宗旨其ノ他ハ調査未完了ニシテ詳細ハ不明ナルモ縣下ニ移住セル鮮人ハ殆ンド基督教信者ニシテ一九一九年（民國八年）ノ秋寧安ニ鮮人基督教會設立セラレ、鮮人宣教師一名ヲ京城ヨリ呼ビ寄セタリ、目下信者數二十名ヲ出デズ

海林ニモ同教會設立セラレタルモ滿洲事變直前迄ハ不逞鮮人ノ爲占據セラレ惡思想宣傳ノ中心ナリシト云フ

數年前ハ縣下ノ信者數年ニ百名位ノ割合ニテ增加セリト云フモソノ概數不明ナリ、當時ノ吉林省長ハ「寧安地方ニカヽル基督教ノ布教ハ將來地方ニ大變動ヲ誘致スル因ヲ爲スモノナリ、速カニ調査シテ國境外ニ放逐セヨ」トノ指令ヲ發シ、寧安官憲ヲシテ民國十?年之レヲ朝鮮北境ニ放逐セシメタリ

其ノ後官憲ノ壓迫ニヨリ現在ハ其ノ影サヘ見ザルニ至レリ

以上ノ諸項ニ關シテハ現在資料ニ乏シク、又ソノ調査モ全タカラザル點多々アリ、後日資料集リ次第訂正發刊スベシ

穆稜縣全圖

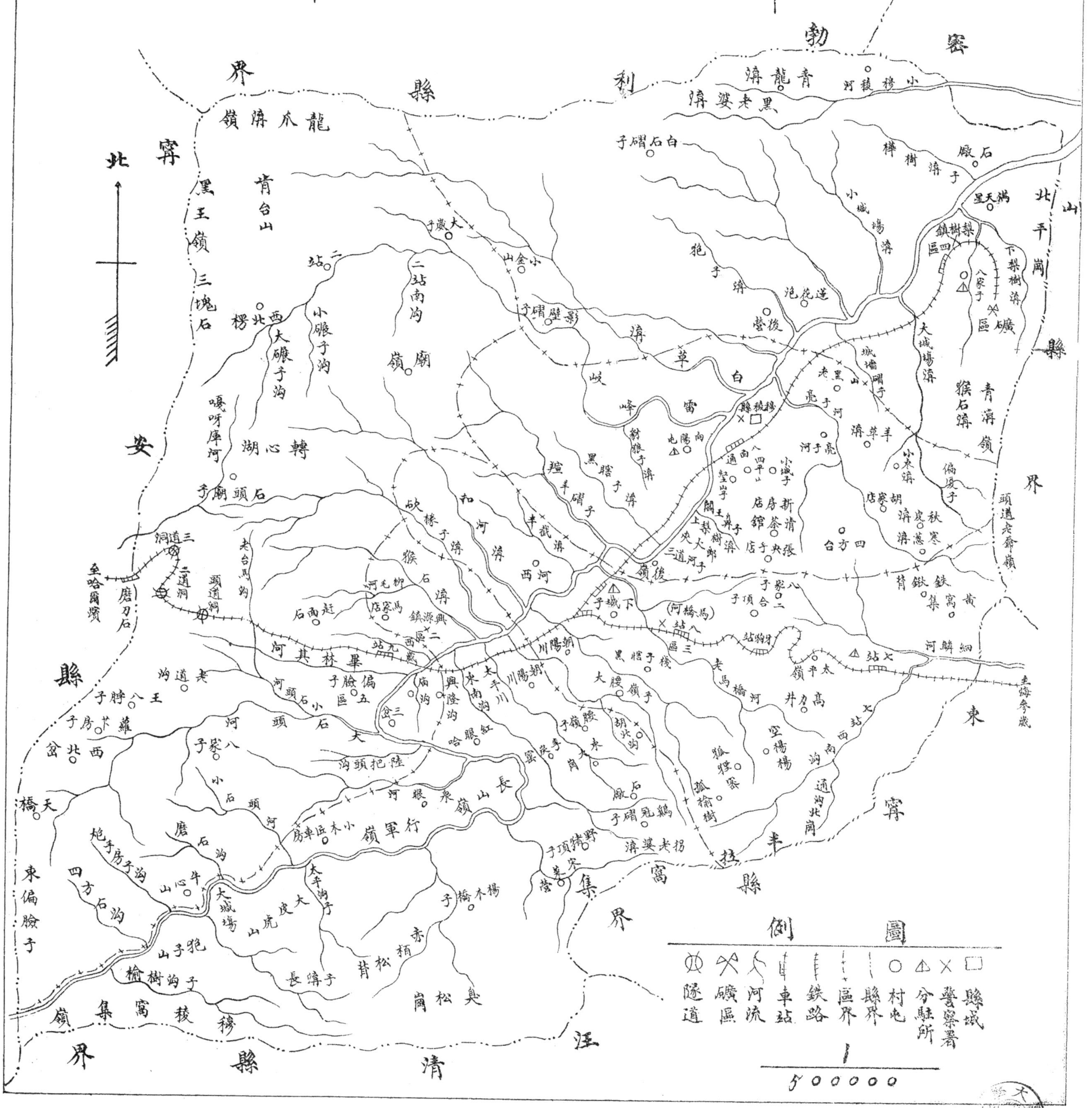
圖例
縣城
警察署
分駐所
村屯
縣界
區界
鐵路
車站
河流
礦區
隧道
1/500000
北
寧安縣界
勃利縣界
密山縣界
虎林縣界
東寧縣界
汪清縣界
青龍溝
黑老婆溝
龍爪溝嶺
白石砬子
青台山
黑王嶺
三塊石
二站
小金山
大碱子
穆稜縣
下城子
八面通
後營
雷峰岐
白草溝
伊林
磨刀石
三道洞
頭道洞
畢林其河
偏臉子
馬家店
興源鎮
馬橋河
八站
七站
細鱗河
高力井
太平嶺
梨樹鎮
四區
八家子
礦區
上亮子河
青溝嶺
猴石溝
頭道老爺嶺
黃窩集
四方台
長山嶺
行軍嶺
小木匠房
大城場
穆稜窩集嶺
東偏臉子
天橋
西北岔
王八脖子
陸把頭溝
楊木橋子
赤松背
臭松崗
通溝北崗
野豬項子
紅眼哈
太平川
胡子溝
小石頭河
磨石溝

穆稜縣城圖

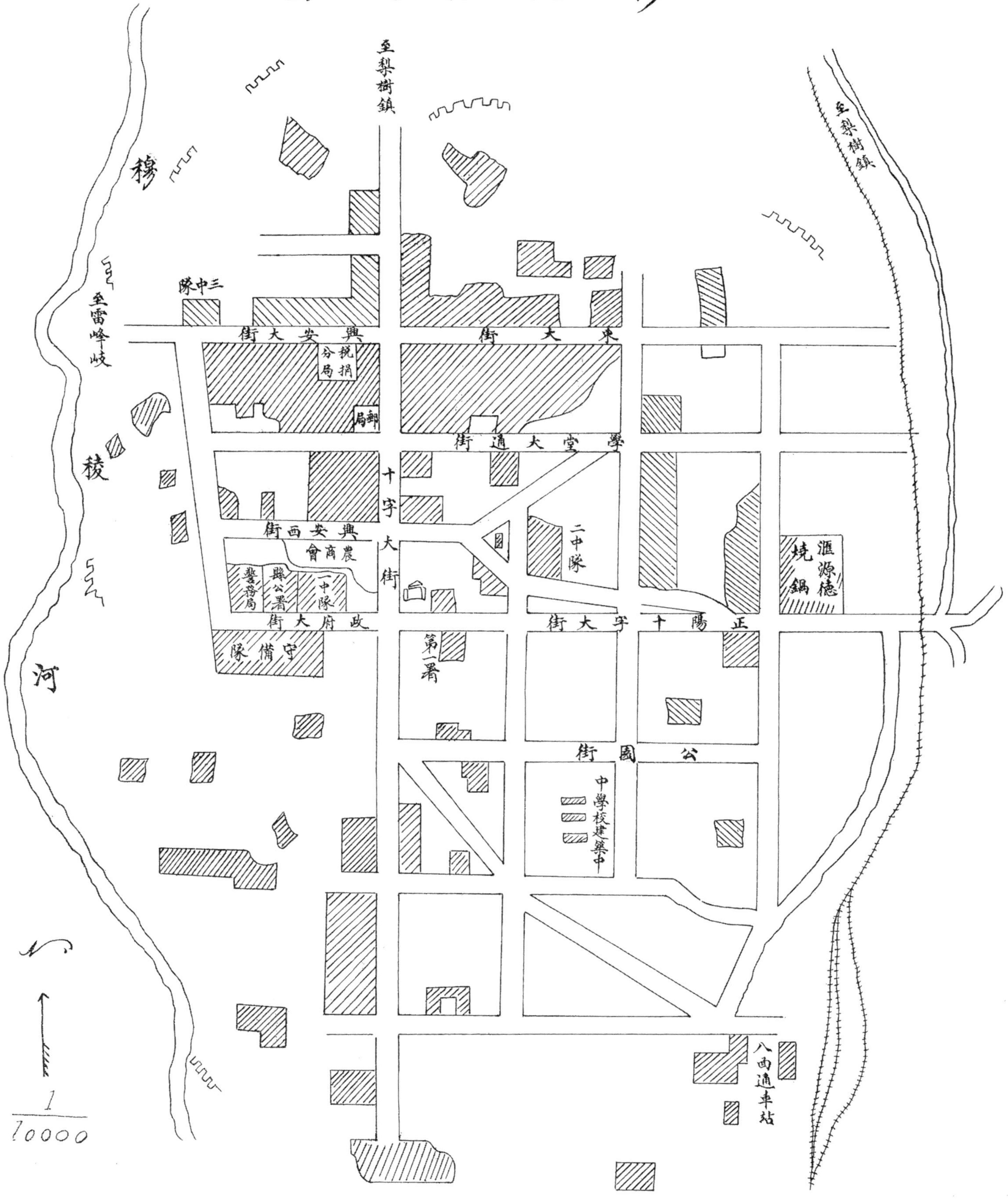
至梨樹鎮
至梨樹鎮
穆稜河
至雷峰岐
三中隊
興安大街
東大街
税捐分局
郵局
學堂大通街
十字大街
興安西街
農商會
警務局
縣公署
一中隊
政府大街
守備隊
第一署
二中隊
滙源德燒鍋
正陽十字大街
公園街
中學校建築中
八面通車站
1/10000

穆稜縣

目次

穆稜縣

第一　地史

古代金朝ノ時代當地ハ女眞別部ト云ヘリ、金ノ世祖拉必瑪察ノ本記ニヨレバ當時穆稜水ニ據リテ使阿里罕ヲ往カシメテ治メシムト、明朝ノ時木倫河衞ト云ヒ、清朝ニ至リ穆倫部ト稱セリ

清ノ光緒二十八年ニ至リ穆稜河知事ヲ設ケ綏芬廳隷下ニ屬セシム宣統元年穆稜縣ト改稱シ穆稜縣治ヲ興源鎭ニ設ケ民國十九年縣治八面通ニ移リ現在ニ至レリ

第二　位置

本縣ハ東經百三十度十八分北緯四十四度三十七分ニ位シ、吉林省城ヨリ東北方八百十里ヲ距ル

東ハ密山及東寧縣ニ接シ、南ハ東寧ト汪淸ニ縣西ハ寧安北ハ勃利縣ニ接ス

縣城ハ縣ノ東北部穆稜河畔ニ位置ス

第三　地勢

全縣長白山脈ノ支脈タル完達山脈穆稜窩集嶺ヲ以テ埋ル

穆稜河ハ縣西南部穆稜窩集ニ源ヲ發シ縣ヲ南北ニ貫キ猴石溝、馬橋河、白草溝、雷峯岐、淸茶館、亮子河等ノ諸河ヲ合セ縣內ヲ流ル、コト二百六十里、東北部滿天星ニ到リ密山縣ニ入ル、隣縣ニ通ズル主要道路ハ皆現在ハ

馬車道ナリ、近時自動車路ニ改修セント目下企畫中ナリ、沿道至ル所未開發ノ森林鑛山多シ

第四　面積　人口

一、面積

本縣全面積ハ　萬二九千二百三十平方里ニシテ區別スレバ次ノ如シ

既耕地　二四二・七四八垧

荒地　二・〇〇〇・〇〇〇垧

可耕地　五〇〇・〇〇〇垧

不可耕地　一・五〇〇・〇〇〇垧

山林面積　五二八平方里

二、人口

全縣戶數　九・三三六戶

人口　四七・九三一人

男　二九・五九〇人

女　一八・三四一人

全縣國籍別及區別戶口調查表ヲ示セバ左ノ如シ

穆稜縣戶口類別表　（自大同二年七月一日―至大同二年十一月三十日迄ノ調查）（穆稜縣公署）

區別	國籍別	戶數	人口數 男	人口數 女	計
第一區	滿	三・一七四	一〇・四七二	七・二一四	一七・六八六
	鮮	一五七	四八九	四一一	九〇〇
	日	一	二		二
第二區	滿	八三三	二・五九一	一・七五五	四・三四六
	鮮	三八	一四九	一一〇	二五九
第三區	滿	二・〇八六	六・六四三	三・六二〇	一〇・二六三
	鮮	三二	九〇	九四	一八四
	俄	八	八	一四	二二
第四區	滿	二・四〇三	七・八五四	四・二四一	一二・〇九五
	鮮	八九	二三五	二一一	四四六
	日	九	九	四	一三
	俄	二七	六四	七一	一三五
穆稜炭鑛	滿	二九一	八一八	四四二	一・二六〇
	俄	八八	一六六	一五四	三二〇

合計	九・三三六	二九・五九〇	一八・三四一	四七・九三一

第五　行政

一、行政組織

本縣ノ行政機構ハ滿洲事變後、昨大同元年春季ヨリ反吉林軍自衛軍等縣內ニ蟠踞セル爲殆ンド四離滅裂ニ破壞セラレ、縣ヲ上ゲテ混頓狀態ニ落チ入レリ

本年初頭滿洲國軍並ビ友邦日本軍ノ聯合討伐ニヨリ反軍ハ四散シ、コヽニ再度新シク組織セントシタルモノナリ

縣行政機構ヲ圖示スレバ左ノ如シ

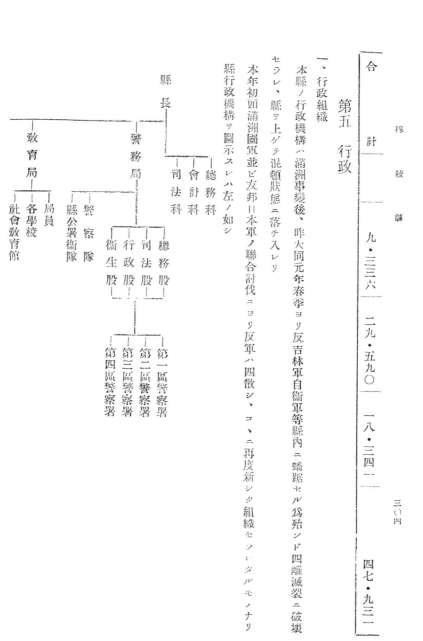

- 縣長
  - 總務科
  - 會計科
  - 司法科
  - 警務局
    - 總務股
    - 司法股
    - 行政股
    - 衛生股
      - 第一區警察署
      - 第二區警察署
      - 第三區警察署
      - 第四區警察署
    - 警察隊
    - 縣公署衛隊
  - 教育局
    - 局員
    - 各學校
    - 社會教育館

- 財務局
  - 局員
    - 馬橋河第一分卡
    - 縣街第二分卡
    - 下城子第三分卡
    - 梨樹鎮第四分卡
    - 興源鎮第五分卡
    - 穆稜站第六分卡
- （地方法團）
  - 商會
  - 農會

尙縣長以下縣公署重要職員ヲ列記スレバ左ノ如シ

縣長	袁怡箎	（四十一歲）	大同二年六月三日着任	舊撫遠縣長
局長	何爾昌	（三十七歲）	大同二年五月二十五日着任	
大隊長	崔慶壽	（三十三歲）	大同二年二月五日着任	
參事官	眞崎六郞	（三十八歲）	大同二年三月一日	
副參事官	柴崎章雄	（二十五歲）	大同二年三月一日	
警務指導官	高橋重雄	（三十八歲）	大同元年十二月三十一日	
〃	淺井順藏	（三十　歲）		
〃	猶崎恒一	（三十二歲）		
〃	橫山政雄	（三十三歲）		

二、財政

(1) 一般概況

昨大同元年春期以來自衛軍ノ蟠踞一年ニ亘リ、縣行政機關ハ全部彼等ノホシイマヽニスルトコロトナリ、本縣內ニ於ケル正貨ハ彼等ノ手中ニ入リ一般人民ノ手ニアルハ殆ンド彼等自衛軍ノ發行セシ救濟券(軍票)ノミニシテ本年大討伐後淸鄕局ノ成立ト同時ニ救濟券ノ流通不能トナリシヲ以テ、縣內ニ於ケル通貨ハ甚シク不足ヲ告ゲ、金融梗塞セル爲現金取引一般ニ行ハレ、掛賣買ハ利カズ爲替ノ取組ニモ銀行ナク商家ノ手ニヨリテ僅カ爲替ニ類似スル如キ方法ガ行ハル、狀態ニシテ、且又商家所有高モ現在幾何モナク、商家自體ニシテモ新貨物ノ購入等ニモ手ヲ染メ得ルハ仲々困難ニシテ、縣一般民ノ困窮狀態ハ筆舌ニ盡シ難キ狀態ナリ

前述ノ如ク縣ヲ上ゲテノ困窮狀態ナル爲國庫收入縣收入モ例年ノ半分ニ滿タズ之レガ爲縣財政モ極端ニ困窮シツヽアル狀態ナリ

尙國稅、地方稅稅目、稅率、並ビニ本年度地方收入支出預算ノ概略ヲ示セバ次ノ如シ

(2) 國稅

國稅ハ稅捐局ニ於テ徵收サレツヽアルモ、ソノ徵收狀況ハ往年ニ比シ十分ノ四乃至十分ノ五位ニ減少セリ

稅目次ノ如シ

賣錢營業稅	石炭捐	粮石捐
山貨捐	土產捐	牧畜捐
菸捐	酒捐	印花捐

麥粉捐　棉紗捐　水泥統捐

木石捐　屠宰捐

(3) 地方税

地方税ハ縣財務局ニ於テ徴收ス、徴收成績マタ往年ニ比シ十分ノ四乃至十分ノ五ニ減少セリ

税目　税率次ノ如シ

營業税	賣價ノ百分ノ一
糧捐	,, 百分ノ一
妓女捐	一名毎月一元乃至二元
攤床捐	一床毎月一角乃至二元
旅店捐	客一名一泊ニ付キ一分
商捐	商家ノ狀況ニヨリ毎月三角乃至四元
屠宰捐	牛一頭ニ付キ一元、豚一匹三角、羊一隻二角
木耳捐	價格ノ百分ノ五
汽車捐	一月六元乃至十二元
燒商筒捐	一筒毎季二十元
皮張捐	賣價ノ百分ノ五

釐捐　價格ノ百分ノ二

木炭捐　價格ノ百分ノ五

車牌捐　吉林全省劃一ナル章程通リ

田房捐　抵當ナレバ價格ノ百分ノ二、賣却ナレバ百分ノ三

垧捐　一垧ニ付年一元

鑛區協助捐　月三百元

(4) 本年度地方收入支出預算

收入預算(單位國幣)

稅目	收入金額
糧捐	六七・〇〇〇・〇〇〇元
營業稅	四二・二四〇・〇〇〇
垧捐	一八・四三八・四〇〇
田房捐	四・〇〇〇・〇〇〇
商捐	二・七二〇・〇〇〇
筒捐	一九二・〇〇〇
攤床捐	二・〇八〇・〇〇〇

屠宰捐	七〇八・〇〇〇
木耳捐	三二八・〇〇〇
皮張捐	四〇〇・〇〇〇
木炭捐	一六〇・〇〇〇
旅店捐	六四〇・〇〇〇
厘捐	二四〇・〇〇〇
妓女捐	四八〇・〇〇〇
礦區協助捐	二・八八〇・〇〇〇
車牌捐	一・六〇〇・〇〇〇
汽車捐	一六〇・〇〇〇
學田地租	五三三・六〇〇
合計	一四五・〇〇〇・〇〇〇

支出預算（單位國幣）

機關別	經常費		臨時費	計
	薪餉	辦公費		
警務局	七・八七二・〇〇圓	一・四四〇・〇〇圓	七・五一六・〇〇圓	一六・八二八・〇〇圓
第一區警察署	四・三三四・四〇	二四〇・〇〇		四・五七四・四〇

第二區警察署	二・九九〇・四〇	二四〇・〇〇		三・二三〇・四〇
第三區警察署	五・〇六四・〇〇	四八〇・〇〇		五・五四四・〇〇
第四區警察署	五・五〇五・六〇	三六〇・〇〇		五・八六五・六〇
警察隊大隊本部	四・五六〇・〇〇	八四〇・〇〇	五・三二八・〇〇	一〇・七二八・〇〇
第一中隊	一二・四九四・四〇	二四〇・〇〇		一二・七三四・四〇
第二中隊	一一・八九四・四〇	二四〇・〇〇		一二・一三四・四〇
第三中隊	一二・四九四・四〇	二四〇・〇〇		一二・七三四・四〇
騎馬隊	一三・一八五・六〇	二四〇・〇〇		一三・四二五・六〇
縣公署衛隊	四・〇二〇・〇〇	一八〇・〇〇		四・二〇〇・〇〇
警務局小計	八四・四一五・二〇	四・七四〇・〇〇	一二・八四四・〇〇	一〇一・九九九・二〇
教育局及各校	二六・四二五・〇〇	七・〇五六・〇〇	四八〇・〇〇	三三・九九〇・〇〇
財務局及各分局	六・七二〇・〇〇	二・一六〇・〇〇	三・〇〇〇・〇〇	一一・八八〇・〇〇
合計	一一七・五八九・二〇	一三・九五六・〇〇	一六・三二四・〇〇	一四七・八六九・二〇

右預算中收入ハ概ネ民國十八、九年ヲ標準トシテ作成セルモノニシテ支出ハ大同二年七月現在各機關ノ實際必要ナル經費ヲ計上セルモノナリ然ルニ昨年ヨリノ匪害、水災ノ影響大ナリシニ加ヘ本年モ多少ノ匪害ヲ被リタレバ縣財政ノ困難ナル事ヲ豫期シ得タリ依テ之ガ救濟策トシテ中央銀行ヨリ二萬五千元及省ヨリ五千元ノ行政借款

ヲナシ幸シテ夏枯時ヲ過シ收穫時ヲ待チ居タリ　然ルニ何ゾ計ランヤ穀價未曾有ノ下落ニ遭ヒ價格ノ底廉ト出廻リノ極テ僅少ナルトニヨリ地方財政ニ影響スル處頗ル大トナレリ　農產物以外ニ何等見ルベキモノ無キ當縣ニ於テハ斯ノ如キ農產物價ノ未曾有ノ下落ハサナキダニ昨年來ノ匪害、水災ニ塗炭ノ苦ニ呻吟シツツアル農民ヲ殆ド破產的立場ニ陷ラシメ從テ之ヲ相手トスル各鎭ノ商戶モ多大ノ影響ヲ蒙リタリ　斯ノ如キ事情ニヨリ七月以降豐作ナルニ拘ラズ地方稅收入極テ少額ナリ　即チ左ノ如シ

七月份	國幣	一・二七八・二三〇元
八月份	〃	二・三八六・五九〇
九月份	〃	二・八二五・六六〇
十月份	〃	一・八五〇・九四〇
合計	〃	八・三四一・四二〇

尙十一月份地方稅ハ約二・四〇〇・〇〇〇元ナレドモ未ダ完納セラレズ從テ收支相償ハザル情況ナリ　據テ現在十、十一月份ノ各局ノ俸給ハ未拂ナル狀態ナリ　コレ縣財政ノ現狀ニシテ今後ノ見込極テ悲觀スベキモノニシテ之ガ善後策ニ關シテハ目下種々ノ打開策ヲ考究中ナリ

三、警備機關

(1) 軍隊

日本軍、並ビニ滿洲國軍ハ縣內治安維持ノ爲縣內各地ニ分駐ス

日本軍　穆稜站聯隊本部　梨樹鎭大隊本部
八面通步兵砲隊
吉林警備第一旅　約六〇〇名
梨樹鎭　興源鎭　穆稜站ノ三ケ處ニ分駐ス
吉林警備第五旅　約五〇〇名
下城子　馬橋河ノ二ケ處ニ分駐ス

(2)　警務局　警察隊

警務局ハ局長以下百六十一名ニシテ縣城内ニ警務局アリテ各區ニ警察署ヲ設置シ縣内ノ行政警察ニ從事ス
警察隊ハ警務局ノ指揮下ニアリテ隊長以下二百八十名ニシテ、縣城並ビニ各區ニ駐屯シ縣内行政警察ノ補助ヲ爲シ主トシテ游擊掃匪ニ從事ス
尙縣公署衞隊三十餘名アリテ縣公署ノ守備ニ任ズ
警察機關ノ現在狀況ヲ示セハ左ノ如シ

穆稜縣警務局並ビ警察隊現有勢力

隊別	人員數	銃器數
警務局	二九	不明
第一區警察署	三二	一〇

第二區警察署	二〇	不明
第三區警察署	三七	不明
第四區警察署	四三	九
警察隊大隊部	一四	不明
第一中隊	九二	六九
第二中隊	九二	七〇
第三中隊	九二	八六
騎馬隊	九二	三〇
縣公署衞隊	三三	不明
合計	五七六	

(3) 自衞團

總團丁數四百餘名アリテ警務局長ノ指揮ヲ受ケ　各村落ノ自衞的警備ニ當リツヽアリ

甲名	牌數	官員數	團丁數	槍械數	備考
第一甲	八	八	一〇一	八三	
第二甲	五	六	一一三	八九	

第三甲	五	四	四五	三一
第四甲	五	六	八三	八一
第七甲	五	五	七〇	六〇
合計	二八	二九	四一三	三四四

産業

一　農業

(1) 概況

本縣ハ山間ノ僻地ニシテ荒蕪地、山岳地等多シト雖モ河谷ノ平地或ヒハ傾斜地等ハ地味相當ニ肥沃ニシテ農業ニ適シ大豆、小麥、大麥、稻子、小米、包米等ノ各種農産物アリ

(2) 耕地面積

本縣ノ全面積ハ約二九二三〇平方里ナリ其ノ中現在ニ於ケル熟地即チ大租ヲ收メ實際登記セル耕地面積ハ二萬四千餘垧地ナルモ實際ニ耕作ニ用ヒラレテ居ル面積ハ約十萬垧地ナリト推察セラル元來邊境ノ地方ニアリテハ殆ンド正式ニ納税セズシテ耕地ヲ所有スル者多ク吉林省ニテハ自報升科等ノ辦法ヲ用ヒテ土地ノ登記ヲ施行シツヽアリト雖モ何百年來ノ舊慣ハ一朝ニシテ之レヲ改ム可カラズ　従ツテ本縣ノ耕地面積ノ統計ヲ見ルモ實際ニ耕作セラレツヽアル土地面積ト納税ヲナス土地面積トハ前述ノ如キ大ナル開キアリ　縣内各地ニアル未開墾地ト雖モ

治安ノ維持充分トナレバ相當開墾セラルヽニ至ラン

(3) 耕種方法

一般縣民ハ舊式方法ニ依リ耕作ヲナシ洋犂ヲ用フルモノナク大體舊式木犂ヲ使用ス、故ニ牛馬ハ跌ク可カラザル勞力ノ提供者ナリ

(4) 播種情況

毎年春耕ハ清明節ヨリ始リ穀雨節ニ至リテ終ル先ツ大麥、小麥ノ播種ヲ行ヒ次ニ高粱、小米、豆類等ノ順序ニテ播種セラル

(5) 農作物作付面積並ビ之ガ收穫高

從來ノ正確ナル統計ナク之ガ調査ハ頗ル困難ナル情態ナリ、大同元年度ノ統計ヲ示セバ、大同元年度ハ水害、匪害アリ、全縣熟地面積約二萬五千垧地中實際ニ耕作サレシハ二萬垧内外ニシテ農作物モ從ツテ減少セリ、之レヲ表示スレバ左ノ如シ

類別	垧數	毎垧地收穫額	總收穫數	平均毎垧收穫額
大麥	三〇〇	六石	一・八〇〇石	八石
小麥	一・七〇〇	二	三・四〇〇	四
高粱	二・〇〇〇	四	八・〇〇〇	六
小米	二・三〇〇	五	一一・五〇〇	六

包米	二・五〇〇	四	一〇・〇〇〇	六
麻子	二〇〇	三	六〇〇	四
稻子	三〇〇	八	二・四〇〇	一三
小豆	一〇〇	三	三〇〇	四
綠豆	一〇〇	二	二〇〇	三石或ハ四石
大豆	一一・〇〇〇	三	三三・〇〇〇	四石或ハ五石
合計	二〇・五〇〇		七一・二〇〇	

二、牧畜業

本縣ニハ牧畜ヲ主業トスルモノナシ、多ク農耕ニ使用ス

然レドモ反軍入縣以來強奪撲殺セラレテ現在ニ於テハ耕作ニ事缺ク狀態ニアリ

本年三月末縣警務局ニ命ジ調査セル數量ハ大體信ズベキモノナリト思料セラルヽモ各地ニ匪賊ノ横行甚シキヲ以テコレ亦調査ニ漏レタル者アルヲ免レズ

縣内牲畜調査表ヲ擧グレバ左ノ如シ

類別	原有頭數	匪害損失頭數	現在頭數
牛	二・一一八	一・六〇六	五一二
馬	五・六七二	二・九五四	二・七一八

騾	二三五	一三七	九八
驢	五四八	四一四	一三四
豚	二一・五八五	一六・四八六	五・〇九九
雞	二一・〇二八	一八・五三二	二・六七六
羊	一・五九六	九〇七	六六九

三　林業

本縣ハ穆稜河谷並ビニ之ニ合スル支流ニ沿フ平地ヲ除ケバ殆ンド全縣山岳部ニシテ從ツテ森林モ甚ダ多シ。近年各地ノ開發ト同時ニ各鎭或ヒハ村落附近ノ森林ハ亂伐セラレ鐵道沿線等ニテハ美林ヲ見ル能ハサルモ一歩奥地ニ足ヲ入レヽバ至ル所千古斧ノ入ラザル森林地帶ニシテ晝尚暗ク鬱蒼タル美林少ナカラズ　特ニ馬橋河東北ヨリ密山縣境ニ到ル黄窩地、秋皮溝、頭道老爺嶺、青溝嶺等ハ有名ナル林場ナリ　前年同益公司ニ五百五十六滿里ヲ開放セリ地方團體ニ屬スル林場ハ約二百滿里ナリ

樹木ノ種類ハ果松(五葉松)、魚鱗松(トウヒ)、臭松等多ク黄花松(カラマツ)ハ其數少ナシ　目下伐採セラルルモノハ果松多シ　木材ハ大體縣内ニ於テ消費セラルヽニ過ギス　本縣ノ需要ヲ滿スニ足ルト雖モ交通、運賃等ノ關係ヨリ殆ンド搬出セラルヽニ至ラズ穆稜炭坑ニテ用フル坑木モ同鐵道用枕木モ大體附近ヨリ産出セラルルモノナリ　一般住民ノ用フル薪ノ如キモ附近山林中ヨリ伐採シ來ルモノナリ

(1) 山貨ノ種類及產額

山林中ヨリ產スル特殊產物ヲ山貨ト云フ　本縣モ山岳地少ナカラザルヲ以テ山貨ノ產出地尠ナカラザリシモ近年人口ノ漸ク增加スルニ伴ヒテ其產額頓ニ減少シ大體縣民ノ需要ニ供スルニ足ルノミニシテ他縣ニ搬出セラルルモノ殆ンドナシ

主ナルモノヲ擧グレバ左ノ如シ

イ、木耳(キクラゲ)　年產額約六萬斤

ロ、山參(山人參)　近年產出減少セリ

ハ、黃芪(藥草)　年產額約一萬斤

ニ、鹿茸(鹿ノ袋角)　近年產額少ナシ

ホ、毛皮類(カワウソ)狐等ノ毛皮ノ產出殆ンドナク見ルベキモノナシ

ヘ、野獸並ビニ野鳥類、雉、鴨等ノ獵鳥特ニ雉ハ冬季地方民ノ食膳ヲ賑ハス　野猪、熊、鹿、ノロ等相當ニ棲息スルモ之ヲ獵スルモノ殆ンドナシ

四水產業

本縣ハ山間ノ僻地ナレバ水產物ニ惠レズ　海產物、魚類等ハ多ク浦鹽方面或ヒハ大連方面ヨリ輸入セラルルモノナリ　但シ本縣ノ中央ヲ貫ク穆稜河ニハ鮒、鯉魚、鯰其他各種雜魚アリテ地方人ノ需要ヲ幾分滿タシツヽアリ

五商業

(1) 概況

本縣ノ商業ハ北滿鐵路縣內ヲ貫通スル爲他縣ニ比シ比較的盛ナリ　穆稜鐵道ノ終點タル梨樹鎭ハ穆稜炭鑛ヲ控ヘルノミナラズ　密山、虎林、勃利、三縣ニ對スル商業ハ本鎭ニテ行ハレ從ッテ集散物資モ相當ナル額ヲ示セリ　衞街タル八面通ハ新開地タルヲ以テ發展ノ形勢アレド未ダ完全ニ附近農村ノ物產ヲ吸集シ之レニ商品ヲ供給スル境ニ至ラズ　事實上梨樹鎭商業界ノ支配ヲ受ケツヽアル情況ナリ

縣下各郷鎭ハ均シク匪害ニ加フルニ水災ヲ被リ從前ニ比シテ沒落不振ノ狀況ナリ　但シ今年初メ日滿軍入境以來地方ノ治安略恢復セラレタレバ　各鎭ノ商業モ相當ニ活潑トナリ特ニ梨樹鎭ノ如キハ貨物ノ動キモ殆ンド從前ニ復スルニ至レリ

縣內商戶數賣上高大略次ノ如シ

縣城	雜貨穀物商店	二〇戶	年賣上高	約一二五・五〇〇元
縣下	,,	一二五戶	,,	一・二〇〇・〇〇〇元

(2) 梨樹鎭ノ商業狀況

梨樹鎭ハ前述セル如ク本縣ニテ最モ大ナル商業地ナリ

本鎭ニ於ケル代表的商號ノ名稱、資本金ヲ示セバ次ノ如シ

商號名稱	種別	資本金（哈洋）
萬福昌	雜貨糧業	三〇・〇〇〇元

福順德	雜貨糧業	三〇・〇〇〇
德泰油坊	油業	二〇・〇〇〇
義興泰	雜貨業	二〇・〇〇〇
義順成	雜貨糧業	二〇・〇〇〇
東順泰	仝	一〇・〇〇〇
廣豐源	仝	一〇・〇〇〇
恒泰號	仝	一〇・〇〇〇
東和盛	雜貨	一〇・〇〇〇
永聚昌	仝	一〇・〇〇〇
義合成	雜貨業糧業	一・〇〇〇
純興東	仝	一・〇〇〇
敏順盛	仝	一・〇〇〇
先增裕	米麵雜醬園	一・〇〇〇
于油坊	油坊	一・〇〇〇

梨樹鎮貨物集散狀況調査表

物品名	產地	每年移入額	每年移出額	消費地	當地消費額

石炭	穆稜炭鑛	三・〇〇〇貨車	三・〇〇〇貨車	北満鐵路	無
大豆	密山 勃利	一・五〇〇貨車	一・五〇〇貨車	浦鹽	無
粳米	,,	一〇〇石	五〇石	本縣各鎮	五〇石
木耳	,,	三〇・〇〇〇斤	三〇・〇〇〇斤	哈爾濱 新京	無
豆油	梨樹鎮	二〇〇・〇〇〇斤	二〇〇・〇〇〇斤	本縣各鎮	一〇〇・〇〇〇斤
燒酒	,,	一〇〇・〇〇〇斤	無	無	一〇〇・〇〇〇斤
布疋	哈爾濱	三五〇件	二〇〇件	密山勃利虎林	一四〇件
棉花	,,	五〇〇簍	三〇〇簍	,,	二〇〇簍
ゴム靴	,,	一五〇箱	九〇箱	,,	六〇箱
烟草	,,	三〇〇箱(五百本入)	二〇〇箱	,,	一〇〇箱
ツチ	,,	一・八〇〇箱(二四〇小箱入)	一・〇〇〇箱	,,	八〇〇箱
氷糖	,,	一五〇箱	一〇〇箱	,,	五〇箱
白糖	,,	七〇〇包	四〇〇包	,,	三〇〇包
紅糖	哈爾濱	二〇〇包	一三〇包	,,	七〇包
麵粉	,,	一〇火車	六火車	,,	四火車

石油	〃	五〇〇桶	三五〇桶	〃	一五〇桶
古新聞紙	〃	二〇〇件	一二〇件	〃	八〇件
茶葉	〃	五〇件	三〇件	〃	二〇件
磁器	〃	二貨車	一・五貨車	〃	〇・五貨車
鐵器	〃	五〇捆	三〇捆	〃	二〇捆
罐詰	〃	二〇箱	一二箱	〃	八箱
リンゴ	〃	一〇〇箱	六〇箱	〃	四〇箱
密柑	〃	一・二〇〇箱	八八〇箱	〃	三二〇箱
硝子	〃	五〇箱	三二箱	〃	一八箱
石鹼	〃	五〇箱(八〇個入)	三二箱	〃	一八箱
ビール	一面坡 五站	四〇箱	二五箱	〃	一五箱

(3) 密輸入品

本縣ハ露領ニ近ク且ツ官憲ノ取締充分ニ行届カザルニヨリ露境方面ヨリ密輸セラルヽ物品少ナカラズ、但シ現在ノ治安行政ノ情況ニテハ之レニ關スル徹底的ノ調査取締ヲナス方法ナク從ツテ如何程密輸サルヽカ知ル能ハズ密輸中ニ最モ注意スベキハ密山縣ヲ通過シテ輸入セラルヽハ食鹽、銃器、彈藥、阿片等ナリ、但シ日本軍入縣

以來國際關係ヲ恐レ露國ヨリノ武器密輸ハ減少ヲ見タルモ國境附近ニアル匪團ハ其ノ武器補充ヲ露國ニ求メツヽアル現狀ナリ

阿片ハ多ク虎林、饒河縣ヨリ密山縣ヲ經テ本縣ニ密運セラルヽモノナルガ本年ハ途中匪賊ノ横行甚シク多量ノ阿片ハ前記地方ニ死藏セラレテ未ダニ搬出セラレザル現狀ナリ

尚本縣ニテ消費セラルル食鹽ハ從來綏芬河鹽倉ヨリ運來セラレシモノニシテ一ケ年消費高約五十萬斤ナリ、從來各鎭各地ニ官鹽分銷處設置サレ商人ノ自由販賣ヲ許可セリ、當時ハ又長春鹽倉ヨリ人ヲ派シ梨樹鎭ニテ緝私隊ナルモノヲ組織シ密賣ヲ取締リタルモ、本年ニ入リテハ前記ノ如キ正式ナル機關ナク食鹽ニ關シテハ殆ンド無政府狀態ニシテ一般ニ使用セラレツヽアル食鹽ハ多ク密山方面ヨリノ密輸入品ナリ

(5) 金融並ビニ通貨

從來本縣ハ吉林省中最モ匪賊多ク治安定ラザル地方ニシテ匪賊ノ横行甚シク從ツテ產業ノ開發モ遲々タルモノニシテ、新式銀行ハ勿論舊式銀行ト稱スベキ錢舖或ヒハ此レ以上ノ程度ニ一般農民ノ金融機關トシテ重大ナル役割ヲ果スベキ當舖等ニ至ルマデ一トシテ存在スルナク、地方ノ金融實權ハ地方ニ於ケル大商號、或ヒハ大地主ノ手中ニアリ、僅カニ金融機關トシテ穆稜縣地方金融委員會ナルモノアリテ地方ノ金融ヲ掌リ居リシモノニシテ、コレ亦地方有力者ノ獨占スル處トナリ、一般農民ハ利益ヲ受クル事能ハサル狀況ナリ

該委員會ハ地方財務處ト關係極メテ密ニシテ從前財務處ノ存款哈洋二十餘萬元ヲ地方民ニ貸付居タル處、昨年自衞軍ニ偵知セラレソノ約半額ハ自衞軍ノ軍費ニ消費セラレタリ

又該委員會ハ自衞軍ニ强迫セラレ地方民ニ貸付ケシ金額並ビニ財務處ノ收入ヲ擔保トシテ金融救濟券(軍票)ヲ發行セリ

ソノ發行總高哈洋二十一萬六千餘元ナリ、本年日滿聯合軍討伐以後縣清鄕局成立スルニ及ヒ直チニ佈告ヲ發シ本救濟券ノ通用禁止ヲナシ一方人民ノ手中ニ存任スル額ト匪賊所有ノ分トヲ區分センガタメ、之レニ日ヲ限リテ印ヲ付シタリ

自衞軍ノ蟠踞一年ニ亘リ、本縣内ニ於ケル正貨ハ彼等ノ手中ニ入リ一般人民ノ手ニアルハ殆ンド救濟券ノミナリ

清鄕局ノ成立ト同時ニ救濟券ノ流通不能トナリシヲ以テ縣内ニ於ケル通貨ハ甚シク不足ヲ告ケ金融逼迫シ人民ハ困却シツヽアル現狀ニシテ、救濟券問題ノ解決ハ刻下ノ急務ナリト思惟ス

自衞軍ノ發行セシ穆稜縣金融救濟券ノ種別及内譯次ノ如シ

薄紙	五元券	四四・五〇〇元
厚紙	五元券	一二二・〇〇〇元
厚紙	一元券	四〇・〇〇〇元
厚紙	五角券	一〇・〇〇〇元

縣内ニ於ケル通貨ハ從來、哈洋、官吊ヲ以テ主體トナシ居リシヲ以テ現在ニ於テモ物價ハ哈洋、或ヒハ官吊建ナリ、貨幣ノ換算率ハ國定相場ニヨリ兌換セラレツヽアリ、最近國幣ノ流通又盛ニナリツヽアルモ未タ物價ハ國

幣建トナルニ到ラズ

六　工業

本縣內ノ工業ハ見ルベキモノナク、僅カニ左ノ數ケ所ニ工業設備アルヲ見ルモ、匪賊ソノ他ノ關係ヨリ營業停止中ニテ其ノ再開ノ能不能ハマタ疑問ナリ

縣城　機械油坊一　精米所一

馬橋河　火磨一

梨樹鎭　機械油坊一　精米所一　電燈公司一

七　鑛業

縣內各地ニハ相當有望ナル金鑛、炭鑛等アレドモ交通ノ不便ト治安ノ保タレザル現狀ニ於テハ之等豐富ナル寶ノ山モ手ヲコマネキ未ダ採掘セラルヽニ至ラズ、現在營業シツヽアルハ梨樹溝ニ於ケル官民合辦ノ穆稜炭鑛公司ノミニシテ其他ニ於ケル金鑛、炭鑛等ハ以前ニ於テ採掘セラレシ事アルモ現在ハ殆ンド放棄セラレツヽアル現狀ナリ

(1)炭鑛

(イ)梨樹溝(穆稜炭鑛)

穆稜炭鑛ハ縣內唯一ノ炭鑛ニシテ現在ハ營業不振ナルモ營業ヲ繼續シツヽアリ

(ロ)秋皮溝

縣城東方八十支里ノ地ニアリ、住民ノ言ニヨレハ炭鑛アリト言フモ正確ナル調査ヲナシタルニ非ズ

其ノ他小北溝、柳樹河等ニモ炭脈アリト云フ

(2) 金鑛

金鑛ハ相當ニ存在ス　秋皮溝、凉水泉子、馬橋河、小金山、碾子溝、大城場、大哈塘等ノ地ニアリ

秋皮溝、凉水泉子ノ二ケ處ハ近來產額減少シ遂ニ採掘停止セリ　民國十五年官商合辦ノ稜川金鑛公司ノ設立セラル丶ヤ、馬橋河一帶地方ニテ金鑛ノ採掘ニカ丶リシモ營業不振ヲ以テ一ケ年ニテ該地方ヲ放棄シ新ニ秋皮溝、大哈塘、碾子溝ノ採掘ニカ丶リタルモ之亦失敗ニ終レリ　昨春以來匪賊橫行盛ントナルニ及ビ各鑛トモ採掘ヲ停止スルニ至レリ

今日マデノ金鑛採掘ノ歷史ヲ見レバ大體失敗ナレドモ之レハ技術ノ拙劣ナルト經營方法ノ不良並ビニ匪賊ノ橫行トニ依ルモノナリト思料セラル故ニ充分細密ナル調查ヲ行ヒ治安ノ確實ナル維持ト相俟チ相當大ナル資本ヲ投下スレバ相當ナル成績ヲ收ムルヲ得ベシ

(3) 鐵鑛

白石砬子地方ニ十分ノ八以上ノ鐵含有率ヲ有スル磁鐵鑛ヲ產スルコト發見セラレシモ　現在開採ニ着手スルニ至ラズ

(4) 玻璃鑛

(イ) 馬橋河、鑛質豐富ナリ　中央ノ命令アリシ爲採掘停止中

(ロ)穆稜站、採掘未着手

第六　宗敎　敎育

一、宗敎

佛敎徒最モ多ク　基督敎徒之レニ次グ　回敎徒最モ少クナシ　寺院等モ皆無トイフベシ

二、敎育

縣内ニ昨春以來自衛軍蟠踞セル爲縣内各學校ハ閉鎖ノ止ムナキニ至レリ　今年ニ至リ一月日滿兩軍ノ討伐行ハレ自衛軍ハ四散シ　漸ク討伐軍ニ隨行セル省清鄕委員會ノ手ニヨリ逐次開校シツヽアリ　現在開校中ノモノハ小學校十六校ニシテ中學校ハ一校アルモ校舍ガ匪害シ被リタルト經費ノ關係ヨリ休校中ナリ

現在開學中ノモノヲ示セハ次ノ如シ

縣内各學校及ヒ敎師、生徒數(調査大同二年四月末日)

學校名稱	所在地	級數	敎師數	男學生數	女學生數	合計
縣立第一小學校	興源鎭	五	八	一五〇		一五〇
〃第二小學校	縣城	六	一〇	一八〇		一八〇
〃第三小學校	馬橋河	三	五	九〇	五	九五
〃第四小學校	下城子	三	五	八二	一〇	九二
〃第五小學校						

〃 第六小學校	亮子河	二	三	六一	一一	七二
〃 第七小學校	梨樹鎮	六	一〇	一九一		一九一
〃 第八小學校	向陽屯	一	一	三一	一三	四四
〃 第九小學校	保安村	一	一	二八	七	三五
〃 第十小學校	紅土山	一	一	二二	九	三一
〃 第十一小學校	東家亮子	一	一	二〇	八	二八
〃 第一女子小學校	興源鎮	三	五		七六	七六
〃 第二女子小學校	馬橋河	一	二		三七	三七
〃 第三女子小學校	下城子	一	二		三四	三四
〃 第四女子小學校	縣城	三	五		八四	八四
〃 第五女子小學校	梨樹鎮	二	三		六九	六九
計 一六		三九	六二	八五五	三六三	一・二一八

尙社會敎育機關トシテ縣城內ニ民衆敎育館アリ

敎育局ハ縣城內ニアリ其ノ組織ヲ示セハ左ノ如シ

局長一　督學一　敎育局委員二　事務員二　書記三

敎育局經費一ヶ月　六一七圓・〇〇〇

小學校經費一ヶ月　三・三三八・〇〇〇
民衆教育館經費一ヶ月　一三五・〇〇〇
合計　四・〇九〇・〇〇〇

第八　交通　通信

一、交通

(1)概況

本縣ハ外邊ノ縣ナリト雖モ中央部ヲ東西ニ北滿鐵路横斷シ又北滿鐵路ニ聯絡スル穆稜鐵道ハ下城子ヨリ梨樹鎭ニ至リ、鐵道ノ便ヲ蒙ル事甚大ナリ、特ニ穆稜鐵路ハ下城子ヨリ梨樹鎭ニ至ル三十粁間ノ物資ノ運搬機關タルニ止マラズ、延イテハ勃利、密山、虎林等各縣ニ至ル交通ノ要路ニ當リ、穆稜鐵路ノ終點タル梨樹鎭ヨリ之等各縣ニ至ル道路ハ自動車ヲモ通ジ得ベク、梨樹鎭ヲ中繼地トシテ之等各縣ニ至ル交通ハ發達セリ

冬期ニ至レバ穆稜鐵道ト並行シテ北東部中心ヲ貫ク穆稜河ハ結氷シ車馬道トナリ相當地方ノ交通ニ便宜ヲ與ヘツヽアリ

(2)鐵道

北滿鐵路　本縣通過路程　二四〇粁（磨刀石、細鱗河驛間）
穆稜鐵路　約　三十粁（下城子、梨樹鎭間）

(3)道路

縣內一般道路ハ不完全ニシテ馬車、大車等ハ通ジ得ルモ、冬期結氷期以外ハ自動車ノ通行困難ナル狀況ナリ

1.梨樹鎭―密山道　約三〇〇支里

該道路ハ穆稜鐵道ノ終點タル梨樹鎭ヨリ平陽鎭ヲ經テ密山縣城ニ通スル道路ニシテ冬夏期トモ自動車ヲ通スルモ雨期ニハ自動車ノ運行困難ナリ、現在ハ結氷期ナルト治安狀況良好ナルトニヨリ漸ク自動車ノ運行ヲ許可スルニ至リ目下在梨樹鎭國際運輸公司ハ二台、裕華公司ハ約十台ノ客用自動車ヲ以テ梨樹鎭、密山縣間ノ定期交通ニ當リツツアリ

2.梨樹鎭―　勃利道　約二四〇支里

該道路モ冬期自動車ヲ通スルモ夏期ハ不可能ナリ、但シ目下自動車ノ通行スルモノナキモ勃利縣トハ大車ノ交通自在ナリ

3.馬橋河―靑茶館―亮子河―靑狐嶺―平陽鎭道ハ舊道トモ稱スベキモノニシテ穆稜鐵道開通以前ハ北滿鐵道ヨリ密山縣ニ至ル唯一ノ通路ナリシモ鐵道ノ開通ト共ニ之カ利用減シ目下廢道アリ

4.牡丹江―穆稜―綏芬河道

國道完成目下開通セリ

尙目下計畫中ナル

1.八面通(縣城)――勃利　約一八〇支里　自動車路

2.八面通――五虎林(寗安縣)――依蘭　約三〇〇支里　自動車路

3. 八面通――羊草溝――亮子河――四方台――八家子――馬橋河間約七〇支里

4. 興源鎮――汪清　約二五〇支里　自動車路

5. 亮子河――梨樹鎮　約　七〇支里　〃

6. 興源鎮――東寧　約二六〇支里　〃

7. 興源鎮――寧安　約一四〇支里　〃

右道路ガ築造サルレバ交通ハ目サマシク發達スベク　且又沿道ニハ金鑛、炭鑛、大森林及ビ農產物ノ產出豐富ナルノミナラス、右各道路開設セラルレバ將來軍事上商業經濟上ヨリ見テモ甚ダ便宜ヲ蒙ル事トナラン

二、通信

(1) 電話

自衞軍蟠踞シ日滿聯合軍ノ討伐ニ遭フヤ電話局ヲ破壞シ器具等全部掠奪破壞シ逃亡セリ　現在梨樹鎮ニ電話局アリテ密山、勃利ニモ通ズ　又縣城各機關ニハ電話ノ設備アリ　又現在各鎮ニ電話ヲ架設スベク積極的ニ準備中ナリ　倘密山、梨樹鎮間ニハ軍用電話通ズ

倘電話網ノ現況ヲ圖示スレバ左ノ如シ

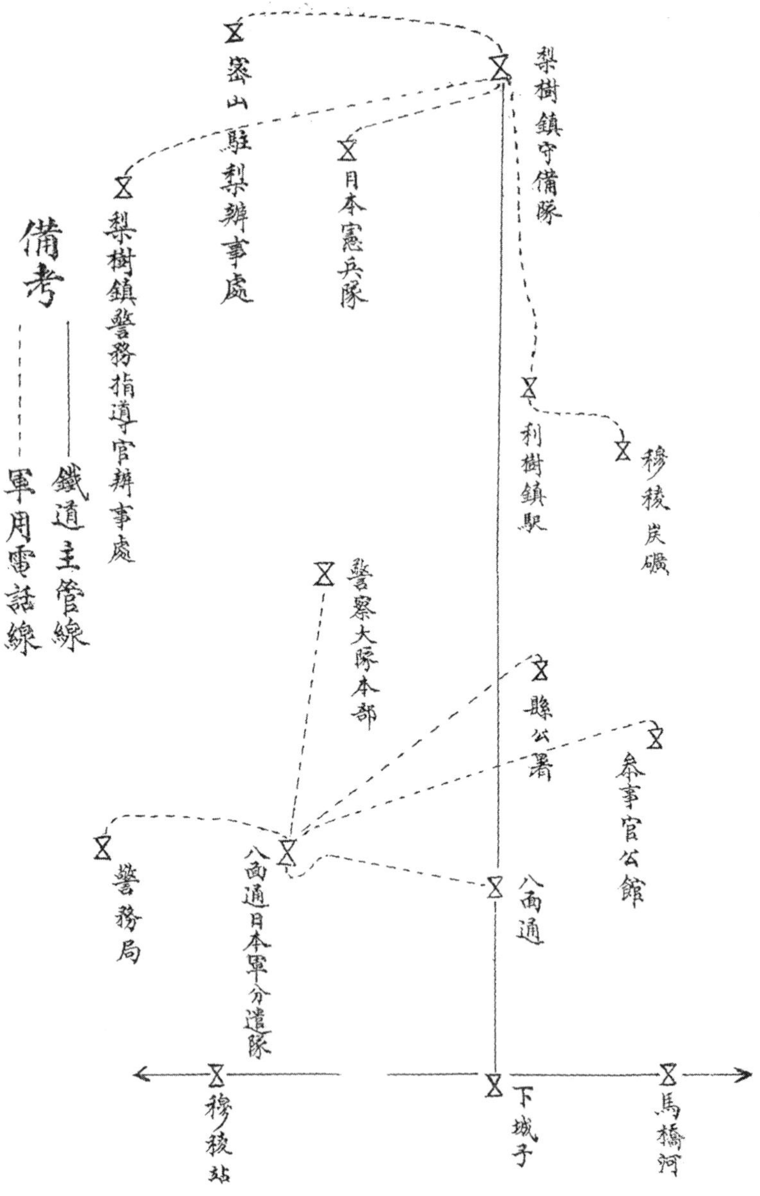
梨樹鎮守備隊
密山駐梨辦事處
日本憲兵隊
梨樹鎮警務指導官辦事處
利樹鎮駅
穆稜炭礦
警察大隊本部
縣公署
參事官公館
八面通
八面通日本軍分遣隊
警務局
穆稜站
下城子
馬橋河
備考
鐵道主管線
軍用電話線

尙電話線架設計劃

設置個所	距離
一、市內各地總距離	三〇粁
二、八面通梨樹鎭線	四〇
三、八面通胡家店線	四四
四、八面通百羊溝線	四五
五、八面通雷峯岐線	二五
六、八面通四方台線	三〇
七、八面通細鱗河線	九〇
八、八面通台馬溝線	一三六
九、梨樹鎭電話分局管線	四〇
十、梨樹鎭三分所線	四〇
十一、梨樹鎭大城場溝線	一二
十二、梨樹鎭小穆稜河線	三〇
計	五六二粁

(2) 電報

穆稜站ニ電報局アリテ縣内各主要鎭ニ通ズ

(3)　郵便

縣城内ニ郵局アリ本年二月頃マデハ匪賊ニ禍サレシト新切手等ノ準備ナク開局スル能ハザリシモ　現在ニ於テハ縣内各地ニ通ズ　鐵道ノアル所ハ鐵道ヲ利用スルモ他ハ徒歩連絡ニヨル　梨樹鎭ヨリ密山ニ至ルモノハ自動車連絡ニヨル

第九　衛生

一般縣民衛生知識ニ乏シク　又衛生設備不完全ニシテ全縣ニ病院五戸アリ、サレド其ノ設備タルヤ簡單ニシテ見ルベキモノナシ　故ニ民間ニ於テハ針灸療法ノ如キモノ行ハル

東寗縣全圖

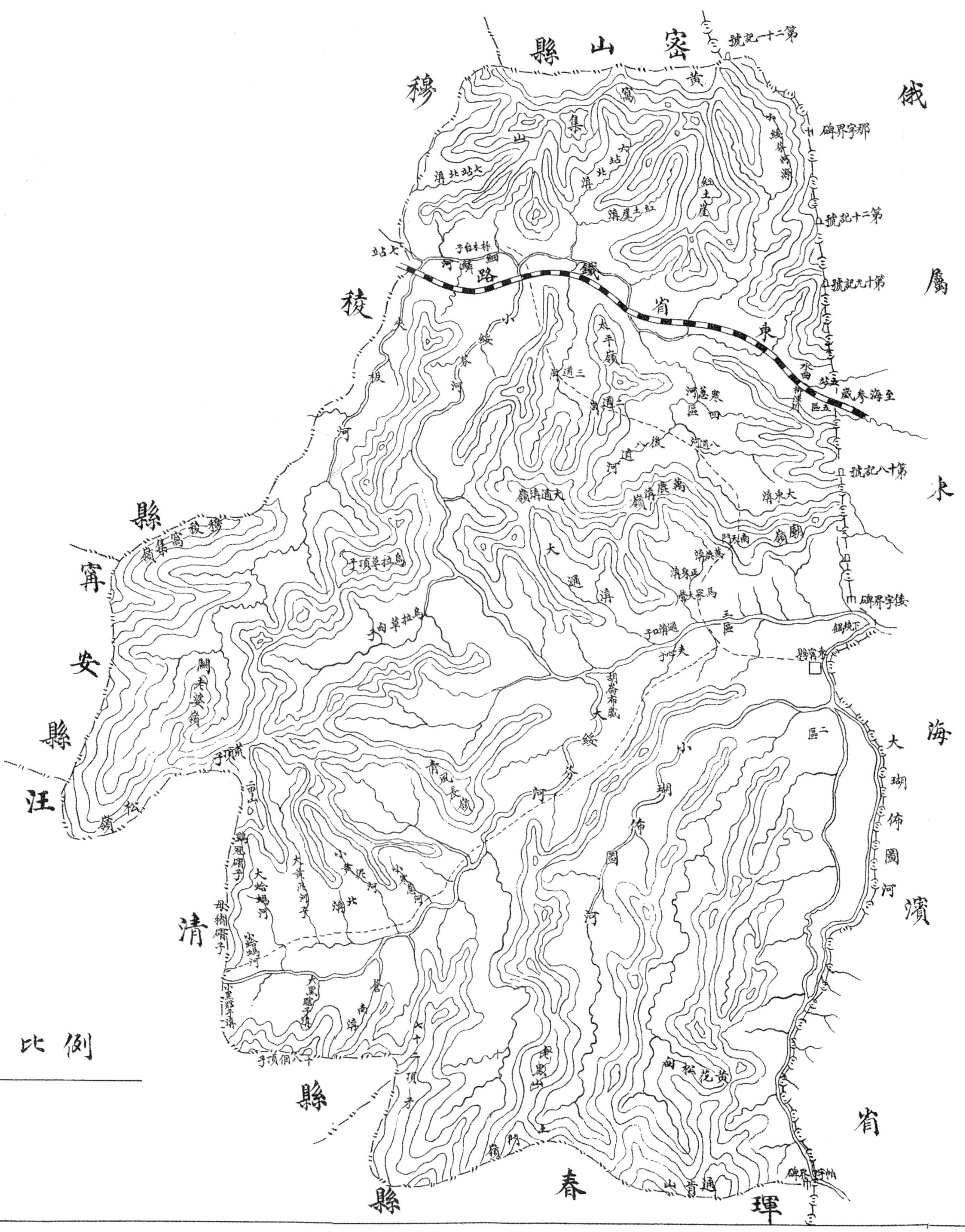

五十萬分之一比例

東寧縣街基圖

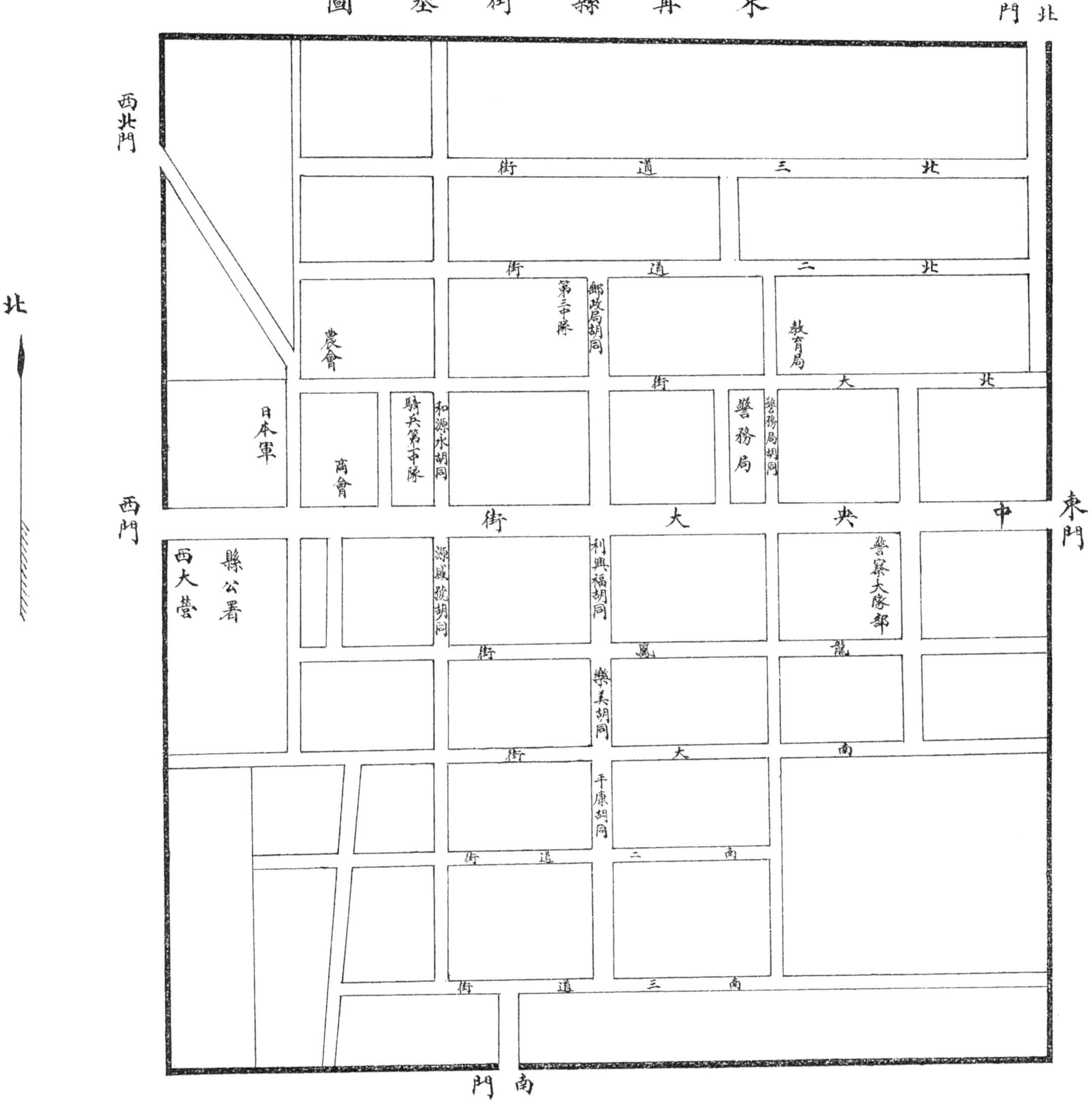

北門
西北門
北三道街
北二道街
第三中隊
郵政局胡同
教育局
農會
北大街
日本軍
商會
騎兵第一中隊
和源永胡同
警務局
警務局胡同
西門
中央大街
東門
西大營
縣公署
源盛號胡同
利興福胡同
警察大隊部
龍鳳街
樂美胡同
南大街
平康胡同
南二道街
南三道街
南門
北

東寧縣

目次

東寧縣

第一　境域

本縣ハ吉林省ノ東端ニ位シ北緯四十三度三十分ヨリ同四十四度五十分、東經百三十度ヨリ同百三十一度二十分ノ間ニ介在ス

東ハ大瑚佈圖河ヲ隔テ、沿海州ニコリスキイ郡ニ境シ帕字界碑（琿春縣ニアル分界碑）ヨリ北、倭字界碑ニ至ル百五十五支里、倭字界碑ヨリ北、十七、十八、十九、二十號記ヲ經テ那字界碑ヲ過ギ二十一號記ニ至ル距離百六十支里ナリ

南ハ琿春縣ニ境シ（縣城―土門嶺二百二十一滿里）西南ハ汪清縣（縣城―卧猪磖子二百五十三滿里）西ハ寧安縣（縣城―窩集嶺二百七十二滿里）西北ハ穆稜縣（縣城―夾板河二百二十一滿里）北ハ密山縣（縣城―黄窩集山二百三十二滿里）ニ境ス

第二　沿革

當縣ハ勃海國當時大平府ト稱スル一州中ニ屬シ金時代（一一二五年―一二三四年）ノ率賓府境恤品路ニシテ明ノ綏芬河ノ地ナリ、ソノ後清朝ニ至リ光緒二十八年三岔口招墾局設置サレ翌二十九年綏芬鎭ナル警務區設置サレタルモ便宜上之ヲ寧古塔ニ移シ吉林七副都統ノ一タル寧古塔副都統ノ管下ニ置カレタリ　宣統二年東寧廳設ケラレ警務區ハ三岔口卽チ東寧ニ移サレタリ、民國二年當縣ハ延吉道ニ屬シ東寧縣ト改稱サルヽニ至レリ

第三　地勢

北境、南境ハ一帶ニ山地ニシテ中央ニ向ツテ裾ヲ引ク即チ琿春縣トノ境ニ通肯山、土門嶺、七十二頂子ノ諸峯連リ長ク脚ヲ北ニ向ヒテ引キ、汪清縣境ノ荒頂子ハ東ニ脚ヲ引ク、北方穆山縣境ニハ黄窩集山アリ、縣ノ略中央ニ大通溝嶺ヲ主塊シ孤立セル丘地アリ

従ツテ河川ハ之等諸丘陵ノ間ヲ縫フテ一ハ北流、一ハ南流シテ東寧ノ盆地ニ於テ會シ東方ニ流レテ蘇領ニ入ル、即チ大綏芬河ハ源ヲ汪清縣ニ發シ東北ニ向ヒ、東寧盆地ニ於テ縣ノ北部ノ水ヲ集メ南流セル小綏芬河ト合シテ東ニ向ヒ、蘇境ニ於テ源ヲ遠ク琿春縣ニ發シ蘇國境ヲ北流シ來タル大瑚佈圖河ト合流シテ蘇領ニ入ル

小瑚佈圖河ハ土門嶺ニ源ヲ發シ高安村ニ於テ大瑚佈圖河ニ合流ス大綏芬河、大瑚圖河ノ流域ハ各々百餘滿里ニ及ビ本縣ニ於ケル最モ主要ナル平地ヲ其ノ兩岸ニ持ツ

(1)東寧盆地

未耕地殆ド無シ、縣内最大ノ平地ニシテ農産地肥沃ナリ

(2)綏芬河小綏芬河、寒葱河ヲ含ム平地(面積約二萬六千垧)

東寧盆地ニ次イテ農業開ケ耕地可能面積約一萬五千垧既耕地面積約一萬垧ナリ

(3)東寧平地ヨリ分派シ帶ノ如キ形ヲナシ老黑山ニ至ル平地

東寧盆地ト同シク農業開ケタルモ老黑山地方ハ未開ノ地多シ

第四　面積

本縣ハ全面積三八・五四〇方滿里卽チ二・〇七九・〇〇〇垧ト稱セラル

土地利用狀況次ノ如シ

既耕地面積　三五・五一八垧

可能未耕地面積　二五・〇〇〇垧

荒地面積　二・〇一八・四八二垧

內森林地　約六・六〇〇垧（一一〇方滿里）

第五　戶口　人口

今ヨリ六十年前ハ本縣ハ森林地帶ニシテ少數ノ支鮮人入リ込ミテ耕作（罌粟）ニ從事セルニ過ギザリシモ四十年前今日ノ東寧ハ數十戶ヲ有スル部落トナリシノミナリシガ一八九八年東支鐵道敷設セラレテヨリ「ポクラニチイナヤ」ノ發達ニツレ漸次縣內住民モ增加シ、民國二年（一九一三年）ニハ一萬二三千ニ達シ、民國四年ニハ一萬八千（外人ヲ含ム）ニ及ブ大同二年一月十日滿洲國ノ安全ナル行政下ニ置カレテヨリモ、尙治安全カラズ住民ノ移動モ甚ジク調査又困難ナルモ大同二年四月ノ概況別表ノ如シ

而シテ人口ノ稠密ナル箇所ハ縣城ヲ除キ大烏蛇溝、佛爺嶺、五站（綏芬河）ニシテ他ハ大部分人口稀薄ナル農村ナリ

東寧縣戶口、人口調査表（調査大同二年四月）

種別／區別	戶口數	人口數		人口合計數
		男子數	女子數	

第一區	三・四三八	七・五三一	四・四一三	一一・九四四
第二區	一・三八七	三・八〇六	二・八八六	六・六九二
第三區	一・三四二	四・九四三	二・九五三	七・八九六
第四區	三〇六	一・〇三八	四二〇	一・四五八
第五區	五六一	一・四〇二	七二一	二・一二三
第六區	一・〇五〇	三・一八九	一・九〇九	五・〇九八
合計	八・〇八四	二一・九〇九	一三・三〇二	三五・二一一

備考　縣城戸口數　一・一六八　人口數　男　四・〇六四　女　一・七五四　計五・八一八

第一區戸口、人口數中ニ縣城戸口、人口數ヲ含ム

第四・五・六區ノ調査ハ不完全ニシテ確數ニ非ズ

東寧縣居住外國人戸口、人口調査表（調査大同二年四月）

人種別＼項別	戸口數	人口數 男子數	人口數 女子數	人口合計數
日本內地人		八		八
朝鮮人	一・三〇〇戸	三・一四二	二・〇九六	五・二三八
露國人			七	七

ソノ他					
計					

備考

縣城内 ─日本人 六名
　　　 ─朝鮮人 八戸三三名
　　　 ─露國人 七名
縣城外 ─日本人 二名
　　　 ─朝鮮人 一・二九二戸 五・二三〇名

第六 交通 通信

一、鐵道

北滿鐵道東部線縣ノ北部ヲ東西ニ貫走シ綏芬河、小綏芬河ノ二驛ヲ有ス、東寧縣城ハ綏芬河ノ南方六十六粁ノ地點ニアリテ東綏間ハ馬車連絡ニ依ル

二、道路

東寧――綏芬河道路(六十六粁、十六邦里半)

本縣ノ大動脈タルベキ重要道路ニシテ水城子、萬鹿溝口子・馬蒙大營、南天間ノ諸村ヲ通過ス道路良好ナラズ特ニ南天間ノ北方小綏芬河ノ上流ナル寒葱河ハ水深、一米乃至一米半ニ及ビ大車ハ空車トセザレバ通ゼザルノ狀態ナリ

萬鹿溝口子、二十八道河子道路

東綏道路ニ沿フ萬鹿溝口子ヨリ一路西方ニ走リ、小城場溝、磊子溝ヲ經テ二十八道河子ニ至ル、現今經濟交通路ニ非ラザルモ煙筒硝子、二十八道河子方面ノ肥沃ナル山間ノ良耕地ヲ背後ニ有スルヲ以テ將來重要性ヲ持ツベキモノナリ、路上不良ニシテ警備上ノ重要道路タリ

東寧――亮子川

縣城ヨリ大瑚佈圖河流域ヲ南走シ高安村、大鳥蛇溝、泉眼河ヲ經テ亮子川ニ至リ琿春ニ通ズ沿道岩質ノ丘陵起伏シ又勾配八分ノ一乃至四分ノ一ノ個所多クシテ積荷セル大車ヲ通ズル能ハズ

東寧――老黑山(―琿春)道路

高安村、馬架子、菜營嶺、水曲流溝、羅圈蔵ヲ經テ老黑山ニ至リ琿春ニ通ズ途中絶壁ニ塞バマレタル隘路濕地等アリテ車馬ヲ通ズルニ困難ナリ

以上ハ本縣主要道路ニシテ其他次ノモノアリ

東寧――佛爺溝――シーチヤハンジヤ――西北溝――五排

小城子――城子河――黃花甸子――西北溝

之等ノ諸道ハ何レモ天然道路ニシテ且河川ニハ橋梁ヲ缺クノ狀態ナルガ故ニ夏季ノ交通極メテ困難ニシテ冬季ニ於テ稍々便利トナルニ過ギズ東寧事變前ニハ私有ノ自動車數輛アリテ每年冬季ニ於テハ東綏間旅客ヲ輸送(片道六元)シアリシモ王匪ノ入城ト共ニ沒收セラレ現在清鄉局ニ一台アルノミ然レドモ冬季東寧道路ヲ除キテハ克

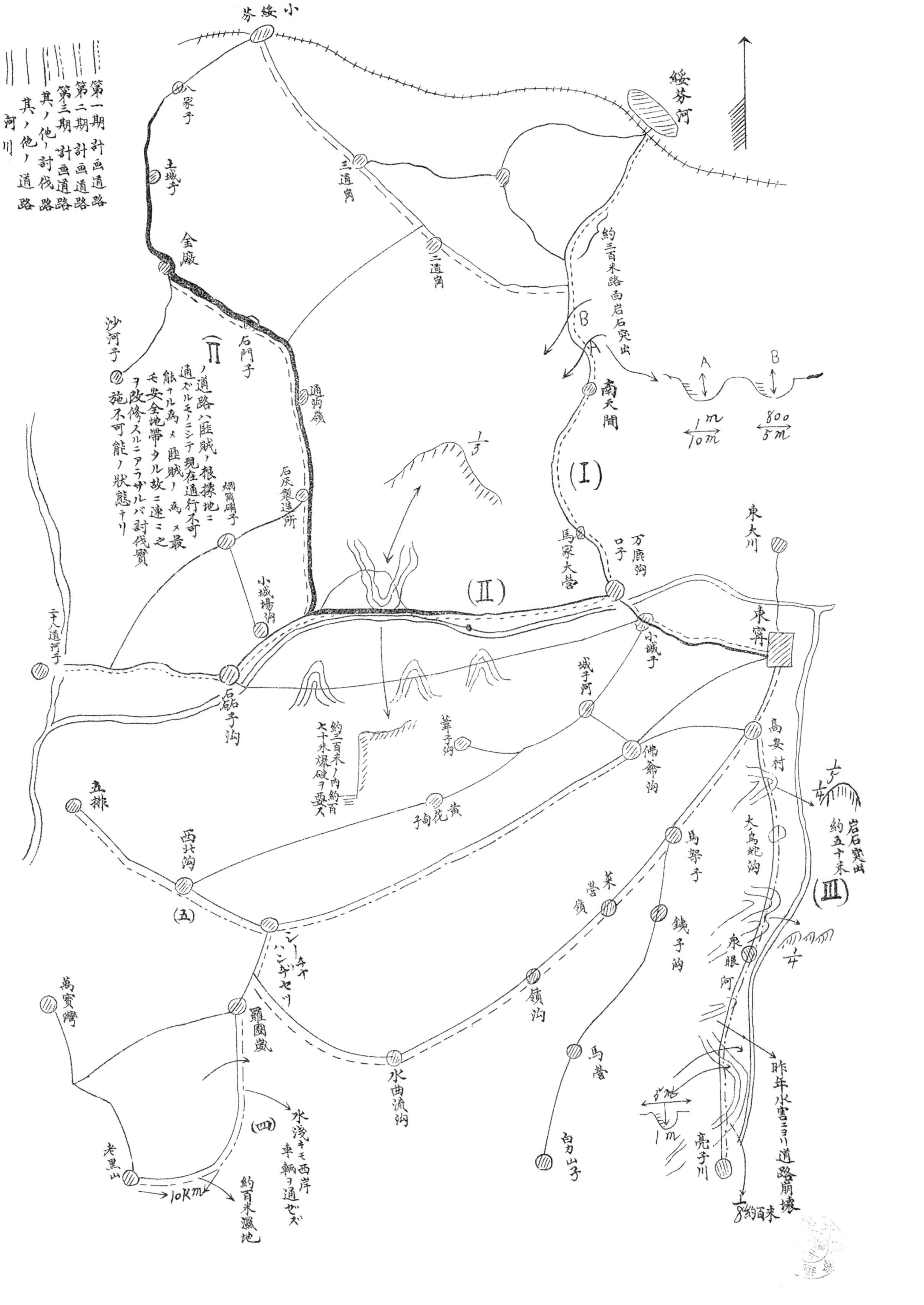

第一期計画道路
第二期計画道路
第三期計画道路
其ノ他ノ討伐路
其ノ他ノ道路
河川
小綏芬
綏芬河
八家子
土城子
金廠
沙河子
三道崗
二道崗
約三百米路面岩石突出
B
A
南天門
1m
10m
800
5m
(Ⅰ)
(Ⅱ)
(Ⅲ)
(Ⅱ)ノ道路ハ匪賊ノ根據地ニ通ズルモノニシテ現在通行不可能ナル為メ匪賊ノ為メ最モ安全地帯タル故ニ速ニ之ヲ改修スルニアラザルバ討伐實施不可能ノ狀態ナリ
石門子
通溝嶺
石灰製造所
烟筒磖子
小城場溝
二十八道河子
石砬子溝
馬家大營
万鹿溝
口子
東大川
東寧
小城子
城子河
葦子溝
佛爺溝
約三百米ノ内約百七十米爆破ヲ要ス
黄花甸子
高安村
大烏蛇溝
約五十米岩石突出
馬架子
菜營嶺
錢子溝
東眼河
昨年水害ニヨリ道路崩壊
約百米
亮子川
五排
西北溝
(五)
二十一年ハンセツ
萬寶灣
羅圈崴
嶺溝
水曲流溝
馬營
白刀山子
水淺キモ西岸車輛ヲ通セズ
(四)
老黑山
10Km
約百米濕地

ク自働車ヲ通ジ得ルモノ他ニナシ

三、電報　電話

電報局ハ東寧縣城内ニ一ケ所綏芬河特別區ニ一ケ所アリテ縣城ヨリ、綏芬河ニ通ジ同地ヨリ海林中繼ニテ哈爾濱ニ通ズ現今歐通ノ官報ノ外商用電報ナシ、滿文及羅馬字電報ヲ取扱フ

電話ハ綏芬河ニ至リ北滿鐵道沿線ニモ哈綏長途電話局ニ接續シテ通話可能ナリ、東綏間電話料一通話一元ナリ

現今電話電報兩局員合シテ五員其ノ給料ハ哈爾濱北滿電信電話管理局ヨリ支給サレシモ東寧事變以來支給皆無ニシテ現今縣長ノ自辦ナリ、其月額約二百六十元前後ナリ

城内電話ハ東寧事變ニテ破壞セラレ現今ナシ

電話架設ハ警備上ノ緊急事ニシテ其ノ計畫線次ノ如シ

城外

東寧——高安村(三・七粁)—{大烏蛇溝(八・九粁)／馬架子(一三・七粁)}

東寧——佛爺溝(一三・四粁)——老黑山(四五・七粁)

東寧——萬鹿溝口子(一三・二粁)——平房(二二・粁)——寒葱河(一八粁)——綏芬河(一七粁)

備考　東綏間ノ現在ノ電話、電報專心線ニ電話機ヲ插入使用シツヽアルモノナリ

萬鹿溝口子——二十八道河子(四八・四粁)

城内
- 警務局
  - 東門
  - 警察隊本部
  - 南門
  - 日本警備隊—縣公署
  - 西北門

四、郵信

東寧縣城内ニ郵便局一所アリ通常郵信ハ二日ニ一度綏芬河ヨリ送達サル、モ新京綏芬河間ノ郵送期間六日ヲ要スルヲ以テ新京、東寧間ノ郵送期間ハ十日ト見ザルベカラズ、飛行郵便ハ十日ニ一度來寧ス

第七　行政

本縣ハ蘇聯領沿海州ト境ヲ接スルガ故ニ警備上重要ナル地點ニ位シ中東鐵道敷設以後ハ特ニ其ノ重要度ヲ加ヘタリ、又沿海州ヨリノ阿片ノ輸送路ニモ當リ之ニ伴フ馬賊ノ横行尠カラズ從ツテ本縣ハ比較的多數ノ警備機關ヲ有ス

蘇聯トノ貿易モ盛ナリシカバ財政モ相當ニ豐カニ住民又富裕ナリシモ近年ニ於ケル水災、俄支戰爭、王德林匪ノ擾亂ト相次グ天地變ニ民力衰ヘ舊トハ一變シテ行政極メテ困難トナレリ、尚大同二年四月十六日舊水道管理局會計科長劉澤漢縣長トシテ赴任シ續イテ同年六月一日副島臣參事官トシテ赴任、其他科局長及日系屬官、警務指導官ノ任命サル、アリ縣主要人事ノ充實ニ伴ヒ縣政各般ニ渉リテノ刷新ニ努力シツヽアリ

縣內主要職員ヲ列記スレバ左ノ如シ

縣長	劉澤漢	（四十歳）
局長	閻家祿	（二十六歳）
大隊長	同	
參事官	副島臣	（三十二歳）
屬官	村上團吉	（二十五歳）
屬官	山本今朝己	（三十二歳）
警務指導官	豐武豐士	（二十七歳）
〃	小野國男	（二十七歳）
〃	鹽崎美敏	（二十七歳）

（一）警備

一、概況

本縣ハ露領ト接シ沿海州等ヨリノ阿片ノ輸送路ニ當リ馬賊ノ橫行勘ラズ更ニ北部ニ北滿鐵道ノ走ルガ故ニ比較的多數ノ警備機關ヲ有シタリ

軍隊ハ吉林省陸軍中ノ地方駐屯軍隊及北滿鐵路護路軍アリテ前者ハ主トシテ地方及國境ノ警備ヲ司ルモ一部ハ山林遊擊隊トシテ討匪ニ當レリ

警察ニハ縣警察署、特別區警察署及鐵路護路警察署アリテ縣警察署ハ縣長ニ隷屬シ東寧ニアリ縣下ヲ六管區ニ分チ治安警察事務ヲ司ル

更ニ本縣ニハ縣長監督ノ下ニアル農會ノ經費ニテ組織セラレタル保衛團及商民保護治安維持目的ノ下ニ組織セラレタル商團アリ

然ルニ大同元年六月王德林ヲ首魁トスル救國軍縣城ヲ佔據シテヨリ各機關ハ王ノ榨取機關ト化シ公安局モ亦完全ニ其ノ部下ニ依ツテ改編セラレタリ、今改編前後ノ編成ハ次ノ如シ

公安局編成(救國軍入城前)

區分	人員	給料 哈洋	給料 永洋
局長	一	60●00	84●00
總務兼司法科長	一	38●00	53●00
行政兼衛生科長	一	34●00	47●60
總務兼司法科員	一	23●00	32●20
行政兼衛生書記	一	23●00	32●20
警察員	一	12●00	16●80
僱員	五	17●00	21●00
傳達長	一	8●00	
看守長	一	8●00	
看守兵	二	8●00	
傳達兵	一	8●00	
炊夫	二	7●00	
雜夫	一	7●00	
計	一九		

公安隊ノ編成

配備先		局長	局員	巡官	僱員	全人員兵	兵器數	備考
第一分局	東寧公安局內	一	一	三	一	六三	小銃五十一挺 彈藥一萬三千餘	
第二分局	大烏蛇溝	一	一	一	二	二五	不詳	
第三分局	北河站	一	一	一	一	三	不詳	第二分局以下ハ小銃自辦ニシテ彈藥ノミ支給ス
第四分局	寒葱河	一	一	一	一	三	不詳	
第五分局	阜寧鎮	一	一	一	一	一八	不詳	
第六分局	小綏芬	一	一	一	一	一八	不詳	
計		六	六	八	七	一六五	不詳	
給料（洋哈）	第一分局	二五・〇〇	二〇・〇〇	一七・〇〇	一四・〇〇	八・〇〇		分局長機密費一五・〇〇
	第二、三、四、五、六分局	二五・〇〇	二〇・〇〇	一六・〇〇	一三・〇〇	八・〇〇		分局長機密費五・〇〇

縣公署附保安步隊、保安馬隊ノ編成

	職務	人員	月給（哈洋）		備考
保安步隊	縣公署ノ公務ニ從事	一三	隊長	二八・〇〇	武器ハ公安隊ヨリ支給サル
			巡長	一〇・〇〇	
			兵	八・〇〇	
保安馬隊	縣公署ノ傳令ニ從事	一四	隊長	三五・〇〇	
			巡長	一三・〇〇	
			兵	八・〇〇	

保衛團ノ編成

職名＼隊名	配備地	隊長	隊附	什長	書記	備員	乘馬兵	兵	計	分駐所	隊附	什長	兵	計
司令部	東寧城内	一	一	一	一	二	四		一〇					
第一正隊	大烏蛇溝	一	一	二		一		四〇	四五	北嶺	一	一	一八	二〇
第二正隊	平房	一	一	二		一		四〇	四五	分水嶺	一	一	一八	二〇
第三正隊	通溝	一	一	二		一		四〇	四五	二十八道河子	一	一	一八	二〇
第四正隊	佛翁嶺	一	一	二		一		四〇	四五	老黑山	一	一	一八	二〇
第五正隊	小綏芬	一	一	二		一		四〇	四五	土城子	一	一	一八	二〇
司令部月給額		七〇・〇〇	四〇・〇〇	三〇・〇〇	三〇・〇〇	一六・〇〇	一六・〇〇							
各正隊月給額		二五・〇〇	一八・〇〇	一〇・〇〇		一四・〇〇		八・〇〇						

分駐所人員ハ正隊中ヨリ派遣ス
銃機ハ自辦數不詳
彈藥ハ縣ヨリ支給サル

商團ノ編成

	隊長	一等兵	二等兵	夜警	炊夫	火夫	計	武器	所在地並任務
人員	一	一〇	二	一	一	一	二五	小銃二五挺	東寧縣城商務會内城内大通ノ夜警ニ任ズ
給料	六〇・〇〇	一七・〇〇	一五・〇〇	一三・〇〇	一八・〇〇	一三・〇〇		彈藥七千	

王德林入城後ハ之等ノ警團其他招撫匪賊ヲ以テ左記救國軍第三團ニ新編サル

救國軍第三團長
姜開山

- 第一營長李　信
  - 第一連長　段紹銘
  - 第二連長　劉清祥
  - 第三連長　張萬發
  - 第四連長　王德文
  - （第一連〜第四連）保衛團、商團、保安隊ヲ以テ編成
- 第二營長孫福元
  - 第五連長　王殿臣
  - 第六連長　申鴻德
  - 第七連長　徐國眞
  - 第八連長　韓德應
  - （第五連〜第八連）警察隊員ヲ以テ編成
- 第三營長劉吉春
  - 第九連長　王
  - 第十連長　張
  - 第十一連長　吳夫亮
  - 第十二連長　孟廣海
  - （第九連〜第十二連）招撫匪賊ヲ以テ編成

備考　一連五十名ナルモ各連ニ於テ異リ確數不明ナリ
改編モ名目ノミニシテ實質上ハ從來ノ職務ニ服シツヽアリ

救國軍ノ編成

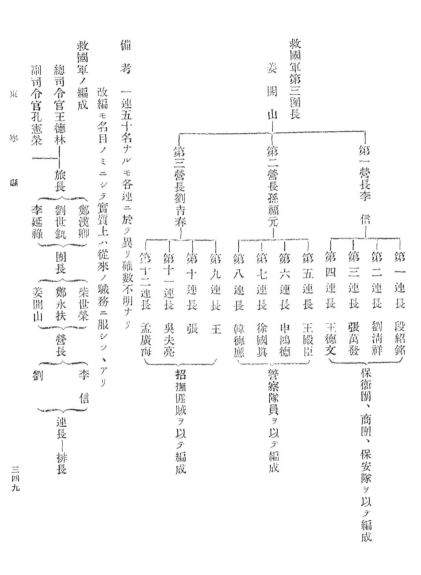

總司令官王德林
副司令官孔憲榮
— 旅長（鄭漢卿、劉世釚、李延祿）
— 團長（柴世榮、鄭永扶、姜開山）
— 營長（李　信、劉）
— 連長 — 排長

〃　王玉振
　參謀　賈明周(參謀長)
　　　　常維民
前防司令吳義成

備考　外ニ事務長(炊事係)有リ

大同二年一月日本軍入城ニ當リテハ各機關空ニ歸シ警備機關モ其形態ヲ備フルモノナク僅カニ商務會ニテ二十人ノ消防手ヲ雇備シテ自用ノ銃器ヲ持參セシメタルモノ並ニ縣政府ニ保安隊トシテ八名アリシノミナリ、當城ノ自衛團百六十名ハ此事變ト共ニ救國軍ニ合流シ各地ノ自衞團ノ武器ハ悉ク王其配下ニ徵發セラレ良民ニシテ銃器ヲ持ツモノ皆無ノ狀態トナレリ

茲於テ治安工作ノ爲メ東寧縣警察隊ノ編成劃策セラレ步兵二中隊騎兵一小隊ヲ編成專ラ東寧綏芬河道ノ掩護ニ任セシメ財政ノ餘裕ヲ見テ更ニ步兵一中隊ヲ增加シ所要ノ編成ヲ完成センコトヲ期シタリ、武器ハ綏芬河關旅及東寧王德林部隊ノ武裝解除ニ依リ取得セルモノノ中優秀ナルモノヲ充當セリ、其ノ編成次ノ如シ

東寧縣警務局警察隊編成表

區分		隊號
隊數		
人員	總隊長	
	副官	
	醫官	
	經理官	
	教官	
	中隊長	
	分隊長	
	班長	
	書記 一等	
	書記 二等	
	書記 三等	
	書記 四等	
	從卒	
	看護兵	
	號兵	
	兵 一等	
	兵 二等	
	兵 三等	
	乘馬傳令	
	炊夫	
	馬夫	
	計	
乘馬		

總隊本部	步中隊 中隊	步中隊 分隊	步中隊 班	騎兵分隊 分隊	騎兵分隊 班
一	三			一	
一					
二					
一					
一					
一					
	一				
	三	一		一	
	九	三	一	三	一
	一				
一					
二	一				
	一				
七	四	一		一	
	一				
	一				
	九	三	一	三	一
	二七	九	三	一二	四
	二六	一二	四	一五	五
三	一〇				
四	五			二	
四	一				
二七	二〇	三	九		二
	?二五七			三七	二
七	二			三七	

備考　1 從率ハ分隊長以上ニ付シ總隊長ハ二名トス

2 乘馬ハ傳令騎兵小隊ノ外總隊長、中隊長、副官、教官各一頭トス

3 當部ハ本部步中隊二、騎兵小隊一ヲ編成シ今後更ニ步一中隊ヲ編成增加ス

然乍ラ四散セル王ノ部隊並ニ土匪ハ尙聯合スル時ハ相當ノ兵力トナルヲ以テ假令自衞團ニ武器ヲ給シ其ノ再編成ヲ計ルモ單ニ武器ヲ匪賊ニ供給スルノ結果トナルヲ以テ其ノ編成ハ極メテ困難ナリ、從ッテ警察隊モ自ラ自衞團ノ協力ヲ期待セザル方針ヲトレリ軍モ亦次ノ方針ヲ採レリ

第一次　招撫歸順（無條件歸順）

第二次　討匪

第三次　治安確保（縣公安隊ニ依ル）

第四次　自衞團組織

日本軍入城ト共ニ王德林配下ハ多ク露領ニ逃走セルモ歸順ヲ望ムモノ又少ナカラズ
申子安、孫福元（部下五十一名）袁子直（前保衛團總隊長、部下二〇一名）ハ武裝ヲ解除シ歸農セシム
之ニ先立ツ數日一月十七日商農會ノ援助ニ依リ新ニ公安局員ヲ募集シ警察隊竝日本軍ト協力シテ城内ノ治安維持ニ任ズ

東寧縣公安局　一五名
第一分局　七〇名　第一分局高安村派出所人員ヲ含ム

治安回復ノ急務ハ治安維持會設立ノ聲トナリ大同二年二月六日東寧女子小學校ニ石田少佐、縣長、參事官、公安局長以下會シ其ノ設立ヲ見タリ
警備機關ノ活動ハ漸次治安警備區域ヲ擴張シ來レルモ未ダ第四・五、六區ノ各地區ハ政權及バザルノ狀ニアリ大同二年七月二日中央竝省公署ノ指令ニ基キ東寧縣治安維持會宣布式ヲ東寧警備隊本部樓上ニ開催茲ニ本縣治安維持會ノ成立ヲ見テヨリ本縣治安ノ回復ハ急速ニ進ミ永ク薄弱ナリシ自衞團モ壯丁團ニ改編セラレツヽアリテ漸次其ノ實ヲ擧グルニ至レリ

二、警備機關及其活動

(1)警察隊

警察隊ハ歩兵二ケ中隊騎兵一ケ中隊ノ外大隊本部アリテ大隊長之ヲ統率シテ積極的討匪ニ當ル、其ノ活動ハ地形上自ラ東寧警備隊ヲ中心トスル討伐團體ト綏芬河警備隊ヲ中心トスル討伐隊ニ分レ

日本軍並ニ警務局ト連絡ヲトリツツ東寧盆地ノ治安確保ヲ中心ニ遠ク老黒山、二十八道河子方面ノ討匪ニ向フ萬鹿溝以北ニハ縣警察隊ノ存在ナキヲ以テ綏芬河及特區所屬山林游擊隊ト連絡ヲ密接ニシ地方警察署並壯丁團ヲ督勵シ剿匪ニ當ル

(2) 警務局並ニ警察隊

本縣ハ六區ニ分チ各區ニ一警察署ヲ置ク警務局ハ之等六警察署ヲ統率シ又東寧警備隊並ニ日本軍ト協力シ治安警察ノ確立ニ努力シツヽアリ行政警察ハ治安警察ノ確立ヲ前提トスルガ故ニ治安工作ニ急ナル本縣ニ於ケル行政警察ハ未ダ完全ニ逐行セラレズ

警務局ノ編成並ニ人員駐防地ヲ示セバ次ノ如シ

區別＼官職	警正	警佐	譯官	巡官	警長	警士	夫役	合計	駐防地
警務局	一	五	二	九	一〇	四	八	三九	縣城内
第一區警察署		一	一	四	七	五四	三	七〇	縣城内
第二區仝上		一	一	三	四	一六	一	二六	大烏蛇溝
第三區仝上		一	一	二	三	一四	一	二三	北河沿
第四區仝上		一	一	二	三	一四	一	二三	寒葱河
第五區仝上		一	一	二	三	一二	一	二〇	綏芬河 埠寧鎮
第六區仝上		一	一	二	三	一二	一	二〇	小綏芬

警察大隊本部	局長兼	三		一	二	一三		一八	縣城内
歩兵第一中隊		一		三	一二	一〇一		一一六	〃
歩兵第二中隊		一		三	一二	一〇一		一一六	〃
騎兵中隊		一		三	八	六八		八〇	〃
合計	一	一七	八	三四	六五	四〇八	一六	五四九	

備考　大同二年一月友軍入城同月十七日警務局及第一署ノ編成完了漸次他警察署ノ編成ヲ行フ

警察隊ノ編成ハ大同二年二月八日ヨリ着手同月十四日成立ス

警務局經費月額（大同二年八月現在）

區別	金額	備考
警務局	九五四・〇〇	人件費 五五四・〇〇 事務費 三〇〇・〇〇 雜費 一〇〇・〇〇
第一區警察署	七一六・〇〇	人件費 七〇六・〇〇 事務費 一〇・〇〇
第二區警察署	二八〇・〇〇	人件費 二七二・〇〇 事務費 八・〇〇
第三區警察署	二三九・〇〇	人件費 二三一・〇〇 事務費 八・〇〇
第四區警察署	二三九・〇〇	人件費 二三一・〇〇 事務費 八・〇〇
第五區警察署	二一一・〇〇	人件費 二〇五・〇〇 事務費 六・〇〇

第六區警察署	二一一・〇〇	人件費 二〇五・〇〇 事務費 六・〇〇	
警察隊本部	六六六・〇〇	人件費 四三四・〇〇 事務費 一四四・〇〇	討伐旅費 五〇・〇〇 雑費 三八・〇〇
步兵第一中隊	一・〇九七・〇〇	人件費 一・〇二七・〇〇 事務費 一〇・〇〇	馬糧 六〇・〇〇
步兵第二中隊	一・〇九七・〇〇	人件費 一・〇二七・〇〇 事務費 一〇・〇〇	馬糧 六〇・〇〇
騎兵中隊	六九六・〇〇	人件費 四二二・〇〇 事務費 一〇・〇〇	馬糧 二六四・〇〇
合計	六・四〇六・〇〇		

人件費ハ上ニ厚ク下ニ薄キ傾向アリ

大同三年二月末現在警務局及警察隊ノ編成狀況

警務局（二九名）
- 第一區警察署　署長以下　七〇名
- 第二區警察署　〃　二六名
- 第三區警察署　〃　二三名
- 第五區警察署　〃　一九名
- 第六區警察署　〃　一九名

計　一八五名

銃器　一〇八挺

警察隊

警察大隊本部	一九名
歩兵第一中隊	一一六名
歩兵第二中隊	一一六名
騎兵中隊	八〇名
合計	三三一名

(3)軍隊

滿洲國軍ハ小綏芬河ニ歩兵第七旅歩兵第十八團第一營駐屯スルノミ

日本軍ハ大同二年一月入城爾來一ケ大隊駐箚シ滿洲國側ト一致協力シ警備ニ當リツヽアリ

(4)公安隊、保衞團ハ事變後存在セズ

(5)自衞團

本縣ノ自衞團ハ既述ノ如ク事變以來無力ニ近カリシガ七月治安維持會成立シテ保甲條令ノ實施ト共ニ壯丁團ニ改編シツヽアリ

自衞團一覽表(大同二年八月二十二日現在)

區別	代表者姓名	團丁數	駐紮地	縣城トノ距離
自衞團長	曹連福		縣城	
第一保自衞團	孫廣起	五〇	威遠砬北燒鍋	八支里

第二保自衛團	段紹銘	五〇	居仁社大烏蛇溝	三十支里
第三保自衛團	陳鳳林	五〇	論孔社大城子	十二支里
第四保自衛團	高平絡	五〇	由義社佛爺溝	二十五支里
合計	五	二〇〇		

備考　各團代表者ハ凡テ本縣出ノ者ナリ

第一保、第三保壯丁團編成人員表（大同二年八月三十一日現在）

種別／保別	保長	副保長	壯丁團 團長	壯丁團 副團長	甲壯丁團 團長	甲壯丁團 副團長	牌壯丁團 團長	牌壯丁團 副團長
第一保	徐國顧	于寶與	張長勝	三		二		二
第三保	李　信	張殿君	陳鳳林	二	一	二		
合計	二	二	二	五	一	四		二

種別／保別	駐紮地	甲長	牌長	合計
第一保	縣城內	六	六〇	一三七
	高安村南門外	二	一五	
	泡子沿缸窯溝	二	二〇	
	下北燒鍋八家嶺子	二	二〇	
第三保	小城子	副甲長一	一三	四二
	大城子	一	九	
	北河沿	一	八	
合計		一六 內副甲長一	一四五	一七九

(6)市衛中隊

當縣警察隊指揮下ニ（縣城内各商民ガ其經費ノ總ベテヲ負擔シ城内各防樓ノ守備ヲナス）市衛中隊ナルモノアリシモ保甲條令ノ實施ニ依リ之ヲ壯丁團ニ改編セラル

(7)國境警備狀況

滿洲國側ニ在リテハ現在何等ノ國境防禦設備ナシ、蘇聯側ニ於キテハ嚴重ナル砲台、土地科、對戰車壕、及籠城用土掘等盡心ノ防禦設備ヲナシ居リ大同二年四月略々完成ヲ見タリ兵力ハ「ニコリスク」「ウラジオ」「ポルタフカ」ノ主要都市ニ集中シ國境第一線ニハ「G、W、U」國境警察隊、軍隊等要所砲台ノ後方ニ開掘シ地下家屋ニ屯營シ常置的ニ警戒網ヲ配置シ各主要地ヨリ各砲台ニ連絡スル電話ヲ架設シアリト言ハル各兵科共裝備ヲ充實シ特ニ戰車飛行機ハ最近ニ至リ特ニ增加サレタリ

王德林ハ現今其部下幹部十六名ト共ニ浦鹽ニ在リ救國軍（最近義勇軍ト改稱）頭目孔憲榮、吳義成、三俠等ハ蘇聯ノ内諾ヲ得テ討伐時ハ二十支里以內ニ限リ露領ニ逃避ス王德林、三俠、孔憲榮ハ連絡協調ヲ有シ居ルモノノ如ク思ハル

蘇滿ノ交通ニ付キテハ露支戰爭以前ハ兩國交通頻繁ナリシモ其ノ後全ク交通杜絶シ僅カニ現在ハ一少部ノ輸出入者アルニ過ギズ全ク交通ナキ狀態ナリ

大同二年五月ヨリ十二月ニ至ル間ハ不正越境者相當アリタリ之蘇聯當局ハ白系露人並ニ滿鮮人ニ對シ過勞ヲ強ヒ食料ヲ制限シ苛斂誅求セルガ爲メ死線ヲ越エ憧憬滿洲國ヘト越境セルモノナリ然レトモ最近蘇聯側ノ待遇好轉

シ地租免除ニ依ル生活ノ安定ヲ見タルヲ以テ越境者著減セリ

(二)財政

一、概況

本縣ハ元來農産物少ナカラズ一般住民ノ生活モ富裕ニシテ國稅、地方稅ノ徴收モ極メテ良好ニシテ吉林財政廳ニ對スル送金モ缺クコト無カリシガ東寧事件ヲ境トシテ本縣財政狀況ハ一變セリ、匪首王德林ノ入城ト共ニ稅捐局財務處ハ王ノ榨取機關トナリ、稅制ハ完全ニ破壞セラレタリ、一切ノ地方稅收入ハ王悉ク之ヲ押收シ官吏ニハ僅カニ糊口ヲ滿スニ足ル少額ノ金ヲ給與シタルノミニシテ又當地農民人既ニ現金ナキガ故ニ布告ヲ發シ價格ヲ相當高價ニ評定シ之ヲ王ノ兵站處ニ輸送セシメ糧條ヲ發行支給シテ以テ晌捐ノ完納トセリ、唯公安局ハ每月財務處ヨリ徴收セル衞生捐(本捐ハ財務處ニ代理徴收ヲ委託サレタルモノ)ハ總テ控留シ以テ薪餉辦公費等ニ充當シタリ

王入城中ノ稅制ヲ見ルニ新稅少ナカラズ舊稅又以前ニ比シ高率ナリ、其ノ判明セルモノヲ列記スレバ次ノ如シ

一、會　局　官立會局ト稱シ王德林ノ許可ニヨリテ賭博ヲ公許セラレ一口百元ノ賭博ニ對シテ五、六元ヲ稅金トシテ王ニ納ム右ハ頭目李蓋其他ニヨリ徴收セラレ籌備處ニ納ム會場ハ人和泉ナル湯屋ニテ每日行ハル

二、阿片稅　卸賣ヲ許可セラレ賣買スルモノハ一切王ニ稅金ヲ納ム

三、營業稅　四分ノ一ヲ商會四分ノ三ヲ縣財務處ニ納ム

四、燒酒稅　百斤ニ付二元〇七錢ヲ納メシム

五、糧石稅　全テ十元賣買スル每ニ五十四錢ノ納稅尙糧石稅ハ外國(例ヘバ露國)ニ輸出スル場合ハ輸出稅トシ

テ十元毎ニ二十錢ヲ追加納税ス

六、印花税　自一圓至十圓零一錢、自十圓至五十圓零二錢、自五十圓至百圓零四錢ノ割合

七、屠殺税　豚一頭ニ付三十錢

八、衛生税　一戸ニ付三十錢（衛生警察隊約二十名ヲ組織シソノ給與ニ當ツ）

九、藝妓税　一人毎ニ毎月二元五十錢

一〇附戸捐　毎戸ニ一元五十錢ヲ課ス

尚王德林入城中其ノ發行ニ係リ未使用ノ各票照並捲菸印花税票ニシテ税捐徵收局ヨリ納入セシメタルモノ次ノ如シ

(一)天字三聯合	自二十號至六十號	自六十四號至九十一號	自一百二十號至一千號	計　九百五十枚
(二)地字屠宰票	自三十四號至一百號	自一百零七號至五百號		計　四百六十一枚
(三)玄字斗税票	自一百五十一號至二百號	自二零三號至七百號		計　五百四十九枚
(四)軍字糧出口證	自二百十七號至三百號	自三百二十八號至四百號		計　一百五十一枚
(五)二聯票	自八十二號至二百號			計　一百十九枚
(六)捲菸印花税票				十萬四千四百五十枚
				合計　二千二百三十六枚

大同二年一月日本軍ノ入城王ノ逃走ト共ニ惡税ヲ廢止シ民力ヲ養ハントセルモ疲弊其極ニ達シ縣財政又意ノ如

クナラズ既ニ王德林匪ノ擾亂ニ依ル減收ハ哈洋五萬圓實收入六萬圓ノ中(大同元年度預算哈洋拾壹萬圓)四萬五千圓ハ奪取セラレタリ、埆捐未納地ハ匪害ニ依ッテ納稅力ナク、又縣ノ大半ヲ有スル裕寧公司ハ逆產處分ヲ受ケ徵稅不能トナレリ

二、國稅狀況

國稅徵收ハ王德林匪擾亂以來極メテ不成績ナリ、大同元年六月份徵收狀況次ノ如シ

稅目	大同元年六月份收入	狀況
酒烟草稅	六三八・一四元	本縣ノ烟草ノ出產ハ僅少ニシテ例年葉烟草稅收入ハ年國幣六〇〇元內外ニシテ捲烟草製造業者等絕無ナリ、酒ハ元來舊式ノ酒造業者四、機械製造業者一アルモ近來地方不振ニシテ原料缺乏シ販路進展セズ外來ノ雜酒ガ大部分ハ納稅濟ノモノナリ
出產稅	以前ノ如クナラズ	例年ノ出產稅收入ハ大約年國幣五・〇〇〇元內外ナルモ近來人參、鹿茸、毛皮等ノ出廻リ僅少ニシテ以前ノ如クナラズ
鑛業稅		本縣ニハ現今炭坑一ヲ有スルモ人工採掘ニシテ出產量ハ寥々ニシテ收稅モ甲月アレバ乙月ナキ狀態ナリ
營業稅	四九八・九六	本稅例年ノ收入ハ年約國幣八・〇〇〇元內外ナルモ王德林匪ノ擾亂、其ノ後再度ノ縣城襲來アリテ營業極メテ不振ナリ
木石稅	收入ナシ	本縣產木石ハ僅カニ地方用ニ當テラルル、モノニシテ販賣ヲ目的トスルモノ極メテ少ナシ
米穀稅	一〇〇・〇〇	例年國幣二萬元ノ收入アリシモ今年賣却スル餘地ナシ

家畜税	四六・二〇	例年國幣七千元内外ノ收入アル、ヘキニ本年ハ匪ニ家畜類ハ或ハ殺サレ或ハ拐帶逃走セラレテ共ノ取引極メテ不振ナリ

尚大同元年度收入預算額ヲ示セバ次ノ如シ

税種	大同元年度預算額	税種	大同元年度預算額	税種	大同元年度預算額
山貨税	三・四六九・四七	煤觔統税	九三・二八	雜酒包捐税	一・二〇〇・〇〇
海菜税	二七六・五二	黃菸税	二五八・四三	酒精税	九〇六・六〇
土產税	一・六一三・八五	白酒税	五・六七二・八〇	賣錢營業税	一九・六〇一・一〇
皮張税	三五一・九一	雜酒簽封税	二・四三〇・五三	牌照營業税	一〇・六四〇・二九
錢當店紬利營業税	二〇九・九一	買方米谷税	一九・七四八・八七	雜酒包捐費	一・二〇〇・〇〇
攤床牌照營業税	七七六・五〇	賣方米谷税	一九・七四八・八七	酒精費	九九三・四一
木税	二五七・五六	斗税	六・七三八・九六	菸酒牌照費	一・七六二・〇〇
木植票税	二〇六・〇五	魚網税	三三・一四	各税二成軍費	二一・九八二・二五
木梓税	七一・六二	各種五厘雜欵	一・三一〇・六六	菸酒税費二成・新捐	三・三五九・一〇
木炭税		菸酒五厘雜欵	三二一・二九	燒商佝課	二・二〇〇・〇〇
山分税	一五四・五三	罰金	一・八〇九・八二	鹽捐	一三・〇一二・五七
當課	二〇・〇〇	黃菸費	三一〇・一一	進出口税	一八五・二〇

牲畜税	一九•九一八•二七	白酒費	二•二三一•二〇
屠宰税	四一一•二〇	雜酒發封費	二•四三〇•五三
合計	一六七•一一八•三二（元）		

國税率左ノ如シ

税捐局徴收税目表

税種目	税率	徴收方法	備考
賣錢營業税	賣上高ノ百分ノ二	各商店賣上帳調査ノ上	哈大洋ニテ
木炭税	賣價ノ百分ノ十	賣主ヨリ徴收	仝
牲畜税	賣價ノ百分ノ五	買主ヨリ徴收	仝
屠宰税	牛一頭二元 豚一頭三角 羊一頭二角	屠殺者ヨリ徴收	仝
糧石出產税	賣價ノ百分ノ二	賣主ヨリ徴收	仝
糧石銷場税	仝	買主ヨリ徴收	仝
斗税	小麥一石二角 元豆〃〃一角四分 紅豆〃〃三分	糧石種類多數ニシテ列記不能ナルモ概シテ上記標準ニ依リ買主ヨリ徴收ス	仝
鹽税	百斤ニ付 白鹽六角 普通鹽四角	販賣店ヨリ徴收ス	仝
煤税	價格ノ百分ノ五	煤鑛主ヨリ徴收ス	仝

煤觔統税	一噸ニ付一角	仝	仝
木耳税	百觔ニ付二元九角	買主ヨリ徴收ス	仝
元蘑税	百觔ニ付五角八分	仝	仝
鹿茸税	賣價ノ百分ノ二〇	仝	仝
皮張税	賣價ノ百分ノ一〇	仝	仝
山參税	仝	仝	仝
豆油税	百觔ニ付二角九分	油房經營者ヨリ徴收	仝
棉花税	賣價ノ百分ノ三	棉花販賣商店ヨリ徴收	仝
木税	賣價ノ百分ノ一〇	賣主買主ヨリ折半	仝
木植税	賣價ノ百分ノ八	仝	仝
山份	賣價ノ百分ノ六	賣主ヨリ徴收	仝
燒商筒課	年四季ニ分チ一季ニ百元一ヶ年四百元	酒類釀造者ヨリ徴收	仝
機製酒廠筒税	仝	仝	仝
白酒税	百觔ニ付一元四角	仝	仝
白酒費	,, 六角	仝	仝

黄蔴税	税務監督署規定ニ付百分ノ一〇	買主ヨリ徴收	仝
黄蔴費	仝上 百分ノ一二	仝	仝
雜魚税	百觔ニ付五角八分	仝	仝
進口税	賣價百元ニ付七元五角	國外搬出者ヨリ徴收	仝
出口税	賣價ノ百分ノ五	仝	仝

東寧縣税捐徴收機關

東寧税捐徴收局（東寧縣城内）
- 綏芬河分局（綏芬河）
- 小綏芬河分局（小綏芬）
- 大城子分局（大城子）
- 西北門驗卡（縣城西北門）
- 八道河子驗卡（八道河子）

三、地方税狀況

前述ノ如ク露支紛爭水害王德林匪ノ跳梁並ニ三月十日ニ於ケル匪賊ノ縣城襲撃トニ依リ農商民ノ財力全ク枯渇シ爲メニ地方税收入ノ激減ヲ見タリ卽チ當時ハ月收入額約一千元ニ過ギズ國庫ノ補助ト借款ニヨリ行政ヲ爲スノ狀ナリ其後漸次治安ノ回復ヲ見タルモ税源ナキ爲メ尚二千元前後ニ過ギズ　然レドモ垧捐ノ可能收税高年額約七萬元營業税ハ收入可能高約四萬元粮捐ノ收入可能高二萬元ナルニヨリ民力ヲ涵養シ税源潤ヒタル後ハ年額約十五

萬元ノ財政收入アル可キヲ以テ年支十二萬元ノ縣支出ヲ賄フテ充分餘リアルモノト思ハル

且普通地一垧ニ付哈洋一元九十九錢ノ垧捐ヲ納入スルニ對シ後述スル裕寧公司ハ作地七千五百餘垧ヲ有シテ僅カニ一垧ニ付キ哈洋六十錢ノ垧捐ヲ納付スルニ過ギズ又在住鮮人ハ或ハ古キ條約ヲ或ハ國籍ヲ盾ニトリ納税ヲ拒否スルノ現狀ニアリ之等ヲ是正スルニ於テハ相當ノ財政收入ノ増加ヲ見ルコト明ニシテ又全縣ニ分布スル石炭鑛ニ對シ地方税ヲ課シ得ルニ至ルニ於テハ實ニ富裕ナル縣財政ヲ有シ得ル見込充分ニ存スルナリ

大同元年度地方税收入並税率表

種目別	大同元年度收入	徴收率（哈洋）	徴收方法
垧捐	三八・九九一・三九三元	毎垧一元九角九分	地主ヨリ納付セシム
糧捐	二・六一三・九二一	賣價ノ百分ノ二	買主ヨリ納付セシム
糧用		賣價ノ百分ノ二	,,
營業附加捐	四・〇五一・〇一四	賣上高ノ百分ノ一	商務會委託徴收
出口捐	七一一・二一四	市價ノ百分ノ一乃至二	買主ヨリ納付セシム
木耳捐	一・五三五・三五三	賣價ノ百分ノ二	,,
茸捐	二六・四八二	,,	,,
舗捐	二・八六五・六五〇	毎月等級ヲ定メテ決定	各商店ヨリ納付セシム
店捐	一四・九五〇	一家ニ付毎月四角乃至五角	營業主ヨリ納付セシム

屠捐	一・六五二・五〇〇	豚、羊、一頭ニ付三角	賣主ヨリ納付セシム
妓捐	六三〇・四〇〇	一名毎月二元	營業主ヨリ納付セシム
車捐	四五六・五〇〇	一輛ニ付二角五分	車主ヨリ納付セシム
木枓捐	二七七・七八三	賣價ノ百分ノ三	賣主ヨリ納付セシム
黄菸捐	五・四二八	賣價ノ百分ノ二	買主ヨリ納付セシム
元蘑捐		仝	仝
線蔴捐	四・一〇二	仝	仝
車牌捐	一五六・〇〇〇	二頭以上ノ馬車一輛ニ付一元五角 一頭ノ馬車一輛ニ付一元	財務處巡差ヲシテ調査徴收セシム
馬路捐	八一〇・五〇〇	綏芬河ニ赴ク馬車一輛ニ付五角	車主ヨリ納付セシム
道捐		〃 四角	仝
瓜捐	二三八・七〇〇	出廻ク時一車一担トナル不同	警務局代理徴收
附戸捐	五〇二・五〇〇	毎家年 一・五〇元	王德林設徴現在停徴
燒鍋捐		不詳	不詳
糧捐手數料	二・四七七・五七一	毎家年 一元五角	〃
學田租	不詳	不詳	〃

遺地租	不詳	不詳	不詳
房園租	,,	,,	,,
衛生費	三・一四四・五〇〇	等級ニ依リ毎月徴收	前公安局時代ハ代理徴收ナリシモ現任ハ警務局徴收
罰金	不詳	税金ノ倍乃至二十倍	税金未納者ヨリ納付セシム
補助費	五五〇・〇〇〇		綏芬河裕寧公司及商務會補助
合計	七四・二二六・三八一		

地方税徴收機關

地方財務處
- 北河沿分卡
- 寒葱河分卡
- 五站分卡
- 六站分卡

東寧縣地方財務處自民國十年起至二十一年度收支比較表

年度別＼收支別	應徴捐額總數	徴收額總數	應支付額總數	支付額總數
民國　十年度	三七・三三〇元	四四・六六一元	三七・二七九元	四二・一九〇元
,,　十一年度	三七・九八一	三〇・〇一一	三七・九二〇	三九・〇四九
,,　十二年度	四五・三六一	四九・〇四七	四四・一八四	四九・四二八

〃十三年度	七三・〇七六	六一・五〇七	七〇・五二七	六八・二九一
〃十四年度	七二・九七五	六一・八八二	七〇・七二九	七〇・一五八
〃十五年度	七五・三一二	九一・三一一	七〇・七五一	七九・六五三
〃十六年度	八〇・三〇五	七七・七二六	七六・一六二	七八・一七九
〃十七年度	九四・八三一	八五・四九九	七七・五八八	八五・〇五八
〃十八年度	九四・八三一	五七・一八五	七七・五八八	七一・八八七
〃十九年度	一一〇・四四八	九六・九五七	八二・五三五	九〇・九二三
〃二十年度	一一〇・四四八	六七・〇九八	八二・五三五	八一・九五二
〃二十一年度	一一〇・四四八	五一・〇六二	八二・五三五	五四・八〇五

備考　民國二十一年度份ハ自民國二十一年七月一日起至大同二年一月十日迄ノ分

東寧縣公署歳出入決算調査表（大同二年二月十一日）

年次／款別	歳入預算	歳入額	歳出額	省政府送金額
民國十九年度	（吉洋）四二・六二〇・四〇〇	二二・七七八・五二五	（吉洋）二一・二〇一・〇〇〇	（吉洋）一・五七七・五二五
民國二十年度	四二・六二〇・四〇〇	二八・八八〇・〇九九	二一・二〇一・〇〇〇	七・六七九・〇九九
大同元年度	二八・四一三・六〇〇	二六・〇六五・一四二	四・三二九・三〇四	無

備考

(一)東寧縣既耕地ハ三萬五千五百十七垧ナルモ裕寧公司墾地ハ七千五百垧ニシテ現在ハ徴税稍困難ナリ將來該方面四五六區ヲ統轄スル分局設立ノ要アリ

(二)二十一年度即大同元年度ハ王德林ニ依リテ押收サレタル多額二萬一千七百三十五元八角三分八厘ナリ徴税法ハ糧條子ニ依ル

(三)民國十九年度徴收ノ垧牽ハ吉洋一元二角也

民國二十年度徴收ノ垧牽ハ吉洋一元二角也

大同元年度徴牽ハ吉洋八角也

(三)教育

本縣ニハ男子小學校十四校女子小學校一校、私塾六生徒一千七十一名アリシモ王德林匪縣城ニ蟠踞シテヨリ教育費ヲ强奪シテ匪軍ノ經費ニ充當セル爲メ休校ノ已ムナキニ至レリ、大同二年一月縣城克復後極力之ガ恢復ヲ圖リシモ財政窮乏甚シク辛ウシテ男女各一校ヲ恢復セルノミニシテ地方紳民ヲ勸告シ義務學校二校ヲ設置セシムルヲ得タリ

(一)　小學校教育

縣城內	男子小學校	三校
	女子小學校	一校
縣城外	男子小學校	十校
	私立小學校	一校

敎員數　縣立　三十名　　學生數　縣立　一、〇一〇名
　　　　私立　二名　　　　　　　私立　六一名

（二） 縣私立小學校經費

	十九年預算	二十年預算	大同元年預算	備考
縣立小學校	哈洋二四・五二七.〇〇元	哈洋三七・八六四.〇〇元	國幣三四・四一九.〇〇元	
私立小學校			八〇〇.〇〇元	年額ニシテ年々一定セズ

（三） 中等敎育

希望者少クシヲ設立ナシ

（四） 民衆敎育

民衆敎育館一アルノミ

尙王德林入城後一般部民ニ對シ救國思想普及ノ必要ヲ感ジ各要人ヲ集メ談合ノ結果救國月報ナル言論機關ヲ設置スルコトニ決定東寧縣圖書館ヲ發行所敎育局長ヲ宣傳部長トナシ大同元年十二月十日其第一報ヲ發行セリ發行所組織ヲ編輯組、營業組、翻譯組ノ三ツトナシ編輯材料ハ國際的材料ハ天津ニ於テ發行ノ大公報ヨリ軍事材料ハ王德林司令部ヨリ其ノ他ノ記事ハ一般ノ投稿ニ依レリ

大同二年一月日本軍入城シテ王德林匪ノ逃走ト共ニ此ノ言論機關モ茲ニ全ク停止セリ

（四）宗敎

本縣ハ邊陲ノ地ナル爲宗敎上何等發達ヲ見ズ寺院モ寺院ラシキ寺院スラナク只僅カニ縣ガ建立セル關帝廟一、私人溫某ノ建立セル城隍廟一、永年修復セザル娘々廟一ヲ有スルノミニシテ年中祭事モナク參拜者モ少ナク特筆ス可キ特殊行事モナキ狀態ナリ

（五）衞生

(1) 病院　本縣ハ病院ヲ有セズ僅カニ鮮人經營ノ醫院二軒ヲ有スルノミ

(2) 諸施設　警務局ハ衞生ニ對スル諸施設ノ辦法ヲ設ケ衞生專科及衞生隊ヲ以テ專ラ衞生ニ對スル一切ノ計劃及保健ニ從事シ居レリ

一、料理店（飯館）食料品店（肉舖）及民家ノ淸潔監督ヲ嚴重ニ行ヒツヽアリ

二、各道路ノ淸潔ノ爲各戶ニ塵芥箱ヲ設備セシメ朝夕各戶每ニ道路ノ掃除及打水ヲ行ハシメツヽアリ

三、塵芥及糞便運搬ハ衞生隊ノ運搬車ヲ以テ遠ク郊外ニ搬出セシメツヽアリ

四、隨時檢査員ヲ派シテ排水道ノ停滯ノ有無ヲ嚴重ニ檢査シアリ

五、藝娼妓ニ對シテハ每週一回檢黴ヲ行ヒツヽアリ

六、城內ニ公設便所十二ケ所ヲ設置シアリ

(3) 特殊病　目下特殊病ノ發生ヲ見ズ僅カニ下痢病ノ流行ヲ見ルモ被害少ナシ

東寧縣各機關組織變遷調査表（大同二年二月十日調）

(一) 民國二十年以前ニ於ケル縣組織	(二) 王德林蹯居中（自民國二十一年一月十日至大同二年一月）	(三) 清鄉局開設當初（自大同二年一月十日至同二月八日）	(四) 自大同二年二月八日現在
農會			
商務會			
縣知事 縣公署：行政科、司法科、獄所、游巡隊	異狀ナシ	開設	總務科、獄所、游巡隊
縣知事 財務處：北河沿分卡	財務處ニ屬ス	中止	開設 各分卡ハ準備完了シ最近ニ開設スル予定
縣知事 財務處：寒葱河分卡、五站分卡、六站分卡	關慶祿ニ收メラル	中止	開設 各分卡ハ準備完了シ最近ニ開設スル予定
縣知事 教育局：小學校十一校、高等科三級	第一、第八小學校及第一女子學校ハ十一月末ニ休業 其ノ他ハ七月末ニ休校	冬季休校	△三月一日開校預定ノモノ 小學校九校 高等科二級
縣知事 實業局	撤廢	開設	△開設
縣知事 縣志局	撤廢	開設	廢止
縣知事 縣倉	撤廢	開設	廢止
縣知事 公安局：第一分局、第二分局、第三分局、第四分局	第一、第二、第三、第四及ヒ保安警察騎隊ハ王德林ノ救國軍第三團第二營ヲ編成ス	組織ナシ	第一分局開設濟以下第六分局マテ目下編成ニ着手中 公安隊—中隊—小隊—分隊—騎小隊
縣知事 公安局：第五分局、第六分局	第五、第六分局ハ關慶祿軍ニ編入サル	組織ナシ	（同上）
縣知事 公安局：保安警察騎隊			
縣知事 保衞團（總隊部）…正隊（五ケ）…分隊（五ケ）	救國軍第三團第二營ニ編入サル	廢止	廢止
東寧稅捐徵收局：綏芬河分局、小綏芬河分局	關慶祿押收ス	綏芬河特務機關ニテ目下監理中	△移管ヲ近ノ交涉ノ預
東寧稅捐徵收局：大城子分局	王德林押收ス	中止	開設準備中
東寧稅捐徵收局：西北門驗卡	王德林押收ス	開設	開設
東寧稅捐徵收局：八道河子驗卡	中止	中止	開設準備中
哈爾濱長官公署：市政局	綏芬河市政局		
哈爾濱長官公署：地畝局	綏芬河地畝局		
哈爾濱長官公署：路警處	綏芬河路警處		
哈爾濱長官公署：特警處	東省特別區綏芬河警察署		
哈爾濱長官公署：教育廳	綏芬河小綏芬河各學校		

註 綏芬河市政局ハ綏芬河及ヒ小綏芬河ヲ管轄ス
△印ハ代理局科長ナキモノトス
稅捐局ハ參事官ヨリ接收近ク清鄉局長ニ移管スル預定ナリ
教育局實業局ハ清鄉局長代理兼任ナリ

第八　産業

（一）概況

曾ッテ本縣ハ密林ニ蔽ハレ林產毛皮類ノ產ニ富ミシモ移住民ノ增加ト共ニ密林地帶モ北部密山縣境ニ僅カニ見ルヲ得ルニ止マリ、產業モ自ラ農本ニ歸セリ、縣城ニ居住スルモノヲ除ク六十戶ニ餘ルモノハ殆ド農業者ナリ、農產ノ大半ハ大豆ニシテ其ノ產額約七千噸之ニ次イデ麥、高粱ニシテ克ク全縣ノ需要ヲ滿スニ餘リアリタルニ近年天變地禍頻出シ農民ノ他ニ移住スルモノ續出シ本年全縣ノ不耕作地ハソノ三分ノ一ヲ占ム

本年春中央ニ貸欵委員會ノ成立ヲ見春耕ヲ救濟セントセシモ本縣農民ノ有スル土地ハ民國十八年露支戰爭ニ際シ借欵ヲ起シソノ抵當ニ入レアルガ爲メ春耕貸欵ニ對シテハ擔保トスル土地無ク前借欵返還ニ充ツ可キ收穫物ハ大同元年六月以來縣城ヲ占據セル匪首王德林並ニ其配下ニ拐帶逃走セラレ農民ノ困窮其極ニ達ス、治安ノ紊亂ハ又商工鑛等凡テノ產業部門ヲモ亦不振ナラシメタリ

（二）農業

耕地狀況

本縣ハ山岳重繞シテ山地多ク平地少ナキ爲メ比較的ニ耕地面積少ナシ、熟地、荒地合シテ十萬垧ト稱セラル、モ大同元年度ニ於テ耕作面積四萬五千垧、大同二年度ニ於テハ三萬五千垧ニ過ギズ、之僻遠地ハ交通不便ニシテ甚シク且近年水災及大小匪賊ノ災害ヲ蒙ル事大ナルガ爲メナリ、大綏芬河流域、大瑚佈圖河流域ハ最モ開ケタル地方ニシテ土地又豐饒ナリ

農業狀況

主產物ハ粟、大豆、高粱、小麥ニシテ野菜ノ栽培又盛ナリ、曾ツテハ「ボクラニチナヤ」ノ需要ヲモ滿セシモ、近年水災、匪害ニ其ノ產減少セリ

朝鮮人ノ移住又早ク高安村ノ如ク古キ居住地存在スルモ之等朝鮮人ハ咸境北道ノ水田無キ地方ヨリ移住シ來レルモノナル故今日稻子ノ產多カラズ

農產物植付垧別調查表（大同二年八月）

種類	植付垧數	種類	植付垧數	種類	植付垧數	種類	植付垧數
黃豆	一〇・六五五垧	包米	一・七七五垧	稻子	四九七垧	瓜子	一〇垧
小豆	一七七	小麥	七・一〇三	芝麻	七一		
青豆	一〇七	大麥	一七八	雜糧	九六	總計	三四・〇九四垧
合豆	七二	糜子	七一〇	菸葉	三五		
高粱	五・三二七	稗子	七二	線麻	一七		
穀子	七・一〇三	蕎麥	七二	菁麻	一七		

種類	總生產額	總價格	一垧當生產額	一垧當價格	出廻經過
黃豆	一五・九八二・五〇石	一六九・〇六〇・〇〇元	一・五〇石	一六・八〇元	綏芬河經由北滿鐵路ニ依リハルビンニ移出

小豆	三五四・〇〇	四・二四八・〇〇	二・〇〇	二四・〇〇	〃
吉豆	一〇七・〇〇	三・四二四・〇〇	一・〇〇	三二・〇〇	縣內消費
合豆	七二・〇〇	七三八・四〇	一・〇〇	一〇・四〇	〃
高粱	一〇・六五四・〇〇	九三・七五五・二〇	二・〇〇	一七・六〇	〃
穀子	一四・二〇六・〇〇	一三五・〇一二・八〇	二・〇〇	一七・六〇	〃
包米	三・五五〇・〇〇	三五・三二〇・〇〇	二・〇〇	二〇・八〇	〃
小麥	一〇・六五四・五〇	二〇四・五六六・四〇	一・五〇	二八・八〇	製粉ノ上鐵道沿線ヘ移出
大麥	二六七・〇〇	二・五六三・二〇	一・五〇	一四・四〇	縣內消費
糜子	一・〇六五・〇〇	一三・六三二・〇〇	一・五〇	一九・二〇	〃
稗子	二八八・〇〇	五七六・〇〇	四・〇〇	一六・〇〇	〃
蕎麥	一四四・〇〇	五〇・八九二・八〇	二・〇〇	八・〇〇	〃
稻子	三・九七六・〇〇	二・〇四四・八〇	八・〇〇	一〇三・四〇	縣內及鐵路沿線移出
芝麻	三・九七六・〇〇	二・〇四四・八〇	八・〇〇	一〇三・四〇	〃
雜糧	九六・〇〇	二・八八〇・〇〇	一・〇〇	八・〇〇	縣內消費
菸葉	一八・〇〇〇・斤〇〇	三・三六〇・〇〇	六〇〇・斤〇〇	九六・〇〇	半數縣內消費其他ハ蘇聯方面

線麻	八・五五〇・〇〇	一・七〇〇・〇〇	五〇〇・〇〇	一〇〇・〇〇	縣內消費
菁麻	八・五五〇・〇〇	六八〇・〇〇	五〇〇・〇〇	四〇・〇〇	,,
瓜子	四・〇〇〇・〇〇	六四〇・〇〇	四〇〇・〇〇	六四・〇〇	,,
總計	六一・四五八・六〇石 三九・〇〇〇・〇〇斤	七三・五九七・六〇元			

備考　一垧當リ生產額ハ一昨年及昨年ノ平均數

播種期　東寧縣附近ハ清明節以後舊三月中旬以降小麥、大豆、粟ノ順序ニ播種萬鹿溝嶺以北ハ之ヨリ二乃至三週間遲シ

農民生活狀況

本縣ハ先ニ水害ヲ被リ困苦缺乏ニ陷リシニ次ギ俄支戰爭ノ借欵ヨリ引續キ匪首王德林以下ニ依ル、收穫物、家畜ノ強制徵收アリテ困苦ハ愈々其ノ極ニ達シタリ爾來匪害堪エズシテ農民ノ縣城內ニ避難シ來ルモノ日々ニ多ク其ノ生活ハ赤貧其モノノ如ク其ノ極度ノ疲勞困憊ハ自力更生ノ氣力サヘ無キ狀ニアリ

綏芬河裕寧公司農場

(イ)設立ノ沿革

民國元年東寧縣長張仲策ニ依ッテ創設セラレ公務局ト稱セラレタルモノニシテ官有的色彩強シ、成績思ハシカラズシテ民國四年ニ至リ政府顧問萬福華六站會社(小綏河)ノ南會社ト共ニ之ヲ引繼ギ阜寧屯墾會社ト命名、民國

五年其事務ヲ開始ス支配人ノ死亡ト共ニ再ビ衰ヘ民國八年秋張宗昌ナルモノ十年間十萬元ノ契約ニテ之ヲ借用シ裕寧公司ト名付ケタリ十年ニ至リ經營困難ナリシ六站會社北會社（在浦鹽、支那商人鑠樂山主任ノ株式組織、荒地三千坰ヲ管理ス）ヲ併合シ爾來張ノ私有物トナシ之ヲ管理シ來レリ其ノ土地一萬坰ト云ハル

（ロ） 組織並事業

事務所ヲ綏芬河、小綏芬河、寒葱河ノ三ケ所ニ置ク種子、若干ノ家畜、農具ヲ準備シ貧農ニ之ヲ貸與ス大同元年三月各事務所匪害ヲ被リ今日僅カニ綏芬河ノ事務所ノミ舊態ヲ存スルニ過ギズ

（ハ） 借地料

一、市街地土地一號（一畝二分）ニ付キ年六元

二、耕作地一坰ニ付キ年二元七角五分

三、荒地ヲ開墾セシモノニ對シテハ最初三ケ年間ハ年一元ヲ徴收シ爾後普通ノ小作料ヲ徴收ス

近時天災匪賊ノ爲メ收入額著減セシ爲メ耕作地內ノ森林ヲ切出シ一車ニ付一元ノ山林税ヲ課シ年約三、四千元ノ收入ヲ得シコトアリシモ現今ハ其ノ收入ナシ　尚右ハ大同二年二月逆產トシテ處分セラレタリ

（ニ） 畜產

本縣ハ畜產ヲ本業トスルモノ無ク只耕作物資ノ搬出入常食ニ之ヲ使用スルニ止マル民國十七年ノ縣農會ノ調査ニ依ルト

馬	二〇・〇〇〇頭	羊及山羊	一・〇〇〇頭

牛　五・〇〇〇頭　鷄　三〇・〇〇〇羽
豚　三〇・〇〇〇頭

然シ縣下ノ戸口、人口等ヨリ見ルトキハ牛馬ハ實數ヨリ稍々多キ觀アリ

(1)　馬

馬ハ大型露西亞雜種馬多ク飼養セラル之地勢上早クヨリ露領トノ交通開ケタルト縣內販路多キガ爲メ小型ナル支那種馬ヨリモ露西亞種馬好マレシガ爲メナリ馬ハ殆ド耕作ト物資ノ運搬ニ使用セラル騾驢ノ數ハ僅少ナリ

(2)　牛

牛ハ朝鮮牛ガ大部分ヲ占メ滿洲牛ハ僅少デアル之往時「ニヨリスク」「ウスリイスキイ」ヲ經テ農民ガ移住シ來レルニ依ルモノト思ハル鮮人ハ馬ヨリモ牛ヲ多ク飼養シ耕作用役用ニ使用ス牛疫流行又尠ナカラズシテ牛飼養者ヲ苦メタリ

(3)　豚

豚ハ各戸毎ニ殆ド飼育ス一般ニ耳小ナル滿洲在來小型種ヲ多ク見ル萬鹿溝嶺以南ノ地方ハ氣候モ比較的溫暖ニシテ三月上旬既ニ仔豚ヲ生産ス年々豚コレラノ流行ニ煩サル

(4)　羊及山羊

本縣ニハ羊及山羊ノ飼育ハ山岳地方ニ限ラレ其ノ數多カラズ

(5)　雞及其他

雞ノ飼育比較的多キモ縣内ノ需要ヲ充スニ足ラズ從ツテ生鷄卵ノ價格ハ他地方ニ比シ稍々高價ナリ鶩及鵝ノ飼養僅少ナリ

（四） 商業

(1) 概況

東寧縣城内各商店ハ王德林匪入城以前ニ於テハ毎年十、十一、十二、一月ノ四ケ月間ハ商業最モ繁盛ニシテ毎月平均賣上額八萬餘元ニ達シ、三、四、五、六月ノ四ケ月間ハ稍々閑散ニテ毎月平均六萬元ナリシモ王德林匪駐屯以來商業トミニ衰微シ商業繁盛ナルベキ期間ニ於テモ賣上高六萬元後期ニ於テハ四萬元ニモ達セザル狀ナリ本年三月再度ノ匪賊ノ襲撃ヲ受ケ家ヲ燒カル、モノ五百八十一間財ヲ損スル事五十萬ヲ下ラズ現今百八十餘家ノ商戸中資本五百元ヲ越ユルモノ六十戸ニ足ラズ資本萬ヲ越ユルモノ僅カニ二三ニ過ギズ而モ經營何レモ困難ナル狀態ナリ、本縣ハ僻遠ノ地ニシテ其發達最近ノ事ナル爲メ未ダニ金融機關ナシ

(2) 取引狀況

本縣ハ蘇領ニ近キ故蘇聯トノ貿易尠ナカラズ然レドモ僅カニ南方ハ瑚布圖河ヲ以ヲ境スルモ北方ハ單ニ碑標ニ依ルノミナルガ故ニ密輸出入又尠ナカラズ

輸入品ノ主ナルモノ（蘇聯ヨリ主トシテ來ル）

石油、鹽、魚類　稅捐局ニテ取扱フ、曾ツテハ雜貨ヲ以テ輸入品ト交換セシコトアリシガ現今國境警備嚴重ニシテ此ノ例少ナシ

輸出品ノ主ナルモノ

大豆、野菜　嘗ツテハボクラニチナヤノ冬期野菜ヲ供給シ居タリ

露支戰爭後蘇聯トノ貿易大イニ萎縮セリ

東洋品特ニ日本品ハ哈爾濱ヨリ移入ス

各商店ノ取引狀況ヲ示セバ次ノ如シ

商店明細表

種別	店名	一年ノ取引高
雜貨業	恆興昌	二〇・〇五三元
〃	源盛號	三三・五〇〇
〃	復合成	九・二〇五
〃	恒興成	一〇・〇五〇
〃	全義永	一二・四四〇
〃	合源永	九・九〇八
〃	同順盛	九・〇〇〇
〃	寶源昌	九・二一七
〃	德順利	四・五八八

,,	裕昌泰	四・五〇〇	
,,	廣遠昌	五・〇〇〇	
,,	廣成裕	九六八	
,,	恒義號	五・一五〇	
,,	恒順祥	二・一〇〇	
,,	隆盛東	一・一〇〇	
,,	義泰祥	一・五〇〇	
,,	振泰昌	一・五〇〇	
,,	益豐祥	八〇〇	
,,	德盛永	一,二〇〇	
,,	同聚成	一・〇〇〇	
藥業	鴻羽號	九五〇	（仕入藥材高）
,,	德興恒	一・〇〇〇	,,
,,	四和堂	五〇〇	,,
,,	日昇東	四五〇	,,
,,	廣利堂	二〇〇	,,

料理店	程記	三・〇〇〇	（仕入原料高）
醫院	大年醫院	五〇〇	（仕入藥料高）
木器業	雙發號	七〇〇	（仕入材木代）
〃	福盛源	一七〇	〃
〃	同興和	五〇〇	〃
〃	源發和	一七〇	〃
〃	福發成	一三五	〃
鐵器業	長發爐	二〇・〇〇〇斤	（使用鐵高）
籠商	于鑾舖	八〇〇元	（材料仕入高）
印刷業	東華書局	五〇〇	〃
染色業	合記	三〇〇	〃

備考　城外ニハ殆ント商人ナク農夫ノ片手間ニ過キサルモノ少數ヲ算スルノミナリ

東寧市價調查表（大同二年二月）

品別／項別	價	格 哈大洋	品別／項別	價	格 哈大洋	品別／項別	價	格 哈大洋
食鹽	一斤	二五〇	シビリ酒	一斤	四五〇	豚肉	一斤	三〇〇
大豆	一石	一〇〇〇〇	醬油	〃	二五〇	狍（ノロ）子	一頭	六〇〇〇

包米	一石 一三	〇〇〇	醬油	一斤	一五〇	野雞	一對	六〇〇
粟	〃 九	〇〇〇	〃	〃	一〇〇	雞	十支	七〇〇
高粱	〃 一二	〇〇〇	豆油	〃	一五〇	卵	一〇個	七〇〇
大麥	〃 一五	〇〇〇	香油	〃	五〇〇	狐狸	元枚一張二〇	〇〇〇
小麥	〃 一三	〇〇〇	白菜	〃	〇七〇	貉子	一張 二〇	〇〇〇
麵粉	一斤 一一	〇〇〇	大根	〃	〇三〇	獺子	一張 六	〇〇〇
〃	〃 九	〇〇〇	人參	〃	〇五〇	水獺	一張 八〇	〇〇〇
〃	〃 八	〇〇〇	葱	〃	〇五〇	〃	〃 一〇〇	〇〇〇
白米	〃	〇六〇	海魚	〃	七〇〇	狼	〃 三〇	〇〇〇
小米	一石 一八	〇〇〇	河魚	〃	三〇〇	石炭	一・〇〇〇斤 七	〇〇〇
高粱酒	一斤	三二〇	牛肉	〃	三〇〇	木炭	一・〇〇〇斤 一二	〇〇〇
黄酒	〃	二〇〇	羊肉	〃	三〇〇	木材	長十四尺縦三尺横一尺八寸 三	〇〇〇

尚食鹽ノ賣買ハ王德林匪入城前後ニ於テ相違アリ、從前ニ於テハ東寧縣ニ於テ消費スル食鹽ハ各商店ノ手ヲ經テ五站鹽倉ヨリ輸送シ來リ各商民ニ卸賣ヲナシタルモノナルモ大同元年五月王匪入城スルヤ東寧城内ニ官鹽總銷處一所ヲ設立シ蘇俄ヨリ隨時食鹽ヲ密輸入シ商店及商民ニ卸小賣ヲナシタルモノニシテ毎月ノ販賣總額約壹萬觔(凡ソ五斗)前後ナリ、皇軍入城後蘇聯ヨリノ密輸入ヲ極力防止セルヲ以テ只五站ヨリ輸送スルノ外他ニ方法ナク

且東寧五站間ノ交通安全ナラサル爲メ商店ハ均シク購買輸送ヲ躊躇シ爲メニ鹽價稍々騰貴セリ、清鄉局ハ不敢取暴利取締令ヲ適用シ市價暴騰抑制ニ務メタリ

金融

本縣ハ金融機關ノ設備全然無ク僅カニ質屋一軒アルノミナリ

流通貨幣ハ哈大洋ヲ以テ本位トシ、吉大洋、官帖、中國一錢銅貨等流通ス、國幣ノ流通未ダ普及セズ金票ノ流通ナシ

（五）工業

當縣ノ工業ハ商業ト同一ノ行路ヲ辿リツツアリ

工業一覽表

種別	工場名	各資本高	年産額	移出輸出概況	
製粉業	耀東公司	四萬圓	五十五萬斤	約二萬斤	販路五六各站
酒造業	益盛合	一萬四千圓	八萬九千六百斤	約四萬五千斤	仝右
〃	福海號	一萬圓	八萬七千六百斤		當地消費
〃	長發祥	一萬二千元	十萬零八百斤		仝右
酒精業	東湧酒廠	二萬圓	八萬一千斤	全部露西亞ニ移出	露滿國交斷絶後停止セリ
黃酒業	隆盛居	二千圓	三千斤		當地消費

鹹皂業	卜内門	一千六百圓	三萬五千斤	約半數移出	販路五六各站
〃	復春茂	一千五百圓	五千斤		當地消費
醬油業	福盛醬園	七千圓	四萬斤		〃
〃	福順醬園	五百圓	三千斤		〃
油坊業	永裕德	六千圓	豆餅二一・六〇〇塊 豆油二五・二〇〇斤		〃
〃	會昌盛	三千圓	〃〃二二・三〇〇〃 〃〃二六・〇〇〇〃		〃
〃	永增和	三千圓	〃〃一四・四〇〇 〃〃一六・五〇〇		〃
〃	福利成	五百圓	〃〃二〇・五〇〇 〃〃二三・九〇〇		〃
〃	益豐坊	五百圓	〃〃一五・四〇〇 〃〃一六・五〇〇		〃
〃	東聚興	五百圓	〃〃三・六〇〇 〃〃三・一五〇		〃
〃	玉成祥	千二百圓	〃〃一五・一〇〇 〃〃一六・七〇〇		〃
〃	劉捷臣	五百圓	〃〃九・一〇〇 〃〃九・五〇〇		〃
〃	廣順昌	七千圓	〃〃一五・三〇〇 〃〃一八・〇〇〇		〃
人工製粉業	恒盛泰	二千圓	二萬斤		〃
〃	鴻興隆	一千圓	〃		〃

人工製粉業	雙盛永	七百圓	三萬斤		當地消費
,,	王興永	五百圓	二萬八千斤		,,
茶菓業	玉增祥	一千五百圓	一萬斤		,,
,,	和發祥	五百圓	四千斤		,,
,,	四遠香	七百圓	七千斤		,,
金銀業	王源昌	三千圓	使用金六十兩 銀一千兩		,,
靴業	福聚東	五百圓	千足		,,
,,	永利號	七百圓	,,		,,
洋鐵業	源藏永	五百圓	製品高二千圓		,,

（六）林業

本縣ハ山岳多ク從ツテ森林ニ蔽ハレタリシモ住民ノ增加ト共ニ採伐盛ニ行ハレ今日ニ於テハ老黑山、七十二頂子、青風嶺、嶺頂子等ノ奥山岳地方ニハ老樹ノ森林多キモ交通不便ナル爲メ搬出困難ニシテ縣外移出不可能ナルヲ以テ伐採行ハレズ　往時ハ大綏芬河ヲ流シテ沿海州ニ移出サレタルモ一九一七年以後同地方ノ移出禁止ノ爲メ伐採行ハレズ唯縣内ノ需要ニ應ズルノミ主要樹種ハ次ノ如シ

針葉樹

「シナアカマツ」「エゾマツ」「テウセンカラマツ」「テウセンマツ」「テウセンウヒ」「タウシラベ」等

濶葉樹

「マンシウハシドイ」「シラカンバ」「ヲノオレカンバ」「イヌエンジユ」「ドロノキ」「マンシウクルミ」「キハダ」「カウライミヅナラ」「マンシウシナノキ」「マンシウカヘデ」「イタヤカヘデ」「ハルニレ」等

（七）礦業一般概況

本縣ハ邊陲ノ地ニシテ人烟稀ナレハ各種礦物ノ販路モセマク事變ノ影響ヲ受ケテ停工セルモノ多シ　表中ノ生産額ハ此處三年間ノ出産平均數ヲ以テ示ス

一般礦業狀況調査表

名稱	種類	施設	年産額	備考
裕東煤礦	石炭	此礦區ハ縣ノ西南方三十支里ノ佛爺溝ノ地點ニシテ株主王鴻全等ニシテ民國九年開礦セリ	八九三噸	質不良ニシテ量少ナキ爲事變ノ時停工セリ
東寧煤礦	”	此ノ礦區ハ裕東礦區ノ西約四支里ニシテ株主袁子仁、王鴻全等ノ合資ニシテ民國三年開礦ス	三・八六九噸	炭苗及炭質良シ
東邊煤礦	”	此ノ礦區ハ縣ノ西南方百四十支里ニシテ技師ノ試探セルコト十餘度ニ及ブ炭苗豐富ニシテ採掘八十年ハ充分ナリ株主侯振山等鐵道ヲ布設シ以ツテ運輸ノ便ヲ計ランドセシモ露支戰爭ノ爲停止セリ		炭質良好ナルモ交通不便ノ爲尚未開礦ナリ

東寧水晶礦	水晶石	コノ礦區ハ縣ノ西方約二百餘支里ノ片底子地方ニシテ株主曹憲章民國九年開礦	五噸	水晶質ハ良ノ爲採掘數故困難トナリ停止セリ
狼洞溝	石炭	礦區縣南方三十支里ノ地點株主馬家貞民國二十年ニ採掘許可ヲ受ケシモ尚未開礦ナリ		
大烏蛇溝	,,	礦區縣南方三十餘支里ノ地點株主王連功民國十八年ニ採掘許可ヲ受ケシモ尚未開礦ナリ		
磊子溝	鉛	礦區縣西方四十五支里ノ地點技師ノ調査ニ依レハ純鉛礦ニ非ス錫、鐵、及染料ノ混合礦ナリ		
廟子溝	金	鑛區縣南方四十支里ノ地點民國十八年坑夫三十餘人ヲ以ツテ採掘セシモ含有量少ナキ爲停止セリ		
團山子	石材	縣ノ北方約四支里ノ地點民國九年開採		本縣需要ヲ滿シ尚餘リアリ
通溝	石炭	礦區縣西北方六十餘支里ノ地點株主梁守矩民國十九年開採	約七噸	二年前ニ停止
萬鹿溝	金			
金廠	金			

以上ノ礦業ニ對シ現在ハ機械的或ヒハ科學的設

康德元年五月二十五日印刷
康德元年五月三十一日發行

非賣品

編者　吉林省公署總務廳調查科
發行所　吉林省公署總務廳調查科
印刷人　吉林河南街吉東印刷社

營業　河南街　二一〇九
印刷　部　富餘胡同　自動電話　二七九七　號

「満洲国」地方誌集成

第3巻 吉林省各県畧誌　下巻

2018年5月15日　印刷
2018年5月25日　発行

編・解説　ゆまに書房出版部
発行者　荒井秀夫
発行所　株式会社ゆまに書房
〒101-0047　東京都千代田区内神田2-7-6
電話　03-5296-0491（代表）

印刷　株式会社平河工業社
製本　東和製本株式会社
組版　有限会社ぷりんてぃあ第二

第3巻定価：本体14,000円＋税　ISBN978-4-8433-5374-5 C3325